建筑业的破局之法
——信息化标杆案例

本书编委会 编

中国建筑工业出版社

图书在版编目（CIP）数据

建筑业的破局之法：信息化标杆案例/《建筑业的破局之法：信息化标杆案例》编委会编 . — 北京：中国建筑工业出版社，2020.1

ISBN 978-7-112-24550-5

Ⅰ.①建⋯ Ⅱ.①建⋯ Ⅲ.①数字技术—应用—建筑施工企业—企业管理—案例—中国 Ⅳ.①F426.9

中国版本图书馆CIP数据核字（2019）第277288号

本书收录了很多有代表性的标杆企业的实战经验，部分企业管理者探讨了其在转型中遇到的阻碍、有效的解决方法和对未来数字化的看法，此外，书中不乏有不同种类、不同规模的标杆项目案例，基于数字技术和新型管理模式的实践，进行经验和方法总结。通过企业管理者的观点、企业信息化建设实践和项目信息化应用实践，让企业管理者和数字化从业者了解数字化转型，规避问题，少走弯路。

相信每一个正在准备或正在进行数字化转型的从业者，读完这本书，必将引发自己关于管理升级和技术应用的深入思考，推动所在企业和项目的数字化转型速度，提高工作效率，助推整个建筑行业从"中国建造"向"中国智造"转型。

责任编辑：王华月
责任校对：赵听雨

建筑业的破局之法——信息化标杆案例
本书编委会 编

*

中国建筑工业出版社出版、发行（北京海淀三里河路9号）
各地新华书店、建筑书店经销
北京点击世代文化传媒有限公司制版
北京建筑工业印刷厂印刷

*

开本：787×1092毫米 1/16 印张：21¾ 字数：464千字
2020年4月第一版 2020年4月第一次印刷
定价：79.00元
ISBN 978-7-112-24550-5
（35238）

版权所有 翻印必究
如有印装质量问题，可寄本社退换
（邮政编码 100037）

编委会

专家顾问

王铁宏　中国建筑业协会会长
刁志中　广联达科技股份有限公司董事长、中国建筑学会建筑
　　　　经济分会理事

专家委员

冯俊国　付卫国　黄锰钢　黄如福　黄山川　刘玉涛　吕　振
马西锋　马智亮　穆洪星　王　静　王兴龙　杨富春　姚　斌

编写组

曹　阳　曹佃征　曹均燕　常永波　陈　凤　陈汉彬　陈维颖
陈云凤　董　雪　房建华　房孝玉　冯行星　付卫国　付应兵
傅子豪　高　创　高建荣　韩晓宇　郝建亮　洪　涛　胡　陈
胡其峰　胡小康　简　浩　江长文　井士龙　李　朝　李　凡
李　俊　李　阳　李浩亮　李鹏飞　廖海信　刘　斌　刘会娟
刘绍杰　刘先锋　芦　东　马文斌　马西锋　马英慧　亓光明
齐含钊　邱　生　邵继有　邵月霞　宋慧友　宋丽君　宋艳娜
苏红光　孙　洁　孙菲菲　汤敬东　陶建荣　汪明霞　王　成
王　强　王　逍　王静茹　王聚峰　王兴达　徐　博　徐　青
徐云飞　徐滋惟　许浩波　杨　超　姚玉荣　余长孔　余思杰
袁方舟　袁学红　岳之峰　曾文涛　张　祺　张　倩　张　塞
张聪聪　张浩波　张明玉　赵海潮　钟远享　周世炳　周文斌
周永新

公司顾问

陈淑萍　崔晓龙　丁茜琳　高炎培　郭晨辉　黄晓金　李贝娜
廖　勇　刘　刚　刘斌斌　刘丙宇　刘松林　刘相涛　罗　滨
潘一奇　庞光海　孙正凯　王　帅　王孙俊　王彦飞　魏志勇
谢庆亮　徐金圣　许晓煌　杨晓佳　张　财　张　涛　张　研
张洪翠　张利军　张晓光　朱冬雨

(注：姓名按照拼音排序)

参编单位

陕西建工集团股份有限公司
陕西建工第九建设集团有限公司
北京建工集团
北京国际建设集团有限公司
北京建工路桥集团
北京市第三建筑工程有限公司
重庆大江建设工程集团有限公司
河南科建建设工程有限公司
北京城建道桥建设集团有限公司
湖北省路桥集团有限公司
大连三川建设集团股份有限公司
成都建工集团有限公司
中国二十冶集团有限公司
上海建工五建集团有限公司
上海家树建筑工程有限公司
云南工程建设总承包股份有限公司
中铁二十局集团第四工程有限公司
北京首开龙湖盈泰置业有限公司
中煤第七十二工程有限公司
贵州桥梁建设集团有限责任公司
武汉建工集团股份有限公司
天元建设集团有限公司
中国建筑第八工程局有限公司
厦门特房建设工程集团有限公司
河北建设集团有限公司
江苏南通二建集团
中建二局第三建筑工程有限公司
上海宝冶工业工程有限公司
新疆维泰开发建设（集团）股份有限公司
中建路桥集团有限公司
中国铁建电气化局集团有限公司
辽宁省城乡市政工程集团有限责任公司
浙江省地矿建设有限公司
广联达科技股份有限公司

序

当前，发展格局正经历着前所未有之大变革，科技革命引发的产业转型升级亦超乎寻常之突飞猛进，建筑产业正融入其中，何去何从不以人的意志为转移。

十九大报告指出，要大力改造、提升传统产业，建设数字中国。要建设数字中国，就要建设数字城市（即智慧城市），基础在于建设数字建筑（即智慧建筑、智慧建造）。宏观是数字中国，中观是数字城市（智慧城市），微观则是数字建筑（智慧建筑、智慧建造）。

建筑产业是国民经济的重要支柱产业。建筑产业正以极大的热情拥抱数字化技术。促进建筑产业与数字化的深度融合已是大势所趋，影响深远。数字建筑作为建筑产业转型升级的双核心引擎之一（另一个是绿色建造），对建筑产业的影响必然是全价值链的全面渗透与融合，并将驱动建筑产品升级，达到工业级品质。数字化转型已然成为传统行业企业实现可持续发展的必由之路。

越来越多的建筑业企业已充分意识到，数字化转型是其实现可持续发展的必然选择，数字化技术能够在更大程度上帮助企业找到可行的业务构架和管理模式。对于当前建筑业企业来说，绝大部分都是有组织、有布局的规模型企业，正在通过云、大、物、移、智等新技术手段，突破传统管理模式的羁绊，持续探索数字化转型和管理变革升级的未来。当然，在此变革之时，一些小规模却极富创新的企业，正在不断涌入建筑领域，他们善于敏锐把握、高效决策、快速成长，通过大数据和人工智能等前沿理念，展现出超乎寻常的成长性，成为行业细分中未来新的"独角兽"。

在建筑产业转型升级与科技跨越双重叠加之下的 BIM 技术发展趋势尤其值得关注和深入研究。

对于转型升级之绿色建造，我们要重点关注三个结合问题，即装配式+BIM，装配式+EPC，装配式+超低能耗被动式。下一步我们还要关注装配式+智慧建造。青岛上合组织会议场馆，全钢结构全装配式（结构、机电、装修全装配式）结合 BIM 技术应用，仅仅 6 个月就又好又省又快地建成了，让人由衷感慨，最重要的就在于结合 BIM，没有 BIM 根本无法实现。

推广应用 BIM 技术要突出解决三个问题，一是三维图形平台的引擎问题，即"卡脖子"问题。目前国内项目用的引擎基本上都是国外的，广联达已研发有自主引擎，但推广应用还很少。为此四位院士和部分专家给中央领导同志提交"中国建造2035"的建议，领导同志高度重视并作出重要批示。现国家已经立项推进国内自主三维图形引擎的研发工作。二是三维图形平台的安全问题。现在许多设计院和施工单位往往越是重大项目越是用国外三维图形平台，由于是云服务，数据库都设在国外，只要上云平台数据瞬间就到了国外，所以要注意安全问题。目前国内已有三家自主三维图形平台，广联达（包括自主引擎）、鲁班和PKPM（引擎是国外的，平台是自主研发的，数据库设在国内），为此我们要大力推广运用国内自主平台。三是设计、施工、运维阶段BIM应用不贯通问题。现阶段，建筑产业已基本上做到无BIM不项目，但是仍有很多设计院还不积极，这样要解决设计和施工BIM不贯通的问题就显得困难，BIM的价值就难以充分发挥。国内有很多成功的范例，如北京某地标性项目，通过BIM应用共发现了11000多个问题，解决这些问题所节省的投资和创造的价值超过2个亿，缩短工期超过6个月。丁烈云院士指出，推广应用BIM不但要重视技术，更要重视价值。

同时我们还要深入研究若干融合问题。第一、关注CIM技术与BIM技术的融合，随着智慧城市的发展，CIM技术要快速推广应用，而CIM技术中的最重要基础部分仍在于BIM，因此我们要特别关注CIM与BIM的结合问题。第二、关注供应链集采问题，重点关注公共集采平台。每个大企业大概都有自己的集采平台，但限于规模一般可以节省1~2个点。现在已涌现出公共集采平台的雏型，据调研，某公共集采平台已有300多家特级、一级建筑业企业上线，不但免费上线，还享受普惠金融，交易额将近千亿，由于规模更大，可以节省3~5个点，我们要重点关注。第三、关注ERP打通问题，很多大企业的项目与区域公司、区域公司与番号公司之间已基本上能够能实现打通，但番号公司与地方国企的集团之间、番号公司与央企的局之间往往还没有打通，我们要关注他们后续打通对加强风控管理的重大效果。第四、关注数字孪生问题，现在的数字孪生是指将图纸生成数字模型，并不是真正意义上的数字孪生。据了解，某企业正在院士指导下拟通过北斗卫星定位技术、无人机技术和其他精密测试技术，实现毫米级定位，把建筑物的真实尺寸反馈到数字模型中，以此实现真正意义上的数字孪生。第五、关注智慧建造的问题（无人造楼技术），大型建筑业企业都立志引领智慧建造的发展方向，某央企已在超高层项目主体结构核心筒施工中率先引入无人造楼机的概念，即自动绑扎钢筋、支模板、浇筑混凝土、养护、自动爬升等技术的综合应用，基本实现无人全自动控制，当然这还只是概念。第六、探索区块链技术与建筑产业的融合。

本书收录了很多这样有代表性的、可资借鉴的经典案例，部分企业管理者还探究了在转型升级中的"痛点"问题，以及有效打通"痛点"的解决方案和对未来数字化的深刻思考。此外，这些成功案例具有不同种类、不同规模的特点，基于数字技术与管理模式创新的结合，以对这些经验进行梳理归纳提炼升华。通过企业管理者的独到视角，以企业级信息化和项目级信息化应用的实践，可以启迪更多的企业管理者和数字化专业者全面了解数字化转型，可以发现问题，找准"痛点"，提出解决方案。他山之石可以攻玉，相信每一位正准备或正在从事数字化转型的专业者，读完本书，必将引发自己的深度思考，推动所在企业和项目的数字化转型，进而助推整个建筑产业实现从"中国建造"到"中国智造"的转型升级和科技跨越。

中国建筑业协会会长　王铁宏

2019 年 12 月

前　言

长期以来，建筑行业一直属于劳动密集型为主的传统行业，生产效率低、工业化程度低、生产方式粗放，同时高耗能、高污染和资源浪费等问题严重，管理思想也比较保守，因此建筑行业被贴上落后的标签，改革开放四十多年来，我国建筑业得到了持续快速的发展，建筑业在国民经济中的支柱产业地位不断加强，对国民经济的拉动作用更加显著。

随着信息技术发展应用在各行业创新突破和广泛应用，数字经济正在全球迅速崛起。同时，新产品、新服务、新业态大量涌现，云计算、大数据、物联网、移动技术、人工智能、区块链等新兴科技应用也层出不穷，2017年在党的十九大报告中也特别指出"数字经济等新兴产业正蓬勃发展"。据麦肯锡发布的《想象建筑业数字化未来》显示，在全球行业数字化指数排行中，建筑业在所有行业中的数字化应用水平仅高于农业，居倒数第二位。严酷的现实昭示我们，数字经济飞速发展的现状与建筑业数字化水平低下的矛盾已日益严重，迫使建筑产业已到非转型不可的境地。

2015年李克强总理提出互联网+，2016年在北京市民政局和中关村科技园区管理委员会的指导支持下成立中关村数字建筑绿色发展联盟，过去几年，联盟以推进建筑产业数字化转型为己任，以探索和打造数字家、数字建筑、数字园区、数字新城示范为抓手，通过构建数字建筑产业生态推动产业融合，从而引领建筑产业创新发展，如今已经成为行业数字化转型的主驱动力，目前联盟会员100多家。

2019年，政府工作报告提出"智能+"为制造业转型升级赋能。从国家大势看，传统产业的数字化变革势在必行，甚至迫在眉睫。而广联达在做的，是打造数字建筑平台，帮助传统建筑产业及其上下游企业更快、更好地转型升级。施工企业数字化转型也是当下特别热门的话题，但对于施工企业来说仍然存在很多的疑问，施工企业如何才能成功数字化转型？

我们通过调研发现，施工企业转型的需求核心共以下几点：数字化顶层设计（战略、架构）、数字化人才培养、数字化方法、成熟体系化的平台和技术、行业成功案例。为加速推动建筑业转型，共建数字建筑生态，数字建筑绿色发展联盟倡导发起了建筑业数字化转型联合行启计划。本计划有清华大学、华为、浙江大华、中国联通以及多家

前 言

施工企业数字化转型先锋共同参与，旨在打造建筑业数字化转型生态圈，以共担、共创、共发展为合作方针，从认知升级到人才培养，从方案策划到平台搭建，从试点应用到经验推广，为行业各方提供合作平台，为施工企业数字化转型提供一站式服务，共同探索建筑业数字化转型之路。

在行启计划的构想下，我们策划并出版了本书，为了探索真实的数字化顶层设计、数字化人才培养、数字化方法、数字化技术和平台的应用，综合考虑区域特性、企业类型、项目类型、建设特色、数字化技术应用与创新等多种应用，我们在全国各省市筛选了一批优秀的标杆企业和工程项目，并与各位协会业务专家进行了深入探讨。希望通过这样极具标杆性、引领性的真实案例，能为行业提供鲜活的、可复制的、可探讨的实践经验。随着施工企业数字化转型的不断深化，数字技术与施工业务深度融合，建筑业终将迎来全面转型升级的未来。

广联达科技股份有限公司董事长
中国建筑学会建筑经济分会理事 刁志中

2019 年 12 月

目 录

001　第一篇　企业信息化建设专项案例

002　第一章　专项案例——陕西建工集团股份有限公司
- 003　让数据会说话，陕建集团一直在发力
- 006　数字化是如何为项目做"减法"的？——从西安浐灞自贸酒店项目看降本增效那些事
- 009　陕西建工集中采购与供应链平台建设之路
- 015　陕西建工第九建设集团有限公司智慧工地信息化建设与应用
- 020　陕九建西安浐灞自贸国际项目（一期）酒店工程项目
- 026　陕九建榆林会展中心及体育中心项目

032　第二章　专项案例——北京建工集团
- 033　新技术应用，要以服从和提高管理为根本目标——北京建工三建公司的信息化建设思考
- 037　行业困顿不断，如何破局而出？——数字化转型大趋势下的生产管理
- 040　北京建工路桥集团信息化建设及探索
- 046　北京建工路桥集团北京地铁 27 号线二期（昌平线南延）项目
- 052　北京建工三建公司赛迪科技园科研楼建设项目
- 060　北京建工集团昌平区未来科学城第二中学建设项目

068　第三章　专项案例——重庆大江建设工程集团有限公司
- 069　数字化将会是决定中小企业能否生存下来的关键
- 073　有了数字化，管理者时刻心中有数
- 076　重庆大江建设工程集团有限公司信息化建设规划
- 083　重庆大江建设集团联发山水谣项目
- 089　重庆大江建设集团鹿角 M41 项目

096	**第四章**	**专项案例——河南科建建设工程有限公司**
097		数字化转型助推企业高质量发展
099		解决建筑业企业数字化转型发展难题的科建经验
102		河南科建建设工程有限公司企业信息化建设案例
110		河南科建公司恒大林溪郡 C 地块建设项目
118		河南科建公司锦艺四季城香雅苑项目
126		河南科建公司息县高级中学一期建设项目
134	**第五章**	**专项案例——企业信息化采购及管理案例**
136		北京城建道桥集团业财采一体化与集成应用信息化建设
144		湖北路桥集团信息化建设
150		大连三川建设集团"三化融合"信息化建设
158		成都建工物资公司"成建 e 采"建设

165　第二篇　项目信息化应用案例

166	**第六章**	**房产住宅类**
167		中国二十冶集团云鼎新宜家大型装配式项目
175		上海建工五建集团马桥镇 MHC10803 单元动迁安置房项目
184		上海家树公司宝山区美罗家园大型居住社区项目
192		云南工程建设总承包公司昆明滇池国际会展中心项目
199		中铁二十局新建区省庄花园项目
206	**第七章**	**商业综合类**
207		北京首开龙湖盈泰置业公司北京房山综合性用地项目
216		中煤第七十二工程公司吾悦广场项目
223		贵州桥梁建设集团天合中心项目
231		武汉建工集团金银湖大厦建设项目
238		天元集团青岛绿地海外滩项目
244	**第八章**	**医院综合类**
245		中建八局中国医学科学院北京协和医院转化医学综合楼项目
254		厦门特房建设工程集团马銮湾医院项目
261		河北建设集团新建石家庄市儿童医院（市妇幼保健院）项目

| 270 | 江苏南通二建集团南通市中央创新区医学综合体项目 |

第九章　工业场馆类

278	
279	中建二局三建公司冬季运动管理中心综合训练馆项目
288	上海宝冶福欣节镍不锈钢统包项目
296	中国联通一带一路新疆数据中心项目

第十章　轨道交通类

302	
303	中建路桥集团湛江大道二标段 PPP 项目
311	中国铁建电气化局集团蒙华（浩吉）铁路四电项目
320	辽宁城乡市政工程集团浑南快速路项目
328	浙江省地矿建设公司杭州至富阳城际铁路项目

| 335 | **联合推动方案** |

第一篇
企业信息化建设专项案例

第一章

专项案例——陕西建工集团股份有限公司

陕西建工集团股份有限公司是拥有建筑工程施工总承包特级资质9个、市政公用工程施工总承包特级资质4个、石油化工工程施工总承包特级资质1个、公路工程施工总承包特级资质1个，甲级设计资质17个，以及海外经营权的省属大型国有综合企业集团，具有工程投资、勘察、设计、施工、管理为一体的总承包能力。

凭借雄厚的实力，陕建荣列ENR全球工程承包商250强第24位，中国企业500强第191位和中国建筑业竞争力200强企业第5位。陕建现有各类中高级技术职称万余人，其中，教授级高级职称139人，高级职称1982人；一、二级建造师6317人，工程建设人才资源优势称雄西部地区，在全国省级建工集团处于领先地位。

近年来，陕建取得科研成果数百项，获全国和省级科学技术奖88项、建设部华夏建设科技奖21项，国家和省级工法535项、专利494项，主编、参编国家行业规范标准90余项。先后有62项工程荣获中国建设工程鲁班奖，63项工程荣获国家优质工程奖，2项工程荣获中国土木工程"詹天佑奖"，21项工程荣获中国建筑钢结构金奖。

陕建坚持省内省外并重、国内国外并举的经营方针，遵循"为客户创造价值，让对方先赢、让对方多赢，最终实现共赢"的合作共赢理念，完成了国内外一大批重点工程建设项目。国内市场覆盖31个省、直辖市、自治区，国际业务拓展到27个国家。陕建正向着挺进世界500强和实现整体上市迈进。

本篇亮点

- 管理者言——让数据会说话，陕建集团一直在发力
- 管理者言——数字化是如何为项目做减法的
- 陕西建工集中采购与供应链平台建设之路
- 陕西建工第九建设集团有限公司智慧工地信息化建设与应用
- 陕九建西安浐灞自贸国际项目（一期）酒店工程项目
- 陕九建榆林会展中心及体育中心项目

让数据会说话，陕建集团一直在发力

李阳　陕建集团信息管理部部长

一、作为建筑业企业的管理者，您怎么看待数字化对建筑行业的影响？面对这些影响，您认为当下的挑战和主要应对措施是什么？

建筑行业信息化的发展整体比较慢，行业对数字化、信息化的需求其实是很迫切的。2015 年国务院印发的《促进大数据发展行动纲要》中提到，数据要连接才会产生价值，部门要共享才能实现"用数据说话、用数据决策、用数据管理、用数据创新"的科学决策。国家大数据发展是这样，建筑行业数字化发展也可以借鉴，企业和项目也是一样。以陕建集团为例，我们到公司中去，到项目中去，大家都希望尽快推动信息化，期待一个综合的信息管理平台，解决日常办公和现场生产问题，提高工作效率、管理效率。

1. 数字化的影响是实实在在看得见的

谈及数字化的影响，我认为，是涉及整个行业方方面面的，我个人最大的体会是工作的方便、快捷。

纵观行业近几年的主抓方向，比如倡导文明工地、绿色施工、两年工作质量治理等，都需要信息化的手段辅助决策，各个施工业务都在朝数字化的方向迈进。前两年陕建集团的管理层曾走访了很多同行企业，考察人家的项目和数字化实践情况，经过综合考虑，我们的各个项目率先选择了突破质量安全巡检数字化难关，解决施工现场的迫切需要。项目上始终在摸索，怎么去及时发现问题，及时沟通解决问题，怎么让数字化的手段用起来，让数据辅助项目管理，我们集团信息中心也在不断跟踪和管理。

经过一段时间的实践后，我认为，比较直观的影响是我们能实实在在地掌握各个项目的实际情况，这一点非常重要。

以前，我们想看看项目上进行得如何，只能提前下发书面通知，现场做好准备后迎接检查，往往很难看到真实的现场施工情况，也不能随时随地去了解，项目上发现质量安全问题解决问题也主要靠人工和纸质，闭环一个流程面临众多的随机因素。我们采用了质量安全巡检系统后，它的实时性和易操作性，可以说是打破了层层壁垒，无论是我们和甲方、各个分包商之间，还是集团和各项目之间，亦或是项目管理层和一线施工现场之间，以及项目的各工种业务之间等，都可以在权限范围内获得更真实有效的数据信息。笼统地说，这是一定程度上解决了信息的对称性问题，这一点就足以发挥很大的力量了。

数字化的另一个影响，是促进了集团管理的标准化。作为集团信息中心的负责人，综合管控项目是我的职责，但是如何管理项目，进行问题责任划分，总会有所顾虑，这就要求我们要统一规则，这在数字化之前是很难的，全靠经验去把控。在推广过程中，通过 PDCA 的闭环，标准化程度显著提高了，大家有统一的标准，避免了各类技术偏差和人为影响。

2. 数字化的挑战如影随形，专业人才难求

挑战肯定是会伴随的，相当有难度的是人员流动性和人员培训需求非常大。

在管理组织方面，从陕建集团管理层来说，我们必须有固定的管理团队，每个分子公司，至少要保证有人管信息化业务，保证核心组织架构的稳定，信息化才能统一、持久地推广下去。另外，从我的集团信息中心开始，以信息化建设为主线的管理人员们，必须要熟练精通公司的数字化产品。在施工现场复杂性方面，我们要让部门带头去把考核机制建立起来，优化汇报流程，比如我们在质量安全检查时，现场拍照片要求整改，文字配图完成后能自动形成 PPT，现场就在项目上通报了，不必额外增加工作量，同时促进上级管理人员的主观能动性。

我目前最大的梯队是复合型人才，最大的需求也是复合型人才。所谓复合型人才，既要精通计算机技术，又要熟悉管理业务，还要懂得施工业务，他能够把计算机的运算思维、项目管理思维、施工业务知识结合在一起，有上进心，愿意从事这个有挑战性的工作。在集团的信息化建设过程中，这种复合型人才，能和各个岗位的人顺畅沟通，没有不同业务语言不通的壁垒。这个人从哪儿来呢，主要靠社会招聘和内部培养，以鼓励为主，在实践中学习成长，我们的学习机会是很多的，在实战中锻炼出来的人才进步非常快。

二、陕建集团是如何摸索出信息化发展方向的？您对企业或行业数字化建设有哪些建议？

陕建集团在数字化建设方面，是付出了很大决心和努力的，我们的信息化发展方向是建立在大量的调研、反思、实践中得来的，很不容易。

早在 2016 年，集团领导邀请了西安交通大学的教授，针对陕建集团做了专业管理咨询提案，在集团内部做了一次大范围调研，出具了非常专业的调研报告，在学术上为我们提供了一些专业建议。

随后，集团领导亲自带领管理干部集体"北上南下"，花了至少半年的时间去走访学习，看全国的同行是怎么做的，向外寻求信息化方面的先进经验，在学术建议的基础上增加了实践成果，可见领导们当时对数字化转型的决心和勇气之大，大家都不熟

悉的领域，只能下功夫去钻研。

回到公司后，我们综合了之前所学，整合内部资源，基于陕建集团的实际情况，以及内部对信息化的了解，自己提初步方案，向内思考，反复推敲。经过反复的商讨决议后，定方向，定目标，变结构，自上而下地去推动。最终，2017年成立了我所在的信息中心，主推信息化建设，建立"1223"工程（图1）。

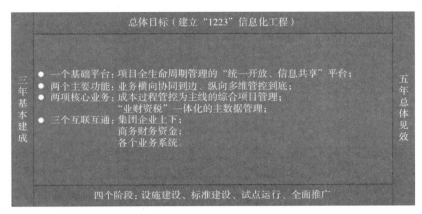

图1 "1223"信息化工程总体目标

关于数字化建设的未来，我大体有两个感悟：

1. 企业管理要集中资源，整体发力

企业管理涉及方方面面，是一个综合性的工作，就像汽车一样，发动机很好，车桥车架不行，安全性就有问题，影响整辆车的正常行驶。我们的行业上现在存在一股数字化热，一窝蜂地搞软硬件，但是数据采集上来后怎么用？系统到底能带来什么？很多人都在问，但是很少有人能想明白。我们团队经常在思考这个问题，一定要满足各个管理层和项目的需求，减轻数据的人工成本，尽量借助先进的技术实现各方资源的结合，全公司上下一心，鼎力推动管理升级。

2. 新的管理模式和传统管理模式一定是互为替代的

我们现在很多施工企业还是两张皮，一边做着信息化，一边还走着传统流程，这就增加了施工一线人员的工作负担，而不是去给管理赋能，信息化自然阻力重重，没法真正感受到价值。所以说，一旦决定了信息化标准和管理方法，就要决心去贯彻。数字化技术是手段，管理升级是目标，技术是为管理赋能的，这条主线不能丢。尽量打通整个施工全流程的信息流通问题，让每个环节、每个业务的信息可分可合，让数据会说话，让数据产生价值，这是我们在畅想的理想化的状态。

数字化是如何为项目做"减法"的？
——从西安浐灞自贸酒店项目看降本增效那些事

李朝　陕西建工九建公司西安浐灞自贸酒店项目经理

一、您认为与传统的项目管理相比，数字化技术的应用，在哪些方面可以提升项目管理水平，真正实现项目上的降本增效？

我们的项目通过数字化手段，尤其是智慧工地各板块的综合应用，相对于传统的项目管理来说，最大的感受和价值是快捷、高效的工作效率，无论是施工一线还是项目管理，都实现了一个很大的突破。

我简单举三个我们项目上做得比较好的例子：

1. 质量安全巡检系统

传统的质量安全巡检主要以纸质版办公为主，流程相关人和变动因素较多。比如，项目现场发现了一个质量问题，监管人员要下发纸质通知单并附照片（风险：打印错误、书写不规范），然后请劳务班组签字（风险：劳务班组核心人员未及时签字），再整改问题（风险：整改不规范、需返工），劳务班组再制作纸质回复单并送检（风险：纸质回复单书写不规范），管理人员人工检查并判断闭环（风险：管理人员检查时间延后）。项目上的人和事大多是流动和散落的，看似简单的流程可能存在很多的风险，涉及的人越多，越难统一和管理。

现在采用智慧工地后，最大的特点就是无纸化移动办公，现在大家工作沟通几乎都通过手机通信，很大程度上养成了手机不离手的习惯，我们的质量安全巡检流程可以直接拍照片并实时通知，对个人来说，各自分管的内容更简单、明确、即时；对整体流程来说，突破了时间、空间和纸质的限制，每个人负责的版块越简单，流程推进得越快捷，项目管理运转得越高效。

2. BIM5D

产品研发部门来我们这里做过很多次调研，我们之间的沟通比较深入，我认为，从项目管理上来说，如果一个项目能真的把 BIM5D 生产模块用好的话，就能真正、切实地实现降本增效。

单从生产方面看，我们项目上是怎么做的呢？第一，实时统计各区域、各片段的劳动力情况；第二，把控分工分项工程的起始时间和持续时间；第三，通过实时进度数据进行原因分析，管理工程进度。从这三步中，我们能获得更准确的数据信息，信息是管理的基础，基础打得牢，我们的管理团队才能有的放矢，知道从什么方面采取什么纠偏措施最有利，到底是增加劳动力还是延长工时，任何一个决策都是有迹可循的。

3. 劳务实名制

从国家层面上看，劳务实名制是建筑行业管理升级的一个大方向，明确要与项目劳务管理挂钩。从项目应用层面上看，通过一段时间的应用后，我们感觉到，劳务实名制确实给项目带来了很好的人员统计信息，它的价值主要体现在两个方面：第一，项目管理的前置性保证。靠人工统计费时耗力，靠劳务实名制系统，统计的信息更全面、更实时，比如我这边有统计信息，现场有对应的工作人员，两个信息相互匹配，就让我们的劳务管理往前进了一大步。第二，大大降低了劳务纠纷和安全扯皮的风险。这往往是项目的"灰色地带"，也是项目管理的"烫手山芋"，我们的项目从根本上是和工人们站在统一战线的，我们切实保障自己工人的根本利益，不躲事，也不想好心办错事。涉及问题和纠纷，劳务实名制提供了科学有效的信息，为农民工兄弟提供了公平的数据依据，减少人为的争议和互相扯皮的风险。

二、贵公司在推进数字化技术过程中，遇到的主要阻碍有哪些？又是怎么解决的呢？

在启动初期到应用过程中，大家的抵触心理还是非常大的，不过也可以理解，一个新事物的推进必然要经历一个逐渐接受的过程。作为项目管理人员，面对这个问题，我往往采用换位思考的方式，去理解对方，解决他的问题。项目管理人员一天的工作任务是很繁重的，一些数字化的产品操作对他们来说，是一种变相的新增任务，在传统行为习惯没有改变的时候，在一定程度上增加了他的工作量。

理解了抵触心理的来源后，我们再考虑该如何解决，我主要建议从两种思路上去引导：

第一，从个人发展的角度，如何让工长认为这就是他的本职工作很重要。

数字化的智慧工地已经是国家和行业发展的必然趋势，以后的项目慢慢都会涉及，但是数字化的复合型人才仍存在较大的缺口，我常说，作为管理人员，这是眼前学习新技术和新思想的好机会。你先入为主，别人还不会的时候你先学会了，别人没有的能力你先具备了，当别人准备起步时你就已经很精通了，这是赢在了起跑线上。把眼光放长远点说，我们的项目现在是这样要求的，到下一个项目的时候，你会有新的项目班组，大家都要打造智慧化工地，而你现在所获得的经验和能力，就非常有优势了。我们务实地说，无论是个人的能力提升，还是未来的发展，现在抓紧时间学习数字化技术，是没有坏处的。

第二，从技术实操的角度，如何让软件快捷有效地帮助实际工作很重要。

抵触心理的主要原因是工作量的增加，我们可以反向思考，是否可以从软件实操上减少工作量，提高工作效率？比如，每天的劳动力统计，如果能够通过语音识别的方式填入，减少打字的时间，这也是一种提升。通过数字化的手段使原本的工作更便捷、快速、高效，这一点我们是有共识的，数字化不是为了做加法，让工地更具观赏性，而是为了替代落后的工作方法并做减法，让工地更智慧，让人主动愿意用。当然，这对建筑平台服务商的研发要求和定制开发能力提出了非常高的要求，我们要互帮互助，共同去克服困难。

三、您如何看待数字化应用的投入产出比？在企业信息化建设时，有哪些可行的思考和行动？

我的直观感觉，数字化应用的投入产出比也就是指它的价值，要从两个方面看：一方面，对企业和项目的长远发展而言，智慧工地的建设对企业形象、知名度、品牌影响力的价值是不可或缺的，对管理水平、社会效益的提升有很大的助益。另一方面，对项目实际的降本增效是看得见的。我们搞工程的两大难，进度和安全，通过应用智慧工地平台，确实得到了有效控制和管理，对项目起到了正面作用，我们在日常工作中能明显感受到的，但是如果你要具体统计节省了多少钱、多长工期，增加了什么效益，这要等到项目竣工后才能有统一答案。

在企业信息化建设上，陕西建工九建公司创造了一个非常好的考核制度。集团每个季度对项目进行考核，每个项目评选设置一个系数，项目的综合排名与项目管理团队的薪资直接挂钩，项目系数与项目中每个人的薪资直接挂钩，这就通过绩效考核制度，把个人和集体紧紧地绑在了一起。智慧工地建设、信息化管理纳入整个考核机制后，大家的主观能动性一下子就被调动起来了，将更多的精力投入到工作过程中，我们的项目连续多次名列前茅，数字化水平高、实践经验多、人员能力提升大、投入回报率高，这是我们共同努力的成果。我想，希望能对行业内的伙伴有一定的借鉴意义。

以前，我们教育孩子"在加法中成长，在减法中成熟"，现在我们站在数字化改革的浪潮中，从头学习引进的新技术，内化成自己的理念，企业和项目不断吸收新产品和先进经验，何尝不是中国建筑行业的集体成长呢？当我们回归到一家企业、一个项目上去谈数字化、谈管理，我希望是在不断地做减法，借数字化的手段，最大程度地优化工作效率，相对的降本增效的目标自然就达到了。

陕西建工集中采购与供应链平台建设之路

一、信息化建设背景

根据采购权力集中的程度,通常对集中采购可分为三种类型:

第一类称为高度集中型集中采购。

第二类称为中央领导型集中采购。

第三类称为集中管理型集中采购。

陕建集团目前已由第三类集中管理型集中采购过渡到第二类中央领导型集中采购。项目一期通过建立统一的集中采购平台,对采购资源,按照统一制定的采购制度、采购流程、供应商管理规则等,实现从集团到二级法人企业、工程公司、工程项目部四级组织的全覆盖。项目二期在一期集采平台的基础上,由总部采购管理部门对大宗通用重要物资进行集中采购,建立履约信息平台,实现供应链链条的延展与扩充。充分发挥陕建品牌效应,阳光操作,降低采购成本,保证采购质量,提高了集团整体降本能力。

2018年根据集团"大集采、大物流"战略,集采工作将持续、深化推进,努力对大宗物资进行规模化战略采购。为理清大集采思路,集团召开了各单位董事长调研座谈会及总部总经理座谈会,并广泛学习一些央企的做法。根据调研会议纪要,经过认真讨论,最终共识和确定大宗物资大集采整体思路为:

(1)创新管理模式,确定"四个集中"原则和让利项目原则:

集中数量,降低成本;集中配送,提升服务;

集中结算,强化供应;集中资金,保障运作。

将大集采的优惠政策全部让利给工程项目部。

(2)继续深化完善集采平台、建立物流履约平台、开发电子商城平台。通过三个平台的互为补充、共同发力,实现集团精细化管理,落实降低采购成本、提高采购效率、降低合作风险及提升物流公司营业收入的目标要求。

二、信息化方案

1. 信息化建设目标

（1）一期建设目标

陕建集团集中采购管理平台建设目标是规范集团各经营主体的采购行为，充分发挥陕建品牌效应和规划优势，以量换价降低采购成本，保证采购质量，提高集团整体盈利能力。陕建集团集中采购管理平台整体规划为"一个平台，两个窗口，三大功能"：

一个平台：指建设陕建集团统一的集中采购平台，从集团到项目部四级组织全覆盖；

两个窗口：指面向内部用户的集中采购管理窗口和面向外部用户的供应商交易窗口。两个窗口相互关联，实现招投标业务交互协同应用；

三大功能：指业务管理功能、信息共享功能、监督追溯功能。

（2）二期建设目标

陕建集团集采管理规划方案、采购管理制度以及同行先进的平台信息化建设经验为指导，通过采用"成熟产品+个性化定制"模式，由集团集采中心统一规划、统一组织，完成采购系统的升级和履约系统的产品研发和上线运行，实现从计划、合同到订单、验收、对账、互评的采购流程延伸。进而实现管理三化目标："物流流程标准化"、"服务过程可视化"、"验收结果信息化"。

2. 集中采购平台选择

按照"一个平台、两个窗口、三大功能"的构想，进行平台架构设计，既要考虑前瞻性要求，又要结合实际结合现状，做到平台能够落地实用。平台分为集采管理（采购分包管理系统）和企业电商（投标管理系统）两个子系统（见图1）。

图1 集中采购平台架构图

3. 组织架构

集团公司专门成立项目组，并由相关主管领导担任组长，项目组成员各司其职，在集团总体规划内，开展各项工作。

组织范围：本项目实施范围为陕建集团、下属分子公司、项目部及陕建物流公司。

项目主要涉及用户包括集团领导、部门领导、子公司业务领导、系统管理员、采购人员、销售人员、供应商（投标人员）、合同负责人、项目经理、材料员、库管员、司机、法务人员、招标监督人员、审计人员、财务人员、文档管理人员等以及投标人、评委（专家）、监管人、社会公众等。

三、信息化实施步骤

1. 信息化历程

集采管理思路：明确划分监督和执行的职能边界，集团集中采购中心的定位是集团集中采购的管理机构，集团所属企业仍是履行集中采购业务的执行机构。

系统应用模式：建设采用"互联网+"的集中采购信息平台，并免费为陕建所属企业提供采购管理工具和信息服务，实现招投标采购业务同步、信息共享以及实时监督。

系统推广措施：建立以集团所属企业的采购业务集采信息平台运行的考核机制，不断推进所属企业上线。

2. 里程碑

陕建集中采购管理信息平台采用"先试点、再推广"的方法，选取了八家单位试点，逐步扩展到全集团。

（1）2015年9月：对试点单位进行基础业务调研。

（2）2015年11月：下属八家单位试运营。

（3）2016年1月：下属各单位全面上线运行。

（4）2016年4月：一阶段验收，标志着陕建集采系统的各项功能正式应用。

（5）2016年7月：二阶段终验，集采系统微信移动端完善，正式进入移动办公阶段。

四、信息化建设效果总结

1. 方法总结

（1）平台建设前期规划需求内容需要充分、准确

集中采购信息系统建设前期，应充分做好调研工作，根据采购中的"谁来买"、"买

什么"、"买谁的"及"怎么买"等展开思路，广开言路，集思广益，把平台建设的功能需求及需要达到的效果等清晰、完整、准确的描述出来，为平台开发做好准备。

（2）建立完善集中采购组织机构、制定管理流程并配备管理资源

集中采购是对项目所有采购行为的集中管理工作，是单位一把手工程。企业主要领导要高度重视并配置好集中采购管理资源，才能使这项工作真正贯彻落实。管理部门应结合自身实际情况，制订、完善集中采购管理制度、流程、办法和细则。

（3）做好宣传，用好平台，实现集采科学管理

集中采购管理信息平台体现"一个平台、两个窗口、三大功能"，即采购方与供应商共用一个信息平台，通过内部管理窗口和外部电商窗口实现交易双方信息交换，实现采购管理功能、信息共享功能、采购过程追溯功能。管理部门要增强服务意识，采用引导的方法，使各项目体会到集中采购降本增效的优势，真正愿意参与其中。

2. 应用效果

集采平台建设三年多以来，取得了非常巨大的成绩，在企业的管理改进、效率提升、效益提升等多个方面效果显著。

（1）减少采购环节，降低采购费用，提高采购效率

截至目前集团已有43家单位采购使用集采信息平台，已注册用户超过8500余人，通过集采信息平台采购次数超过57250次，供应商注册超过47000家。截至目前集团通过集采信息平台集中采购金额718亿元，其中物资310亿元，劳务分包210.6亿元，专业分包180.3亿元，机械设备16亿元，办公服务类1.1亿。

（2）采购过程公开提高采购的透明度

通过将采购信息和采购流程在平台公开，避免交易双方有关人员的私下接触，采购管理平台可以根据设定的采购流程自动进行价格、交货期、服务等信息的确定，完成供应商的选择工作。整个采购活动都公开于平台之上，方便群众的监督，避免采购中的黑洞，使采购更透明、更规范。相关领导、纪检监察等部门均可以在"管理窗口"中实时参与招标过程或者过程追溯，使采购阳光操作，保证采购的公开、公正、公平。

（3）实现采购业务程序的标准化

从管理理念上，对采购的认识，从过去供应链的一个环节向供应链全过程管理转变。从组织机构上，业务责任到人，权责明确，切实平衡好各级管理部门的利益格局，发挥各个层面的积极性。从运行操作上，统一制度、统一流程、统一标准、统一平台、统一供应商管理、全面推进，由易到难，加强全过程管控，形成全覆盖的业务管理体系。从保障手段上，措施有力度，将所属企业的集中采购情况纳入其绩效考核体系；实现对供应商的动态量化考核，并将考核结果与采购订单紧密结合；积极推进网上采购，强化信息化管理手段。

（4）缩短采购周期，实现准时化采购

集采平台使企业与业主、供应商、分包商的信息沟通更加方便、准确、及时。以往在招议标时，部门按照基层单位及项目需求，奔波于基层单位、项目之间，应用集采平台后，足不出户便可完成招标监督工作，减轻了大家的工作量，提高了采购效率。

（5）采购信息准确、全面，协助领导决策

陕建集采平台使企业领导层可以方便地了解每一种采购物的价格和数量、合同的签订情况以及供应商情况等各种信息，针对采购过程中出现的问题，快速反应，有效地对领导层决策提供数据支撑。例如，集团内所有供应商信息以及外部引入的"广材网"、"我的钢铁网"价格信息在陕建集团所属各单位共享，同时，配套的陕西建工集团集中采购QQ群和在线专家服务，则搭建了另一个信息共享渠道。

（6）延伸采购供应链，采购管理迈上新台阶

通过打通和供应商之间、企业各子公司之间的关系，阳光透明、信息共享，过程规范的管理集中型集中采购已经形成。为进一步深化集采，通过上线履约平台，达到物流履约三化目标："物流流程标准化"、"服务过程可视化"、"验收结果信息化"。实现了供应链全过程的管理，使整个陕建在采购管理上迈上新台阶。

3. 发展计划

企业采购电商发展大方向，见图2：

图2　企业采购电商发展路径

专家评语

马智亮　清华大学土木工程系教授、博士生导师，中国施工企业管理协会信息化工作专家委员会委员

该公司的信息化建设分两期进行。一期规范集团各经营主体的采购行为，充分发挥陕建品牌效应和规划优势，以量换价降低采购成本，保证采购质量，提高集团整体盈利能力。二期通过采用"成熟产品＋个性化定制"模式，统一规划、统一组织，完成采购系统的升级和履约系统的产品研发和上线运行，实现从计划、合同到订单、验收、对账、互评的采购流程延伸。进而实现管理三化目标：物流流程标准化、服务过程可视化、验收结果信息化。

王兴龙　中国建筑业协会工程技术与 BIM 应用分会秘书长

文章通过集中采购与供应链平台建设的前期规划、"先试点、再推广"的实施方法、数据详实的应用效果等的介绍，让读者能清晰了解该平台的建设思路和取得效果。建立集中采购信息平台，使管理更高效，"一个平台、两个窗口、三大功能"，通过集中采购降本增效，吸引项目管理部门积极参与，令采购管理开启新篇章。建议在"组织架构"介绍中加入相应人员的职责及工作流程内容，为其他企业建设类似平台提供借鉴。

穆洪星　广联达副总裁兼上海智建美住科技有限责任公司总经理

陕西建工集团是陕西省政府直属的国有独资企业，正向着挺进世界 500 强和实现整体上市迈进。陕建集中采购与供应链平台建设之路体现了战略驱动、试点推行、步步为营的特点，通过近几年的努力，已经成为陕西有影响力、全国有知名度的电商平台，在内部控制、外部拓展和数据应用方面取得丰硕成果。陕建集中采购与供应链平台的整体规划思路、标准化建设方案和行政与市场结合的有效执行非常值得学习和借鉴。后续建议陕建集中采购与供应链平台在当前基础上开放平台能力、盘活数据要素资产、增强平台运营能力，使平台从服务陕建成长为服务行业，从内控管理优先成长为开源节流并重。

陕西建工第九建设集团有限公司
智慧工地信息化建设与应用

一、信息化建设背景

1. 从行业角度

首先，国家层面高度重视信息化发展，例如智慧城市、智慧社区、数字中国、数字经济、数字雄安等一系列概念相继推出，建筑业作为四大经济支柱之一，信息化发展的意义不言而喻。

其次，引进信息化手段，对企业发展的价值已经逐渐突显，例如办公效率提高、远程监控、数据自动统计分析等，为高层管理者提供决策依据。

最后，随着建筑业发展，外界和自身对建筑质量精细化程度要求越来越高，设计工艺越来越多样化，工期紧，任务重，加之建筑行业竞争依然非常激烈，如何在这样的市场环境下立足并脱颖而出，需要借助信息化手段来实现。

2. 从企业角度

从2010年成立至今，短短10年的时间，陕九建集团从一个项目部成长为拥有特级资质的施工总承包企业，合同签约额由2010年的4.3亿元增长到2017年的80亿元，增长了近18.6倍，营业收入从2010年的2.9亿元增至2017年的33亿元，增长了11.3倍，累计承揽工程项目230余个，2018年施工能力超过100亿元，累计为国家上缴税金2.2亿元。在册职工人均年收入由2010年6.5万元增至2017年的8.43万元，增长近1.3倍，股东分红由2010年208万元增至2017年的1320万元，增长了6.3倍，为社会提供就业岗位3万个，各项公益事业累计支出近1000万元。

2018年完成合同签约额143.02亿元，营业收入36.8亿元，利润7728万元。

二、信息化方案

1. 应用目标（图1）

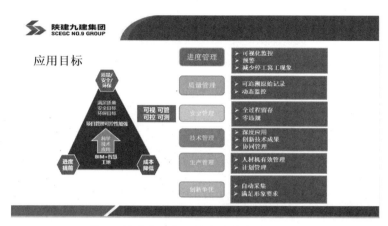

图1 陕建九建集团信息化技术应用目标

2. 软件选型

根据集团目前面临的实际问题及工作需求，我集团在进行软件选型前，与广联达科技股份有限公司（以下简称"广联达公司"）进行了多层次调研、沟通，最终确定智慧工地平台，并选择性配置生产管理、质量管理、安全管理、物料管理、BIM建造等模块，在集团各项目中大力推广。

3. 组织架构（见图2）

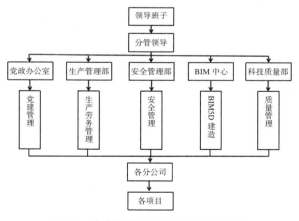

图2 陕建九建集团信息化组织架构

三、信息化实施过程

1. 企业级智慧工地建设

从集团级管理的角度出发,搭建智慧工地管理平台。以实际在建的项目为载体,将各项目进行具体定位,获得集团在建项目分布图。在建设之初,集团要求将所有体量大、造价高、难度大的项目,必须全部纳入平台进行管理,针对一些重点项目,要进行特殊标记,如周礼佳苑安居小区、西安浐灞自贸国际酒店、延安博物馆、沣东自贸新天地、神木第一高级中学、榆林三馆项目、榆林体育中心项目、九寨沟等工程,方便集团各级领导可直接进入项目查看实时动态,了解项目的进展情况(见图3)。

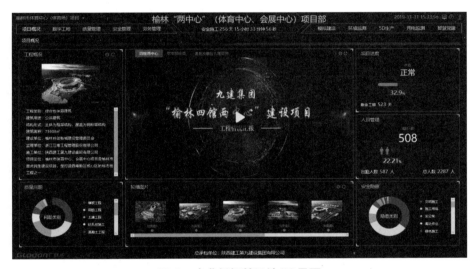

图 3　企业级智慧工地 BI 界面

2. 项目级智慧工地建设

（1）质量、安全管理

重点应用质量安全移动巡检和实时记录,项目全员参与到质量安全管理过程中,用数字化的手段替代原有的传统人工质检流程,为施工一线的质安检查工作提高效率,推动问题闭环。在施工现场中,安全无小事,项目中要进行全过程、全方位的实时监控,提高一线项目管理人员的安全防范意识,做到事前预防、事中管控、事后总结。在推广数字化技术后,培养了一批兼备管理能力和数字化思维的管理人员。

（2）劳务管理

项目将智能安全帽与大门闸机联动,进行劳务实名制管理。实时统计务工人员的年龄、地域、工种、分包单位等具体信息,辨别未进行安全教育、黑名单等不良人员,防范用工风险。此外,在施工现场,通过安全帽实现人员定位。项目管理者可以通过以上有效信息，能够更准确地判断劳务工人性质、作业安全性、劳务分派合理性等问题，保障正规劳务工人的利益，确保工程顺利进行。

（3）周计划及例会管理

数字化的项目周计划管理，一手抓项目实际信息，督促各业务线提高进度计划和纠偏意识，信息透明化、及时化。每周平台派发周计划任务，工长每天手机端记录每项任务的进度描述、进度照片和相关的劳动力以及延期原因等，项目领导实时查看现场进度，掌握现场情况。同时，项目延期原因准确记录，增强了信息可追溯性。项目周例会，各部门利用平台直接汇报，节约周例会准备时间，通过网页端直接进行项目周会汇报，提升周例会会议效率和质量，实现周例会的数字化呈现，同时辅助项目领导高效精准决策。

（4）材料管理

材料管理在线化，规范材料管理流程，材料管理台账清晰、有效辅助项目实时获取现场的材料进出场情况以及材料的消耗情况，并能根据现场实际完成的实体工程量计算每月材料的使用情况，及时了解材料是否超额使用。同时,将材料从进场验收、报验、审批、归档等全过程资料进行云存储，解决了传统材料管理不规范，材料控制不严格，造成材料浪费、后补资料的问题。

四、应用效果

集团自2018年3月引入智慧工地以来，在集团上下的共同努力下，智慧工地成果逐渐实施落地，成效显著，通过智慧工地管理系统的成功应用，集团多个项目通过智慧工地管理平台将生产中的各类数据汇集形成数据中心，从而完成数据的互联互通，实现数字化、在线化、智能化的综合管理，为集团提供智慧型的管理，为集团决策层的宏观管理提供可行性参考，从而提高企业效益，稳固企业的发展。

下一步，集团将进行优化和提升管理模式，争取在2020年全面实现集团在建项目管理的数字化、智慧化、信息化的应用。

专家评语

马智亮　清华大学土木工程系教授、博士生导师，中国施工企业管理协会信息化工作专家委员会委员

该公司从集团级管理的角度出发，搭建智慧工地管理平台，以实际在建的项目为载体，将各项目进行具体定位。该公司的项目应用 BIM+ 智慧工地管理平台，以三维模型为载体、以进度为主线，以质量、安全管理为核心，聚焦施工现场实际生产业务，进行智慧化施工作业。

王兴龙　中国建筑业协会工程技术与 BIM 应用分会秘书长

本文重点介绍了以三维模型为载体、进度为主线、质量、安全管理为核心，聚焦施工现场实际生产业务的企业级、项目级智慧工地平台的应用，通过多项目的数据积累建立企业数据库，为集团决策层的宏观管理提供可行性参考。建议除标准产品功能应用介绍外，增加企业个性化定制部分内容，项目级智慧工地系统的建设还可增加如进度管理、大型设备管理等方面的内容。

穆洪星　广联达副总裁兼上海智建美住科技有限责任公司总经理

陕九建集团从 2010 年成立至今，短短 10 年的时间，从一个项目部成长为拥有特级资质的施工总承包企业，2018 年合同额超过百亿，在增长速度、企业规模、社会贡献等方面都高速发展。陕九建在推广智慧工地平台的过程里面，抓住了变革管理的牛鼻子：领导挂帅、理念先行、整体规划、务实推行。从 2018 年年初推广以来，取得良好效果。目前随着 IoT 技术的广泛应用，5G 技术逐渐推行以及企业项目管理能力的不断提高，在后续建议陕九建集团继续开拓智慧工地平台的深度和广度，成为企业现场管理和企业管理的标杆。

陕九建西安浐灞自贸国际项目（一期）酒店工程项目

一、工程概况

1. 项目简介

西安浐灞自贸国际一期（酒店）工程（见图1）是陕九建"高、大、精、尖"项目之一，该项目位于西安市浐灞生态区，世博大道以北，锦堤三路以西。该工程建设内容为洲际品牌的星级酒店，高级精装修，客房总数为505间，是一座集客房、会议、餐饮、休闲、商业为一体的设计先进、功能完善的酒店综合体建筑。一期浐灞酒店总建筑面积为69621m^2，其中地上总建筑面积49220m^2，地下总建筑面积为20401m^2，地上24层，地下2层。

图1 西安浐灞自贸国际一期（酒店）效果图

2. 项目难点

（1）质量目标定位高：定位鲁班奖，质量、安全、环境保护要求高。

（2）地下室功能用房多施工难度大：地下室功能区域多，包括游泳池、健身房、厨房、设备用房等，结构降板较复杂。

（3）管线综合排布：地下车库对净高要求严格，管线类型复杂。

（4）工期紧：工期紧且治污减霾停工影响严重。

（5）管理人员少且更换频繁：项目开工初期项目经理前后更换了3任，地下项目关键岗位人员累计更换13人，而且项目采用劳务班组模式，劳务人员短缺，无劳务管理者。

3. 应用目标

（1）技术目标

合理场地布置，保证一次规划、施工全过程使用；优化生产、进度、质量、安全管理流程，提升管理效率和决策水平。

（2）创优目标

组织3次及以上省级项目观摩，确保省级示范工地，争获国家级文明示范工地、争创"鲁班奖"打造企业品牌形象。

（3）人才培养目标

通过引入数字化、信息化管理手段在岗位以及项目级的落地应用，促进项目全体人员对于新技术的了解及认识，积累项目管理经验，探索基于数字化模式下的项目管理思路，后续可根据个人发展情况更多的拓展BIM技术应用，提升个人综合能力。

二、技术应用整体方案

组织架构与分工（见图2）：

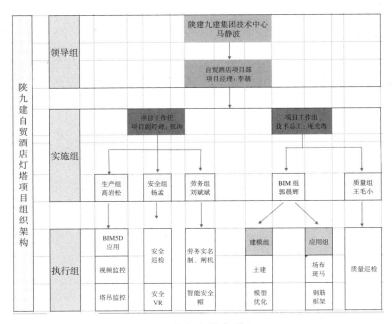

图2　组织架构与分工

三、技术应用实施过程

1. 进度管理

项目运用BIM5D平台，集成项目各专业模型、并以模型为载体集成项目进度、质量、安全、技术、图纸等信息，在平台中实时管控（见图3）。在施工前期，将模型与计划关联，并进行多次施工模拟和计划优化，从而保证能顺利有效的开展施工作业，减少现场返工，节约工期成本。

通过BIM模型流水段进行数据关联，形成总、月、周三级计划体系联动监控体系，生产经理将周计划通过网页云端派分到生产部门人员移动端，任务责任到人，工长利用移动端现场实时反馈现场各区域施工进度，实现三级实际进度数据逐级反馈，从而帮助项目领导自动获取一线生产真实数据，可及时预警项目进度风险，帮助项目领导把控项目进度。

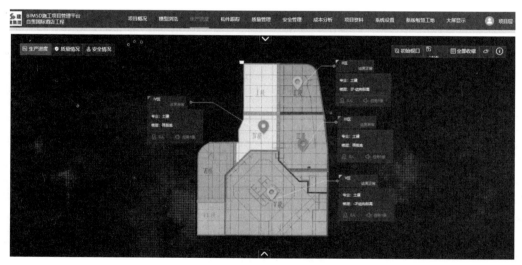

图3 生产进度分区展示

2. 劳务管理

应用劳务实名制对外是为了响应政府要求，对内想解决人员登记、谎报人数、临时工等问题。目前现场实行全封闭式管理，采用智能安全帽和闸机相结合的方式，建立劳务用工管理制度，新工人进场做好安全教育，在办公室办理实名制登记，领取安全帽。各分包工人均佩戴智能安全帽进入施工现场，临时人员采用身份证的方式进入施工现场，有效落实实名制管理（见图4）。

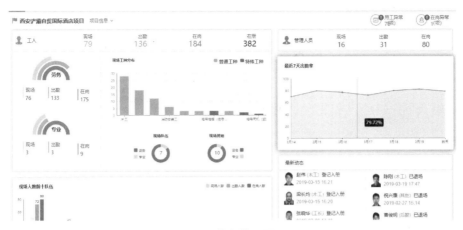

图 4　劳务管理界面

3. 钢构跟踪管理

项目钢构管理，从进场验收、吊装、构件实际定位、实测实量、资料归档全过程管理，严格把控每个进度环节，把控每个质量控制点，做到精准安装。同时，项目上可依据不同使用场景需要分类导出管控数据，以及每个构件的实际施工工期等（见图 5），为项目的构件的合格率台账、质量验收表单等资料提供数据支撑。

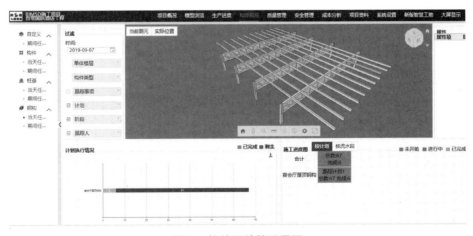

图 5　构件跟踪管理界面

4. 质安管理

本项目质量安全巡检中做到每天至少巡查两次，上下午各一次，管理人员用手机 APP 将现场存在的隐患拍照或者拍视频上传到平台，简化了工作流程。同时智慧工地让项目上更多人变为了质量和安全人员，所有 APP 使用者将看到的质量安全问题提交到平台，管理人员根据现场人员提供的照片或者视频，配合着责任区域直接确定问题并将解决方案上传到平台,现场管理人员将其解决,相关责任人员直接查看问题解决进度。做到更快、更准确,将危险降到最低。并且现场所有提交过的数据会在平台上记录、积累分析使得项目变得更安全。

四、技术应用总结

项目从初期不适应、部分人不愿意应用,到最后成为标杆,取决于三个重要因素:领导重视、制度完善、项目执行力强。项目围绕两条生命线:质量安全以防风险、除隐患、遏事故为目标;进度以抓工期、找原因、提效率、控成本为目标,认真落实,积极推进,取得了集团的认可,项目人员也收获了很多!

在加强科技质量工作方面,为企业高质量发展提供不竭的创新动力;创新驱动方面,为企业高质量发展提供强有力人才支撑;推进信息化工作方面,为企业高质量发展增添新动能。从而,提高了人、材、机精细化管理水平,达到了创新管理要求,达到了降本增效目的。

2019年5月10日成功举办了陕建协数字大会BIM+智慧工地观摩会,吸引多家单位前来参观交流学习,提升了公司品牌效益,输出了3名优秀的企业讲师。

五、下一步规划

通过自贸酒店项目的成功试点,为陕九建集团输出了一定的项目管理价值,陕九建集团已经在整个集团公司推广BIM+智慧工地建设,目前已有16个BIM+智慧工地项目,且大部分已获得全国优秀标杆。陕九建集团希望利用科技创新手段,提升集团标准化管理水平,创新驱动,弥补企业发展快,人员短缺的问题,从而创造企业和业主的双赢。

专家评语

马智亮 清华大学土木工程系教授、博士生导师，中国施工企业管理协会信息化工作专家委员会委员

该项目应用 BIM 技术，围绕两条生命线：质量安全以防风险、除隐患、遏事故为目标；进度以抓工期、找原因、提效率、控成本为目标，认真落实，积极推进，取得了集团的认可。

通过该项目的成功试点，陕九建集团已经在整个集团公司推广 BIM+ 智慧工地建设，目前已有 16 个 BIM+ 智慧工地项目，且大部分已获得全国优秀标杆称号。

王兴龙 中国建筑业协会工程技术与 BIM 应用分会秘书长

本文结合自贸酒店项目的难点，介绍了场布、进度、交底等方面 BIM 技术应用，同时介绍了基于 5D 平台的劳务、构件跟踪等产品功能的应用情况。分享了项目从初期不适应、部分人不愿意应用，到最后成为标杆的应用总结，认识较为透彻。第四部分如增加技术应用方面效果的总结，如应用前后的变化，遇到的困难和突破等，将为其他项目推广产品应用提供更积极的参考作用。

穆洪星 广联达副总裁兼上海智建美住科技有限责任公司总经理

西安浐灞自贸国际一期（酒店）工程是陕九建"高、大、精、尖"项目之一，具有很强的示范性。在该项目中，陕九建充分应用 BIM 技术和智慧工地技术，有非常多的亮点：利用 BIM 加强技术管理，消除技术隐患；通过进度管理软件，提高进度管理的可靠性；钢构跟踪管理，为后续物料全面可跟踪管理打下基础。除此之外，陕九建在该项目里面还总结方法、固化流程、培养人才，真正做到将项目能力变成组织能力。

陕九建榆林会展中心及体育中心项目

一、项目概况

1. 基本信息

榆林市两中心项目由陕西建工第九建设集团有限公司（以下简称"陕九建集团"）承建，位于榆林市西南新区榆横八路两侧、怀远九街与怀远十三街之间，包含国际会展中心和榆林市体育中心两项。榆林市体育中心、会展中心是推动榆林文体产业发展的地标性工程，必将成为完善城市功能、丰富居民文化生活、提升城市公共服务水平的重要载体。

会展中心以举办国内外大型展览为主，总建筑面积 15.8 万 m^2。地上建筑面积 12.7 万 m^2，内含六座展厅建筑，配备 1200 座国际会议中心，3000m^2 大型宴会厅及相应配套功能。地下建筑面积 3.1 万 m^2，主要为地下停车场、设备机房、人防等。

榆林市体育中心总建筑面积 12.9 万 m^2，总建筑高度 30.3m。其中地上建筑面积 9.6 万 m^2（其中体育场：32000 座，地上建筑面积约 5.04 万 m^2；体育馆 6000 座，地上建筑面积约 2.3 万 m^2；游泳馆 2200 座，地上建筑面积约 2.2 万 m^2），包括停车场、地下连通道、能源中心、游泳馆地下设备区等（见图1）。

图 1　榆林市体育中心鸟瞰图

2. 项目难点

工程专业多，品质要求高、工期要求紧，质量安全标准要求高、体育场轴网关系复杂、体育场标高变化密集且复杂，节点做法复杂、高大支模及清水混凝土、屋面空间三角桁架钢结构、清水混凝土预制看台、金属屋面、幕墙施工、膜结构施工、机电安装系统繁多、装系统调试与综合调试等方面均存在较大挑战。

3. 应用目标

通过智慧工地平台建设与管理，实现工地精细化管理，最终达到减少施工成本、保障施工安全、环境保护等目的，实现保质保量完成施工任务。具体目标如下：

（1）保证项目过程中的安全、质量问题。

（2）项目施工过程中有效的降本增效。

（3）有效提高项目管理人员对于现场施工情况的精确把控。

4. 应用内容

榆林市两中心项目，基于云计算和大数据技术与传统建设工程领域的深度融合，综合项目特点、项目管理需求和项目建设目标，搭建了以智慧工地与BIM5D生产管理系统为核心的信息平台。该平台主要由以下六大模块构成：

质量安全巡检系统、劳务实名制系统、模拟建造、环境监测、智慧党建、数字工地。

二、技术应用整体方案

1. 组织架构（见图2）

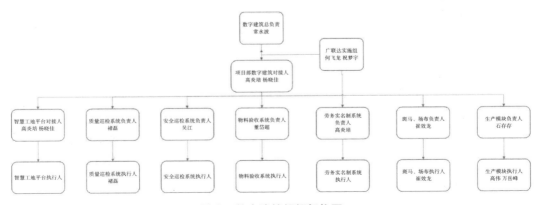

图2 数字建筑组织架构图

2. 软硬件配置

软件配置　　　　　　　　　　　　　　　　　　　　　　表1

公司	软件工具		施工阶段			
	软件	专业功能	施工投标	深化设计	施工管理	竣工交付
Autodesk	Revit	建筑结构	√	√	√	
	Navisworks	协调、管理	√	√	√	√
	lumion	动画			√	
Takla		钢结构			√	
广联达场地布置		场布			√	

三、技术应用实施过程

1. 应用准备

榆林市两中心项目为加快推进"智慧工地"的应用建设，项目部组织召开"智慧工地"应用启动会，邀请专家对公司及项目主要负责人进行智慧工地相关培训，提高项目全体管理人员的数字化思维和基本应用水平。会后设立专人专岗，将数字化技术应用责任到人，定期总结和反思应用情况，为项目实践提供有效建议。

2. 应用过程

（1）质量安全巡检

现在发现的质量安全问题，通过移动端拍照上传到系统（见图3）即可，问题相关的安全员、质量员、工长等相应负责人会及时收到现场反馈的问题，并可随时随地线上审查批示，直到问题整改完成并通过审核，一个隐患问题才可以算正式清除。质量安全巡检的整个流程非常透明，操作简单，且流程中的信息均会被自动留存，作为企业大数据库的一部分，既可以用于项目的日常管理，也可以作为后期复盘、企业综合管理及应对危机的必要依据。

（2）劳务实名制

工人进场前，首先要经过三级教育，经考试合格后，方可携带本人有效身份证件进行实名制登记，并发放智能安全帽。同时，项目管理者可实时对工人属性进行查看和分析（见图4），对于超龄、未刷卡出门等异常情况，在收到实时通知时，需要劳务负责人及时做出响应，避免发生人身安全事故等不测。

（3）模拟建造

此版块主要由建模人员创建各专业模型，并导入智慧工地平台及BIM5D生产管理平台，关联各关键数据，包括人、材、机等核心要素。

图 3　质量管理系统

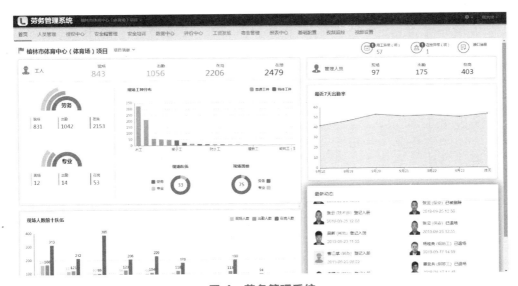

图 4　劳务管理系统

在项目初期，模拟建造是最基础的工作，相当于施工中的基坑部分，但也是做到数据互联的关键工作，它承载着项目所需的各项重要数据。在施工过程中，我们的进度管理、生产管理、质量安全管理、劳务管理等几大核心诉求，都需要基于准确的BIM 模型，进行可视化交底、复核、调整、优化并最终交付给项目运维方。可以说，模拟建造的精确性、可复制性，关乎项目全生命周期的各个环节。

（4）数字工地

通过安装塔吊防碰撞、自动喷淋、视频监控、物料验收、烟感报警器等强大的设备，并交由专人监测，随时随地的反应工程进度中各种问题，加以及时的监管，避免各类事故发生。

塔吊防碰撞系统：基于物联网传感包网、嵌入式、数据采集和融合、无线传输、远程数据通信等技术，塔机实时监控与数据传输，司机在违章操作时声光预警。塔吊安全是工地现场至关重要的一环，启动自动响应起重机制动机制，能够有效减少或避免安全事故的发生。

自动喷淋系统：可检测温度、湿度、PM2.5、PM10、风力、风向、噪声等核心要素，与雾炮、喷淋等设备联动，达到预警值即自动启动系统，既可以通过电脑、手机移动查看与控制，也可以通过LED屏幕进行展现。对项目而言，自动化的操作节省了人工劳动力，并在环保上积极响应国家要求，打造绿色工地。

物料验收：本项目设有磅房，实行车车过磅，通过管控终端进行车辆称重，磅单自动生成；通过红外对射和摄像头，防止人为作弊，通过手机APP，可随时了解现场整体材料情况，并将管控终端产生的所有材料信息量进行多维度的分析，为供应商管理、物料现场管理、原材核算、偏差分析等提供决策依据，提高岗位工作效率，真正实现降本增效。

四、技术应用总结

榆林市两中心项目，通过BIM+智慧工地的应用，以一种更智慧的方法来改进工程各干系组织和岗位人员相互交互的方式，提高了交互的明确性、效率、灵活性和响应速度。通过BIM、云计算、大数据、物联网、移动应用和智能应用等先进技术的综合应用，让施工现场感知更透彻、互通互联更全面、智能化更深入，大大提升现场作业人员的工作效率。依靠BIM+智慧工地起到管理升级、缩短工期、节约成本，实现目标执行与风险管控，达到现场管理智能化、信息化、智慧化，从而提高项目及公司的效益。

专家评语

马智亮 清华大学土木工程系教授、博士生导师，中国施工企业管理协会信息化工作专家委员会委员

该项目包含国际会展中心和榆林市体育中心共两项。通过BIM+智慧工地平台建设与管理，该项目实现了工地精细化管理，达到了减少施工成本、保障施工安全、环境保护等目的，并保质保量完成施工任务。

王兴龙 中国建筑业协会工程技术与BIM应用分会秘书长

本文以会展、体育中心公共项目的建造过程工期紧，质量安全要求高、轴网、节点复杂、多系统综合调试与多专业协同复杂等难点为例，介绍了通过引进的BIM5D管理平台在人、机、料、法、环等方面利用信息化手段、移动技术、智能穿戴工具等进行信息采集、挖掘分析，实现现场智能化、信息化、智慧化管理。结合BIM建设"数字工地"，反映现场真实情况，使施工现场变得"绿色"，与可持续发展理念相契合。若能对两中心项目的智慧工地平台建设与应用过程和效果做出更深入的总结，则将会对类似项目提供更具参考性价值。

穆洪星 广联达副总裁兼上海智建美住科技有限责任公司总经理

榆林市两中心项目由陕西建工第九建设集团有限公司承建，在本项目里面，陕九建通过BIM+智慧工地的方式打通了项目的PDCA循环。BIM不仅仅是一个三维模型，更重要的是他承载了项目信息和项目管理过程。在PDCA流程里面，BIM首先承担了规划的作用。和以往项目管理条块化不同，通过智慧工地和BIM模型结合，使得BIM在执行和检查方面做到统筹管理、及时优化、防范风险。榆林市两中心项目中我们看到陕九建以务实为准则，综合应用管理平台和工具，达到项目进度、成本、质量、安全的全面提升。

第二章

专项案例——北京建工集团

北京建工集团是全球250家最大国际工程承包商,中国500强企业,中国工程承包商10强企业。我们是一家跨行业、跨所有制、跨地区、跨国发展的大型企业集团。北京建工集团的业务格局是"双主业多板块","双主业"即工程建设和房地产开发、物业管理,"多板块"包括节能环保、工业和服务业等,集团不仅仅是建筑工程承包商,更致力于发挥我们的全产业链优势成为城市建设综合服务提供商。

北京建工始终秉承工匠精神和"建德立业、工于品质"的不懈追求,在国家和首都城市建设中发挥着主力军的作用。在"神州第一街"长安街两侧,北京建工打造了以天安门建筑群为代表的80%的现代建筑;在北京亚运会中,北京建工承担了60%以上的建设任务;在第二十九届奥运会中,北京建工奉献了29项场馆和配套项目;如今,在如火如荼建设的北京大兴国际机场、北京城市副中心、北京冬奥会、北京世园会等重大工程中,在首都"四个中心"功能建设、京津冀协同发展、长江经济带建设、粤港澳大湾区建设以及一带一路建设等国家和首都重大战略中,北京建工努力创建更多精品!至今,出自北京建工之手的各类建筑累计超过2亿m^2,所获各类奖项数量之多、级别之高,位居北京第一、行业前列。

本篇亮点

- 管理者言——新技术应用,要以服从和提高管理为根本目标
- 管理者言——数字化转型大趋势下的生产管理
- 北京建工路桥集团信息化建设及探索
- 北京建工路桥集团北京地铁27号线二期(昌平线南延)项目
- 北京建工三建公司赛迪科技园科研楼建设项目
- 北京建工集团昌平区未来科学城第二中学建设项目

新技术应用，要以服从和提高管理为根本目标
——北京建工三建公司的信息化建设思考

刘睦南　北京市第三建筑工程有限公司副总经理

一、三建公司信息化建设获得成功的基础

回顾三建公司信息化建设的十年历程，最重要的一点就是一开始就明确了"信息化为企业管理服务、信息化与企业管理互为表里"的根本原则和总体思路。在此基础上，三建公司又结合自身管理需要和发展方向，采取科学有效地实施方法和步骤，稳步推进信息化建设的落实。

（一）以管理标准化为突破口，完善企业管理顶层设计

一个好的信息系统必须要有标准化作为支撑，企业管理信息化必须要通过"管理标准化、制度表单化、表单数据化、数据集约化"的途径来实现。具体到建筑行业特性上，就是要从解决实际管理和操作需求出发，从管理内容、管理目的、管理方法、管理标准、验证依据等环节层层递进，促使企业制订的每一项管理制度、管理标准都有的放矢、不做无用功，只有从企业管理顶层设计上搭建好科学合理的管理体系，信息化建设才有可能获得成功。这是一项漫长甚至枯燥的工作，需要企业认认真真下笨功夫去完成，不如此，管理信息化无从谈起。

（二）以业务流程为支撑，打破业务条线壁垒，杜绝信息孤岛

自2010年6月起，三建公司以标准化建设为基础，启动了业务流程梳理与体系优化工作，目的是横向上实现公司跨部门、跨系统的业务交圈，纵向上以项目基层向上直至公司决策层的各个工作层级提供业务操作与管控决策的执行依据，通过完善和强化业务流程驱动实现管理标准化落地，进而提高公司整体运营管控水平。而业务流程

体系的优化再造，客观上还打破了由于"部门本位主义"造成的业务壁垒，为杜绝信息孤岛、提高跨部门业务配合效率提供有力支撑。

（三）总体规划，分步实施，逐步推进信息化系统应用落地

三建公司创造性的采取联合开发模式进行信息化建设，与外部咨询方、软件研发方组成联合工作组，各司其职，基于管理标准化的各项成果，切实解决管理标准化体系落地问题和信息化系统与公司管理体系互相匹配的问题，实现各项业务管理的"集成、集约、集权"和京内、京外项目的无差别化管理。

为确保信息化整体建设工作稳步落实创造实效，工作组将三建公司信息化建设分成三个阶段分步实施：

第一阶段，完成包括项目立项、成本管理、合同管理、物资管理、分包管理、技术质量安全管理等19个业务模块在内的通用项目管理业务系统研发及上线，实现公司主要业务部门的基础管理职能与信息化系统对接。

第二阶段，在原有项目管理业务模块上线的基础上，完成了公司门户与项目门户、各业务模块综合统计查询、行政资产管理、工作提醒信息及风险预警处置等。

第三阶段，根据前两阶段上线的系统运行情况反馈的业务需求，逐步完善各业务模块的业务需求以及调整业务需求。并新研发了法务管理模块，主要处理法务函件业务、诉讼类业务等。

二、新技术条件下建筑业信息化建设模式再思考

（一）建筑业转型升级的主要挑战及对策

1. 经营模式由项目总承包向工程总承包转变

受之前分割管理体制的影响，建筑业工程建设环节碎片化、分散化、分割化极为严重，尤其是工程总承包推广缓慢。此外，建筑企业多集中于建筑业价值链的低端，在附加值高的融资建设、总承包、全过程工程专业咨询等方面仍落后于发达国家。

这就要求我们通过完善优化工程建设组织模式，进一步提升生产力，以带动我国建筑业企业从低端市场走向高端市场，提升整体竞争力。这包括构建三足鼎立的工程建设组织模式，明晰工程建设各方各层的"权责利"，即强化建设单位的首要责任；加快推行工程总承包，促进设计施工深度融合，由分割管理转向集成化管理；培育全过程工程咨询，发挥建筑师的主导作用，由碎片化转向全过程。

经营模式的转变，一方面，能够促进总承包企业在国内外市场做优、做强、做大；另一方面，能够帮助大量专业精准、特色鲜明的小微企业，提升单项专业能力，促进其在细分市场中做专、做精、做细。逐渐促进龙头企业与小微企业开展合作，各取所长，优势互补，避免同质化竞争，从而形成良好的建筑行业生态。

2. 生产方式由低效能高能耗向环保节能转变

业内现有的传统技术弊端十分突出：一是粗放式，钢材、水泥浪费严重；二是用水量过大；三是工地脏、乱、差，往往是城市可吸入颗粒物的重要污染源；四是质量通病严重，开裂渗漏问题突出。这表明传统技术已到了非改不可的时候了，粗放式的生产方式已经没有办法满足现阶段的生产要求，国家节能减排的要求日趋严谨，我们必须加快转型速度，以绿色发展为核心，全面深入地推动绿色建筑、装配式建筑、超低能耗被动式建筑发展。

3. 优质劳动力资源由"买方市场"向"卖方市场"转变

我国建筑业一直以来属于劳动密集型行业，而随着我国人口红利的消失，建筑业的"招工难"、"用工荒"现象已经出现，并仍在不断加剧。除此之外，建筑业长期以来拼速度拼规模的单一粗放式生产方式，导致了高素质的复合型人才严重缺乏，尤其是生产一线的农民工。目前，生产一线的工人大多以无序、散乱的体制外状态存在，专业技能水平不高等问题尤为突出。这就要求我们一方面要改革生产方式，通过建筑工业化大幅提高劳动者的生产效率；另一方面同样重要的是改革建筑用工制度，推进农民工向产业工人转型。同时，利用好我国新一代年轻劳动者素质提升和就业结构优化等人才新红利，加快培养高素质建筑人才。

4. "数字建筑业"对建筑业发展提出更高的要求

"数字建筑业"是一个实践层面的科技发展问题，近年来，很多建筑企业的重视程度日渐提高，并已先后在该领域着手推进科技创新发展，部分先锋企业已率先在项目管理、企业管理中综合应用 BIM、云计算、大数据、物联网、移动互联网、人工智能以及 3D 打印、VR/AR、数字孪生、区块链等数字技术。当然，三建公司也已经在数字技术的应用上，进行了多年的探索研究，在此基础上，我认为，新兴数字技术的应用，不单单为企业某一领域的提质增效提供了帮助，也对提高建筑业从业人员的整体素质提出了更高的要求。

（二）对新技术条件下建筑业信息化建设的建议

1. 坚持建筑业信息化建设基本原则

总结近十年来建筑业信息化建设工作的经验得失，最关键的一点就是要坚持"信息化建设必须以提升企业核心竞争力、提高企业管理能力为目标"的原则，以此指导相关新技术新产品在企业内部的推广和应用。

第二点是坚持"集约化、体系化、标准化"原则，任何新技术和新功能的增加，都要确保实现在企业内部跨部门、跨系统的业务交圈，纵向上以项目基层向上直至企业决策层的各个工作层级提供业务操作与管控决策的执行依据，从而提高企业整体运营管控水平。

第三点是坚持"总体规划、分步实施、注重实效"原则，任何一个企业的信息化建设,都是一个持续改进和不断完善的过程,需要与企业自身发展和管理成熟度向适应。因此在推进过程中,应以企业现实情况为基础进行总体规划,分步骤分阶段推进落实。同时要注重实效,尤其是要避免增加生产一线人员的重复或无效的工作量,平衡好管理落地和实际操作价值的关系。

2. 对新技术条件下建筑业信息化建设的建议

在传统企业向智慧建筑施工企业升级、转换过程中,互联网的作用不应该只是支持企业业务,还应该是驱动企业转型,成为企业转型的主要动力。建筑施工企业通过建立业务价值导向的互联网战略,将管控机制、企业架构和IT能力三个领域深入融合,真正实现业务与IT和互联网的完美结合,驱动业务发展。建筑施工企业互联网战略应以关注资源的战略整合为重点,其中,BIM、物联网、云计算和大数据对智慧企业的形成和发展至关重要,物联网是互通互联的基础,云计算是智慧企业的平台和支撑,大数据积累和应用是智慧企业的目标。

需要注意的是,任何一种新型技术的推广应用,都是以服从和提高管理为根本目标,例如:BIM技术除了应用于工程设计与市场引导,还应向制定生产计划、资源配置、工序排布、成本控制以及大数据对比分析等功能延伸;从单一企业内部运用,向贯穿项目"规划立项 - 项目设计 - 项目生产 - 项目交付运营"全生命周期业务链延伸,从而实现业主、设计方、施工方、专业分包方、资源供应方乃至项目运营方在同一业务数据标准体系下合作运行,真正实现产业协同、促进行业整体管理水平和效益的提高。

还需要特别关注的是,由于新技术的不断涌现,对于建筑行业整体从业人员的素质水平提出了更高的要求。以往需要由业务管理人员负责完成的数据录入分析工作,今后可能就需要由一线生产人员负责完成,也就是说,生产一线人员不光要具备专业生产技能,还需要具备一定的计算机或互联网操作能力,随着手机在生产和生活中的广泛应用,对于建筑业信息化落地起到了一定的推进作用。但当前建筑业劳动力方面存在的深层次结构性矛盾日益凸现,如何面对高素质人员支撑新技术涌现的问题,也需要业内同行思考解决,可以说,只有解决了"人"的问题,建筑业信息化发展才会得到保障。

信息化建设是一项与企业管理与企业发展息息相关的持续性工作,归根结底,所有的信息技术,都必须服从于企业管理需要,只有实现企业管理与信息技术应用的有效融合,才能对企业发展和转型升级产生价值。

行业困顿不断，如何破局而出？
——数字化转型大趋势下的生产管理

高洁　北京国际建设集团副总经理

一、难破之局总有破解之道

改革开放二十多年来，我国建筑业得到了持续快速的发展，建筑业在国民经济中的支柱产业地位不断加强，对国民经济的拉动作用更加显著。随着市场经济的发展，建筑施工企业面临着激烈的市场竞争。加入世贸组织，在给中国建筑业带来难得的发展机遇的同时，也带来了不可避免的冲击和挑战。我国建筑业将来要直接面对的是，与国际承包商共同竞争国内建筑市场，以及走出国门参与到国际工程承包市场中去，随着时间的推移和行业的进步，这些竞争还会愈发激烈。

对一家建筑企业而言，项目是企业的根基，为了能应对不断变化的外部市场和行业激烈的竞争，建筑企业的项目管理水平将成为决定企业未来发展的关键因素。

建筑工程项目管理是涉及各种作业工人的协同性工作，而不是单方的单向操作，所以，影响建筑工程项目成功的因素是多样的。对于单个施工项目而言，各参与人员之间需要高效地协作与沟通，才能保证工程按时竣工。另外，从人员的角度来讲，各参与人员的工作能力、办事效率、责任心、品德、合作精神等特性，也会对项目的推进起到很大的影响。在传统管理方式下，工程规模越大，工程复杂程度越高，工作人员和工作组织间的交互协作就会越困难，与此同时，项目管理层对工程进度、质量的把控难度就越大。

为了解决这些问题，我们的施工企业已经采取了很多常见的措施，比如采取监理标准化的管理体系，严格的培训，在开工前对项目进行深入的策划，对项目进行预控等，这些无疑都是明智的做法，不过，我还想补充或强调一点自己的见解：项目是动态的，所有的策划和设计也需要相应的进行动态控制。

面对复杂的问题，要及时协调施工人员进行多方协作，保证项目每一个环节的顺畅，而这恰恰也是目前工程管理中难以破解的难点。特别是体量大的项目，沟通效率低，信息获取不及时，过程资料没能保存，或即使保存了也难以查阅，使许多风险得不到有效控制。如果我们对以上提出的问题进行分析，可以发现，信息交互不畅的问题是目前制约施工企业项目管理执行效果提升的瓶颈。幸运的是，随着信息技术的迅猛发展，这一困扰建筑施工行业多年的难题已经有了破解之道。

二、翻山越岭树转型自信

如果说人心中的成见是一座难以逾越的大山，那么，现在我们现在所处的时代，在各方力量的聚合之下，正显现出一条可行的翻山越岭之路，亟待固封的思想觉醒、松动、改变。

经过多年的科技创新和产业升级，当前的中国，已经处于第四次工业革命的前沿，我们拥有大量日渐崛起的科技公司、研发中心，我们不但要有文化自信，也要有转型自信。从技术角度上讲，云技术、大数据、物联网、移动互联网、智慧工地等科技已经得到广泛应用，5G 技术也逐渐推向商用市场，技术的革新已经打破了诸多传统行业壁垒，复杂的工作环境、庞大的施工体量等看似不可能的"难关痛"，在技术的推进下，逐渐构不成威胁。从某种意义上讲，"业务推动，技术先行"的深入实践，已经为施工行业进入信息化、数字化时代打好了基础。

在政策层面上，自 2014 年以来，国务院大幅取消和下放行政审批事项，进一步深化改革，激发我国市场活力。住建部同样配合这一举措，大幅简化了对建筑施工企业资质要求，但又同时密集出台政策，规范施工企业各项经营行为，用市场竞争和政策规范的双重手段加速建筑行业升级。党的十九大报告在论述创新型国家时，也提出了"数字中国"的概念，结合当前的大环境，建筑行业的数字化转型升级已经势在必行。

三、国建公司的智慧生产

作为主管施工、质量、安全的副总经理，我对数字化技术在建筑施工生产管理中的应用感受最深。一个施工项目在中标后，首重履约。即根据拥有的人力、物力、财力、信息等资源进行有效的决策，达到项目的进度、质量目标，控制好成本，并全程保证安全。

在建筑行业全面数字化升级的大背景下，我们已经取得了一定的成果。在整体规划上，我们建立了 BIM 中心，并在环球主题公园、中国人寿数据中心、昌平二中被动式、装配式房屋等项目中进行了实践应用。通过 BIM 技术实时模拟各施工阶段材料、机械、人力的投入情况，帮助项目班子进行决策，同时，也能更形象地向各相关方展示工程的进度及规划。在进度管理上，我们积极应用微软的 Project、甲骨文的 P6 系统、广联达的斑马进度等，希望通过行业领先的技术力量，实现项目进度的科学把控。在质量管理上，我们将材料检验记录、施工检验批记录、成品保护记录等相关信息录入进数据库，进行分析和监管。在分包和劳务管理上，我们通过智能安全帽及劳务管理系统，可以实名监控和记录每天人员的出勤情况，施工人员数量。在成本管理上，我们有专用的数据中心，记录所有的供应商信息、采购物料进场及使用信息，记录每一份采购合同，并对变更、洽商、结算等进行记录和归纳。在这些初步的尝试中，我能够明显地感觉到，数字化手段极大提高了各职能部门的沟通效率，同时，相较以往，管理层能够得到更多真实有效的数据，便于分析项目实况，有助于我们对以往的工作进行总结并调整后续工作计划。

在不断深入实践的过程中，我们也发现了一些问题，比如：目前，各个系统间的联系互通程度还不够，单项工作的成果对整个项目的支持力度太小，各部门之间的信息交换还需要大量人力工作。而现在推行的"智慧工地"理念，其核心就是解决这一问题。在我看来，智慧工地系统，主在标准化各项分系统，并互相传递、引用、分析工作的数字成果，在精细掌握当前施工情况的同时，可以比较准确地预测未来施工中各项资源的需求情况，并结合实际情况找到风险因素，提前进行应对，以实现项目绩效的进一步提升。在先行实践成果的基础上，公司也想将数字化的应用向前推进一步，探索更多转型的可能性。日前，我们的母公司北京建工集团与广联达公司达成了战略合作，通过借助广联达的科技力量，将企业数字化转型向纵深处发展，在这之后，我们对后续的重点项目也制定了更为具体的执行规划，未来几年，将全面打造智慧型工地。

四、结束语

相信在不远的将来，越来越智慧的工地，将会彻底改变人们对传统建筑行业的刻板印象，未来的建筑将不再是冷冰冰的水泥森林，通过融入大量的科技，它们将变得非常智能，甚至成为整个数字网络中的一员。畅想一下，房子们在互联网上将有自己的身份，可以记录我们生活的点点滴滴，了解我们的身体状态，甚至了解我们的情绪。那时的建筑业和现在相比，无论在施工技术还是管理方式上，或将会有翻天覆地的变化。

我们正处在人类百年未有之大变革的时代，随着第四次工业革命在中国的不断深化，建筑行业的数字化之路的大幕已然开启。

（注：北京国际建设集团有限公司是北京建工集团优先发展的子集团公司。）

北京建工路桥集团信息化建设及探索

一、信息化建设背景

北京建工路桥集团勇于尝新，于2018年4月开始，进行快速的信息化平台建设。在企业信息化建设之前，我们能够感受到，还有很多问题亟待解决，比如：一直以来，公司缺少统一规划，各业务需求部门独立立项、独立建设；对信息化认识和功能使用不足，主要侧重在流程审批，对信息系统与管理体系的深度融合和互相促进认识不足；缺少自身的系统策划及论证、统一规划设计能力和系统运维能力，需要建立和培养相关的人员团队。

公司希望通过先进的信息化技术，加强项目精细化管控，提升人员效能。企业信息化建设肯定离不开项目的管控，信息化建设是一种"项企一体化"的互联互通型建设。企业层不但要在流程上形成信息化闭环，还要能够关联项目，对项目的信息化赋能和管理。而项目层既要提升现场施工的工作效率、优化项目部的管理水平，还要实现项目数据与企业数据的打通，上下一心，以信息化手段为媒介，促进从企业到项目的全面数字化，进而实现公司整体管理模式升级。

因此，从2018年7月开始，已经在重点项目中锁定试点，陆续与广联达合作搭建项目智慧工地平台。过去，在项目管理过程中，总会出现对二维图纸认知不统一，导致施工时不断拆改返工的现象。或者管理人员效率低，总被重复性劳动缠住手脚；伴随安全质量检查和整改不及时、少记录、无法追责等问题。计划应用BIM+智慧工地，利用三维建模虚拟建造、方案模拟智能巡检，劳务管理系统等手段，解决过去施工和管理的各类问题，提升项目施工效率。

二、信息化建设方案

1. 建设目标

一个平台：能应用于管理的管理监控平台

一套流程：标准化管理和应用流程

一个团队：培养内部应用信息化系统应用团队

一个中心：应用于项目管控的指挥中心

2. 软件选型

对平台的核心需求：（1）借助"BIM+智慧工地"建设，加强品牌建设；（2）数据信息采集，满足项目管控和科学决策需求；（3）打通企业和项目间的信息孤岛。

在平台的选择上，据了解，广联达深耕建筑行业多年，已经和众多施工企业有过紧密合作，其信息化产品也在全国数百个项目实践中得到了验证，并且，还在通过不断总结和完善项目管理思想与方法，结合PDCA的工作原理、变革管理的原理与思想，更新迭代理论与产品，在此基础上，形成了一套相对成熟的方法论体系和平台解决方案（见图1）。

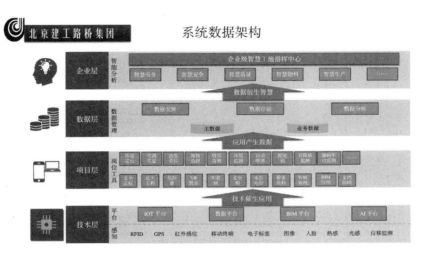

图1 系统数据架构图

因此，我们的"BIM+智慧工地"平台选择了与广联达合作，以智慧工地平台为核心，建设智慧工地，以BIM5D为核心，攻克项目施工中的难关。

3. 信息化建设组织架构

主要部门岗位职责　　　　　　　　　　　　　　　　　　　　表1

主要部门	岗位职责
企划信息部	各部门协同合作硬件、软件设备管理与维护等工作、信息系统维护及资源管理、负责公司信息化建设，根据公司发展需要制定公司信息化建设规划，负责公司管理制度和标准的制定，组织对计划完成考核
人力资源部	负责建立、建全公司人力资源管理系统，确保人力资源工作按照公司发展目标日趋科学化，规范化，负责人力资源系统的信息录入工作
办公室	负责印章系统的流程、使用制度的编制，负责日常使用问题的总结
财务部	负责软件系统数据录入及使用问题汇总
BIM技术中心	编制企业BIM实施计划，组建实施团队，确定项目中的各类BIM标准及规范、大项目切分原则、构件使用规范、建模原则、专业内协同设计模式、专业间协同设计模式等

续表

主要部门	岗位职责
智慧建造部	协助总工程师制订公司智慧工地建设规划，负责制定公司及平台策划方案，负责公司智慧工地实施标准编制，项目智慧工地实施策划审核，项目智慧工地功能集中培训，负责智慧工地整体运转数据监督及日常维护

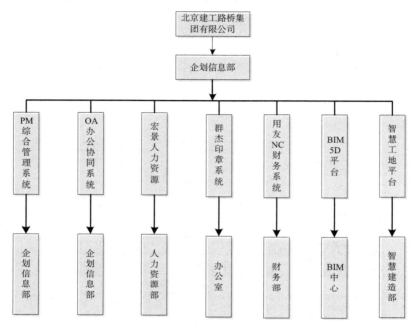

图2　信息化建设组织架构图

三、信息化实施步骤

信息化建设历程　　　　　　　　　　　　　　　　　　　表2

第一阶段：网络、协同平台及OA建设阶段	
2018年4月-2018年10月	OA系统及HR系统一期建设
第二阶段：核心业务系统建设及集成	
2018年7月-2018年12月	BIM+智慧工地系统应用试点实施及总结
2018年7月-2019年9月	核心PM项目综合管理系统建设，初步形成系统集成
2019年1月-2019年6月	智慧工地企业级平台上线
2019年6月-2019年12月	全面推广智慧工地各版块应用
第三阶段：深入开发及应用阶段	
2019年10月-2020年12月	系统深入建设及应用，系统集成及决策分析门户深度建设；BIM+智慧工地引进AI技术试点应用
第四阶段：持续优化阶段	
2020.12～……	信息化系统持续优化升级

四、信息化建设效果总结

1. 方法总结

项目综合管理系统：要对项目全生命周期的实时管控，依托系统解决跨部门跨领域的复杂问题，实现更高的运营效率，提高企业风险管控能力。

办公协同系统：以"工作流"为引擎，以"知识文档"为内容，以"信息门户"为窗口，为企业内部人员共享信息，高效协同。

人力资源系统：加强企业内人力资源业务的集中管理和协同，支持集团管控、目标管理、领导决策等。

NC 财务系统：支持企业全面预算控制，对经营行为的事前编制、事中控制、事后分析。

BIM+ 智慧工地：整合设计、施工到营运阶段全过程中所产生的信息，主要用于指导施工管理、质量安全管控、经济性对比分析，实现从人管向技管的升级。

2. 建设效果

通过信息化建设，我司的昌平南延 08 标项目被评为《数字中国 智慧工地》TOP100 全国示范基地，公司成为智慧工地建设全国领军企业，大大提升了企业形象。建设单位对项目应用的成果表示肯定，在后续工程再次中标 30 亿的项目，多家来访的业主单位都表达了合作的愿望。此外，信息化建设效果主要体现在解决实际施工问题、优化管理工作方面，并做了如下总结：

（1）效益总结

对公司来说，通过应用"BIM+ 智慧工地"平台，能对所有在施项目的安全、质量、劳务等核心信息，实时动态统计，并且能够对分公司和项目的使用频率及整改率排名，实现超期、重大隐患的预警。此外，每周自动形成的周报表和汇报材料，为各类例会节省了大量时间，公司企业级平台直接穿透到数据底层，给公司总体管控项目提供了有效的辅助措施，有据可查、有据可依。

对项目来说，主要解决了很多具体的施工问题，比如：现场安全、质量检查变成手机 APP "点一点"的问题流转，事事敦促整改；劳务实名制打卡结合人脸识别技术，考勤自动化省时省力，还能自动生成各项劳务报表，与我们的劳务管理挂钩；BIM 三维交底、VR 安全教育，提前模拟施工过程，专业管线综合排布，避免多次返工；利用斑马进度软件实时掌握现场进度情况，计划工期与实际工期对比，提前对工程施工进度预控等等。随着技术的逐渐深入，项目上的数字化意识正在慢慢培养起来，很难去量化说应用了哪一款软件节省了多少成本，但是这些肉眼可见的改变聚合在一起，确实节省了大量的人力、物力、财力。

(2)人才培养

人才培养结果梳理　　　　　　　　　表3

类别	数量（名）
信息化专员	2
BIM中级工程师	5
进度计划编制人员	8
场部软件及BIM5D软件操作人员	5
信息化平台管理人员	5

形成了一支专业的信息化系统应用团队，为加快路桥集团信息化发展储备专业技术人才。

专家评语

马智亮 清华大学土木工程系教授、博士生导师，中国施工企业管理协会信息化工作专家委员会委员

该集团应用多个信息系统，包括：项目综合管理系统、办公协同系统、人力资源系统、NC 财务系统、BIM+ 智慧工地系统。通过扎实的应用，取得了良好成效。

王兴龙 中国建筑业协会工程技术与 BIM 应用分会秘书长

文章简明扼要介绍了企业在信息化建设中遇到困惑，对信息化的建设背景作出了相对透彻的分析，选择"BIM+ 智慧工地"作为突破口，建设管理平台，从管理的层面上应用 BIM 模型，实现数据采集、动态统计，使项目管控有据可查、有据可依。文章只是简要介绍了实施历程，如能把实施的策划、组织、人员安排及经验教训等加以总结介绍，就会为其他企业信息化建设提供更好的参考价值。

黄锰钢 中国 BIM 门户网站创始人、国内首批 BIM 专家之一

亮点：

（1）实现了企业层面全业务的信息化，包括项目管理、BIM、人力、办公、财务等方面；

（2）系统功能全面，应用深入，应用时间长，数据量大，信息化切实为企业管理带来价值、项目管理、办公、人力统一平台，一体化程度高，数据互联互通、协同管理能力强、效率高；

（3）人才培训、考核制度完善，保证了信息化系统的持续应用。

改进建议：建议加强商务方面的应用探索。

北京建工路桥集团北京地铁 27 号线二期（昌平线南延）项目

一、项目概况

1. 项目简介

北京地铁 27 号线二期（昌平线南延）工程西二旗至蓟门桥段（见图 1），北起西二旗站、南至 12 号线蓟门桥站，沿京新高速、小营西路、京藏高速、学清路、学院路、西土城路敷设。线路长 12.6km，新建车站 7 座，其中换乘站 5 座，分别为清河站、上清桥站、六道口站、西土城站、蓟门桥站。未来或将继续南延到国家图书馆站，"握手"地铁 9 号线，与 9 号线贯通后线路全长约 63.4km。昌平线南延工程采用与昌平线相同的 B 型车六辆编组，不新增车辆基地，而是利用十三陵车辆段预留用地解决新增车辆的停放需求。十三陵车辆段工程由北京建工路桥集团有限公司承建，并于 2017 年 8 月开始建设，于次年 8 月开始搭建项目信息化平台。十三陵车辆段的扩建以排架结构为主，扩建后的车库可由原停放 24 列车增加到停放 60 列车，工程预计 2020 年年底完工。

图 1　北京地铁 27 号线二期（昌平线南延）工程效果图

2. 项目难点

（1）车辆段周围既有建筑密集，施工场地狭小：昌平城铁十三陵车辆段已投入使用，新建停车列检库、新建辅助间为预留用地，紧邻既有停车列检库库。

（2）排架柱安装工质量和施工部署控制：本工程新建停车列检库设计钢筋混凝土

排架柱 270 根，高度 10 余米，确保成排预制柱的安装精度，对测量控制要求很高。

（3）大跨度钢屋架安装的施工安全质量控制：本工程新建停车列检库设计采用钢屋架，跨度 21m。大跨度钢屋架安装施工安全质量控制是本工程重点之一。

（4）多专业、多工种、多施工单位的施工组织管理和协调：本工程施工范围包括了土建工程、装修工程、机电安装工程、道路工程、室外工程、铺轨、地铁信号施工等，涉及众多专业，需组织众多专业工种进行作业施工。

3. 应用目标

树标杆：把昌南 08 标项目建设成为北京建工路桥集团标杆项目，做到施工信息化、智能化、标准化、科学化，充分体现北京建工路桥集团信息化水平。

强管理：通过"智能生产调度指挥系统"提供的各种信息数据，实现统一指挥、工队、资源组织落实；直接控制现场作业，掌握现场作业的进度，切实提高现场作业质量，保证安全生产管理，实现精准管理，精确调度，保障项目按时交付运营；在技术手段上实现革新，从而降低企业管理成本，提高项目收益；总结出一套管理流程，建立一套实施标准，组建一支项目信息人才综合性管理团队。

平台化：建设一个智慧工地系统平台，把安全、质量、劳务、进度集成数据到一个平台整合，以信息化的手段支撑整个建造过程，达到安全质量巡检智能化，劳务人员管理全面信息化，施工方案实现模拟优化，交底实现直观可视化。

二、技术应用整体方案

1. 组织架构与分工

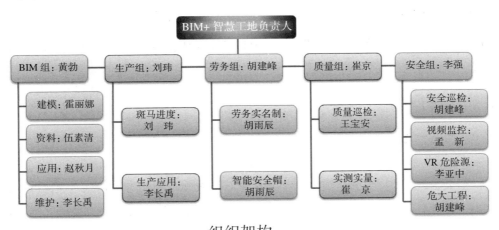

组织架构（项目级）

图 2　BIM+ 智慧工地组织架构图

2. 软件配置

项目软件配置　　　　　　　　　　　　　　　　　　表1

类别	软件
工具类	Revit　　Skertchup　　BIM场地布置　　斑马进度　　Project2013
平台类	BIM5D平台　　智慧工地平台
辅助类	Navisworks　　lumion　　Civil3D

3. 标准保障

经过前期沟通学习，形成了一套可推广的项目整体信息化应用方案，覆盖项目管理层和生产、质量技术、安全、劳务等部门的行动方案。方案包括生产管理、质量管理、安全管理、人员管理、进度管理、资料管理6大板块，整理安全、质量、劳务、进度等管理流程及岗位流转程序共计14个，为BIM技术和智慧工地在项目的开展实施，奠定了最初的指导思路。

三、技术应用实施过程

1. 人员技术培训

实施培训34天，业务方案梳理39天。项目各个模块整体培训9场，小规模讲解若干。大规模（多部门、3人以上、有项目经理参与）沟通20次，小规模沟通若干。

2. 技术应用过程

（1）劳务管理

工人管理：使用劳务实名制系统与智能安全帽结合的方案（见图3）。工人进场时通过身份阅读器读取身份证信息进行实名登记，项目采用动态人脸可见光识别系统，对人工进行统计分析管控，并辅助以用智能安全帽系统对工人定位，实现人员管理自动化，实时查看施工情况，形成档案生成报表，为辅助考勤、任务管理、工资发放和绩效评价等提供可靠数据。

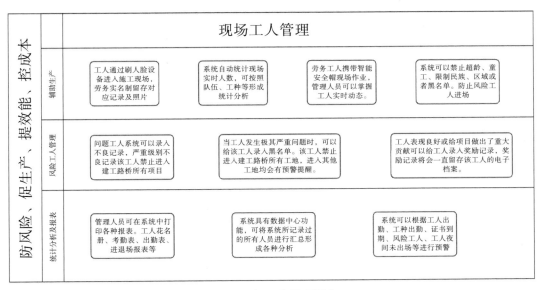

图 3　现场工人管理要点

（2）安全质量管理

安全/质量巡检：项目全部管理人员负责安全和质量巡检，现场如果没有发现问题或者已经解决的问题，直接拍照选择今天所查区域及项目，直接录入排查记录留存工作记录。对于所发现的问题未能及时解决的，对应管理人员会通过手机 APP 发起隐患流程，设置好整改部位、责任人、隐患等级、整改时限和整改要求等条件，并附上照片，直接通知相关责任人，此外，针对严重问题，系统会自动推送至项目经理。整改完成，流程转回到排查人进行复查，复查合格后流程才能正式闭环结案。以此来保证问题落实到人，责任明确、分工明确、追责明确。

（3）进度管理

通过斑马进度计划绘制的双代号网络图，通过双代号网络图我们可以清楚地看出工序之间的逻辑关系，快速找出关键线路，针对重点部位进行重点把控。通过前锋线，可以将实际工期与计划工期进行对比，也可以对进度计划进行快速调整，寻求最优赶工期方案，提前对施工全过程，包括施工阶段材料用量、施工工序、可能造成延误的因素等进行了全方位模拟和分析，提高了项目管理的决策效率和精准度，实现了基于进度计划的动态资源管理。

（4）BIM5D 系统

构件跟踪（见图 4）：本项目的预制柱、钢屋架、屋面板等，都是在加工厂里制成的成品、半成品，进入现场再进行吊装。通过运用构件跟踪系统，每一个构件从出厂、运输到现场验收，全程都能被自动跟踪，便于项目部及时进行物料和进度管理。

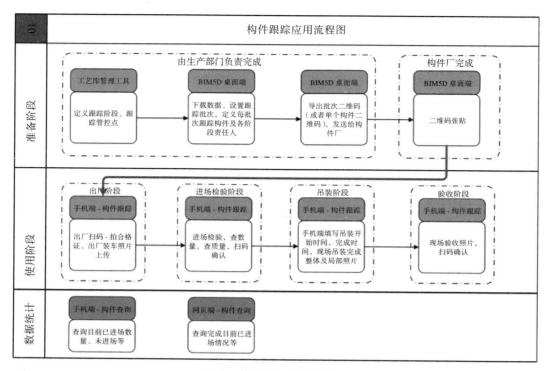

图 4 构件跟踪应用流程图

四、技术应用总结

1. 应用效果总结

（1）人才培养：培养了 BIM 中级工程师 5 名；斑马双代号网络进度计划编制人员 8 名；场部软件及 BIM5D 软件操作人员 5 名，信息化平台管理人员 5 名，形成一支专业的信息化系统应用团队，为加快路桥集团信息化发展储备专业技术人才。

（2）社会荣誉：昌平南延 08 标项目被评为《数字中国智慧工地》TOP100 全国示范基地，通过交流会的形式对"BIM+ 智慧工地"情况进行讨论学习，吸引来专家教授、美国基金会董事会成员，中央电视台等众多专业人士进行线下交流。目前举办交流会 9 场，其中中外企业 16 家，大学 3 所，媒体 23 家。通过 BIM+ 智慧工地的实施推广，建设单位对项目应用的成果表示肯定，在后续工程再次中标 30 亿的项目，多家业主单位都表达了合作的愿望。

2. 应用方法总结

通过项目 BIM+ 智慧工地的使用，建立了 14 个标准化管理和应用流程，在全公司内推广应用，内容涉及深化设计流程、构件跟踪应用流程、生产应用流程、安全质量巡检流程、实测实量流程、危险源管理流程、危大工程管理流程、进度管控流程。完成了北京建工路桥集团《BIM 应用标准》和《智慧工地实施标准》2 个标准的编制。

专家评语

马智亮　清华大学土木工程系教授、博士生导师，中国施工企业管理协会信息化工作专家委员会委员

在该项目中，使用了包括工具类、平台类以及辅助类三类软件，建立了14个标准化管理和应用流程，内容涉及深化设计流程、构件跟踪应用流程、生产应用流程、安全质量巡检流程、实测实量流程、危险源管理流程、危大工程管理流程、进度管控流程。另外，还编制了两部集团标准。

王兴龙　中国建筑业协会工程技术与BIM应用分会秘书长

文章以具体项目为例，通过劳务分包管理、安全质量管理、进度管理、BIM5D系统的应用，有效解决该项目大跨度钢结构安全质量控制要求高，多专业管理、多工种协调的项目难点，达到了树标杆、强管理、平台化的应用目标。结合本项目的人员技术培训和系统实施，建立了企业的标准化管理应用流程和2个企业标准，为公司的信息化应用推广打下良好基础。在技术应用过程中，将劳务分包队伍加入管理系统中，企业可积累分包单位的数据，能够为未来的分包合作奠定基础。如能按照"应用目标"中提到的"智能生产调度指挥系统"和"智慧工地系统平台"来与项目切实结合起来，展开介绍具体实施应用，借鉴效果会更好。

黄锰钢　中国BIM门户网站创始人、国内首批BIM专家之一

亮点：
（1）业务应用全面，项目成员参与度高；
（2）人才培训、考核制度完善，保证了信息化系统的持续应用；
（3）系统功能与实际业务结合度高，落地性强。
改进建议：建议加强生产管理过程管控的数字化应用。

北京建工三建公司赛迪科技园科研楼建设项目

一、项目概况

1. 项目简介

赛迪科技园科研楼建设项目（见图1）是北京市第三建筑工程有限公司（同"北京建工三建公司"，隶属于北京建工集团，以下简称"三建公司"）的重点项目，项目位于北京市昌平区沙河镇豆各庄村11号院赛迪科技园内，总建筑面积31450m²，建筑功能主要包括实验室、车库、人防工程及配套用房。由于工程结构复杂，主体塔楼部分采用钢框架-钢筋混凝土核心筒结构，中部裙房为钢框架结构，地下室为现浇钢筋混凝土框架-抗震墙结构，对深化设计和信息化管理提出了很高的要求。项目建成后将是赛迪工业园区的标志性工程之一，需确保工程质量合格，争创北京市"长城杯"。

图1 赛迪科技园科研楼建设项目效果图

2. 项目难点

（1）深化设计难

本项目机电系统复杂，管线极其密集，且机房众多，管线优化难度大，调试工作量较大，同时钢结构体系作为本项目的主要承重构件，钢结构的深化设计直接影响到整个结构的工程，对混凝土结构重钢筋与钢骨柱的碰撞优化，对指导现场施工而言至关重要。

（2）专项应用重点展示难

在信息化实践上，需要对关键位置进行漫游模拟、对施工专项方案进行动画展示，以便指导施工，优化流程，但是科研楼机房机电管线路非常复杂，对专项应用的重点展示提出了极大的挑战，要严格把控模拟展示的精确度和准确度，才能实现现场施工的有效指导。

（3）现场进度管理难

本项目施工工期紧张，工程量大，材料用量多，涉及功能多，专业分包多，资源配置是否合理和专业工序穿插是否及时是实现工期目标的关键影响因素，对施工组织设计的要求较高。

（4）专业分包多，总承包的项目管理及协调难

专业分包较多、工作交叉面多，包括精装修工程、幕墙工程、建筑智能化工程、泛光照明工程、消防工程、小市政及其配套工程等多家专业分包。

3. 应用目标

（1）培养 BIM 人才：共培养两类人才，一类是能够进行独立建模的基础型人才，一类是能够进行 BIM 规划、综合应用的管理型人才。

（2）提高深化能力：通过 BIM 模型创建与深化、可视化展示等基础应用，高度模拟现场的复杂系统，指导现场施工。

（3）精细化进度管控：模拟现场建造过程，实现生产进度管理流程的规范化，通过平台大数据分析，实现项目生产进度管理经验数据积累。

（4）BIM5D 综合管理：基于广联达 BIM5D 管理平台，实现对项目进度、成本、质量、安全、文档及流程等内容的有效决策和精细管理，从而达到减少施工变更、缩短工期、控制成本、提升质量的目的。

（5）总结 BIM 应用方法：通过整个项目 BIM 技术的应用，总结 BIM 技术真正落地的方法。

二、技术应用整体方案

1. 组织架构与分工

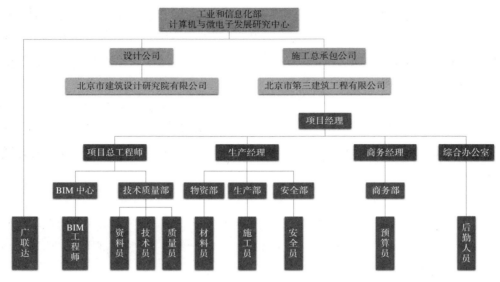

图 2　组织架构图

2. 软硬件配置（表 1）

软件配置　　　　　　　　　　　　　　　　　　　　　表 1

序号	实施内容	软件工具
1	全专业模型建立	Revit2017
2	3D 虚拟漫游	Navisworks 3Dmax Lumion
3	管线综合优化	Navisworks
4	碰撞检测	Navisworks
5	深化设计	Revit2017，Xsteel
6	施工场地整体规划	Navisworks Revit2017
7	4D 施工过程模拟	Navisworks 3Dmax
8	施工关键工艺展示	Navisworks 3Dmax
9	土方算量	Civil3D 飞时达
10	成本管理	广联达 BIM5D
11	绿色施工	Revit2017 Civil3D
12	物资管理、施工协同管理	施工全过程管理平台

3. 标准保障

在项目初期，首先结合项目特点及重难点情况，编制了项目的 BIM 实施方案，以此统领后期 BIM 工作。在建模前期，初步完善了项目各专业建模标准、族库规范以及平台应用规范，为后期项目模型的顺利创建提供了基础保障。

三、技术应用实施过程

1. 人员技术培训

在项目 BIM 工作开展各个期间进行了分阶段、分层次的 BIM 软件及技能培训工作，具体培训的内容见表 2：

BIM 培训计划　　表 2

序号	培训专项	培训内容	培训目标
1	BIM 基础理论培训	PPT 课件	掌握 BIM 发展、现状、国家政策等
2	建模类软件培训	Revit 套件	掌握土建及机电专业建模操作，包括图元基本操作、标高轴网及结构模型搭建、建筑模型搭建及场地以及机电各专业（给水排水、暖通、电气）模型搭建
3	广联达 BIM5D 操作方法培训	BIM 实施全流程	掌握项目实施流程及实施注意事项，掌握进度管理、质安管理、图纸管理、流程管理等操作

2. 技术应用过程

（1）多项深化设计

1）预留孔洞深化设计：对机电管线结构的预留洞孔位置进行 BIM 模拟和定位，出具三维洞口排布图和位置说明，使得孔洞的位置和尺寸更加准确，避免了施工中的返工核对成本及对施工进度的不利影响。

2）粗装修净高分析：净高分析需要综合考虑深化后的各系统、各专业模型，在保证符合规范的前提下，确保地面和吊顶的标高准确性，达到最合理的空间利用效果。

3）砌体深化设计：采用 BIM 技术，通过调整灰缝间距和砌块尺寸等参数，可以将墙体中反坎、斜压顶、构造柱等构件精确布置，导出准确的砌块用量，有针对性地进行材料堆场。与传统方式的现场提量相比，这样不但可以节约材料约 10%，还可以减少二次搬运和施工垃圾，达到降本增效、文明绿色施工的目的。

4）机电深化设计：①复杂位置管线综合：项目 BIM 工程师根据设计 BIM 模型，提供设计纠错、模型信息缺陷报告、碰撞检查报告，协助设计人员进行管线综合，在施工前完成管线的优化。②机电样板间：通过 BIM 模型综合协调机房，确保在有效的空间内合理布置各专业的管线，以保证吊顶的高度来辅助现场施工。③制冷机房：根据深化图纸和系统图，捋清管道系统的走向，结合现场的施工及设计意图，对制冷机房进行深化，优化管道走向。

（2）专项应用三维展示

1）科研楼模型整体漫游展示：通过对赛迪科技园科研楼模型进行整体漫游，直观呈现科研楼的内部构造及外观造型，使项目成员在项目施工阶段对科研楼构造及造型加深理解。

2）办公室内部三维漫游展示：对办公室进行室内陈设布置，墙面砖、成品木门、室内家具等内容预先展示，提前呈现装修效果，辅助进行装修工程施工指导。

3）关键施工工艺动态展示：根据现场需求，对项目基坑土方挖运施工方案进行模拟（见图3），对施工过程中的关键工序，包括：疏干井施工、土钉墙施工以及护坡桩施工均进行动画展示，确保各项施工方案的合理性，有效提高了沟通效率和施工质量。

图3　施工工艺模拟

（3）进度精细化管理

利用广联达BIM5D管理平台，将各专业模型进行整合，对整合后的模型进行流水段划分，通过将流水段与施工进度计划进行关联，以此来达到模拟现场施工的目的。

BIM5D进度施工模型包含了各种构件的材料信息和资源信息，施工前进行可视化施工模拟，对施工的组织和安排、材料的供应关系以及资金供应等提前进行沟通和协商。在施工模拟阶段，自动根据资源和工期要求，合理分析进度计划的准确性并进行进度优化，从而保证进度计划合理开展。

（4）基于BIM5D的项目综合管理

本工程以模型为辅，应用为主的观念，在BIM5D管理平台中集成全专业模型，以模型为载体，关联施工过程中的进度、合同、成本、质量、安全、图纸、物料等信息，为项目提供数据支撑，实现有效决策和精细管理。

质量安全管理（见图4）：施工要求"过程管理，管理留痕"，现场管理人员发现问题后，手机拍照上传至平台，推送给责任人，责任人整改完成后，将整改完成的部位重新拍照上传，推送给发起人进行验收，合格后即可关闭问题，形成闭环。通过手机端与网页端的联动，直接从BIM5D管理平台网页端中提取信息，生成质量和安全周报，对于集中频发的质量或安全问题，召开具有针对性的专题会议，制定整改预防措施。

图4 安全问题分布环形图

四、技术应用总结

1. 应用效果总结

（1）深化设计：赛迪项目利用BIM技术使各参建单位提前介入，进行各专业协同，解决图纸问题305处，优化设计节点65处，为项目部提供可靠技术准备，使图纸问题对施工的影响几乎为零。

（2）专项应用展示：利用BIM技术进行模拟优化、三维渲染、漫游及动画展示，确保各项施工方案的合理性，有效提高了沟通效率和施工质量。

（3）进度精细化动态管理：通过BIM5D进度施工模型，实现对整个工程项目的全过程演示及控制管理，对施工的组织和安排、材料的供应关系以及资金供应等提前进行沟通和协商，合理分析进度计划的准确性并进行进度优化，从而保证了项目进度计划合理开展。

（4）BIM5D项目综合管理：利用BIM5D管理平台中的三端一云，将传统粗放式的项目管理转变为基于BIM技术的精细化管理，提高了工作效率，不但使得管理留痕，避免了扯皮，而且通过信息传递，有效避免了"拍脑袋"式的决策，使得决策有理有据。

2. 应用方法总结

（1）形成BIM技术在施工总承包管理模式下的应用流程，包括建模标准、BIM模型管理标准、BIM技术应用实施方案、实施流程、深化设计方案在内的相关技术标准流程。

（2）制定BIM实施方法，包括BIM工作管理方案、文件会签制度、BIM例会制度、质量管理体系等管理制度，保证本工程BIM技术的实施。

（3）BIM人才培养总结：本工程BIM技术的应用实施，达到了预定的应用目标，为公司培养了一批BIM应用骨干人员。

专家评语

马智亮　清华大学土木工程系教授、博士生导师，中国施工企业管理协会信息化工作专家委员会委员

该项目利用 BIM 技术，对土建、机电、钢结构等各个专业进行深化设计，通过碰撞检测优化管线排布，对混凝土结构重钢筋与钢骨柱的碰撞问题进行优化，对关键位置的机电管线路由、关键部位的施工工序及施工方法、整体外观及构造进行漫游及动画展示，通过 BIM5D 系统项目管理平台集成全专业模型，关联施工过程中的进度、质量、安全、成本、物料、劳动力等信息，实现项目各方的协调管理，加快各部门之间沟通效率，使各部门资源共享化。

王兴龙　中国建筑业协会工程技术与 BIM 应用分会秘书长

文章结合赛迪科技园科研楼项目的 BIM 技术应用，介绍了通过明确业主方、设计方、总包方、分包方等在不同施工阶段的职责，建立该项目的 BIM 应用标准等方案，有效解决了该项目的深化、三维展示、进度、管理协调等难点。通过多项深化设计，极大地降低了图纸问题对施工的影响，对项目部大有裨益。利用 BIM5D 管理平台中的三端一云，提高了工作效率，使决策有理有据。从全生命周期的角度来说，文章如能增加运维阶段对模型的使用和管理的描述，则会更完整。

黄锰钢　中国 BIM 门户网站创始人、国内首批 BIM 专家之一

亮点：
（1）在深化设计、管线综合、方案模拟等 BIM 应用方面，应用效果良好；
（2）BIM 模型基础应用能力较强，实现了全专业的建模以及基于 BIM 的深化设计；
（3）项目成员参与度高，信息化理念深入人心，氛围良好，全员应用推动信息化。
改进建议：建议在关于信息化系统在经济、社会效益方面的总结进一步提炼。

北京建工集团昌平区未来科学城第二中学建设项目

一、项目概况

1. 项目简介

北京市昌平区未来科学城第二中学建设工程（见图1）由北京建工集团承建，北京国际建设集团有限公司（北京建工集团优先发展的子集团公司，以下简称"国建公司"）承担技术咨询服务。工程位于北京市北七家镇，总建筑面积23088.82m^2，建筑结构主要为钢框架装配式结构。

该工程是由北京市昌平区教育委员会决策、北京未来科学城置地有限公司具体实施的政府投资项目，是北京市投资项目审批改革的试点项目，建成后对昌平区教育系统乃至对昌平区建设具有重要意义，为建筑行业绿色节能建筑，推动建筑行业数字化智慧化管理模式的发展。

图1　北京市昌平区未来科学城第二中学建设工程效果图

2. 项目难点

（1）管理难点

1）高标准的质量要求：由于本工程为超低能耗被动式建筑，在绿色节能和建筑特性上，有特殊质量要求。同时，本工程制定了较高的施工目标，希望在工程质量方面争创结构、建筑长城杯金奖；在建筑特性方面，通过被动房气密性验收及认证；在绿色施工方面，力争达到"北京市安全文明样板工地"的标准，打造安全绿色施工样板工地，争创建筑部"绿色施工科技示范工程"。

2）紧张的工期要求：本工程于2018年12月22日开工，计划于2020年5月30日竣工。期间经历两个春节假期、两个冬季、2019年全国两会及2019年国庆大庆。如何科学合理地进行施工部署是本工程总体工期控制的关键点。

3）参建各方高效组织协调要求：本工程在施工中有较多的专业分包项目，施工过程中，需要大量、高效的沟通协作工作，确保参建的各专业分工有效推进。因此，如何正确行使总包权力、履行总包责任及义务是工程的管理重点，对总包方协调、配合、管理提出了较高的要求。

（2）施工难点

1）钢框架装配式结构与被动式建筑的结合：本工程为钢结构装配式、被动式超低能耗建筑，因此，外围护严格的保温和气密性能如何在钢结构结构体系上达到，如何消减钢结构温度变形对被动式建筑相关参数要求的影响是本工程的结构施工难点。

2）各专业工序配合紧密：本项目除常规建筑需要的水电安装、电梯安装等专业队伍外，还需要很多符合被动式建筑需要的、专业性更强的专业队伍，如何合理安排和解决各专业的施工组织和施工协调，以及与钢结构、土建的密切配合，是保证施工质量和进度的关键。

3）克服现场场地狭窄的不利影响：受工程位置影响，北侧为未来科学城大道（未来科学城主要参观通道），东侧与达华庄园别墅区一墙之隔，南侧与京能集团一墙之隔，以上三面均不能进行项目施工开口，只有西侧岭上路可以作为施工进出主要市政道路。在工期紧迫的情况下，如何科学进行现场施工平面布置、统筹各单体建筑的施工顺序、将场地影响降为最低是该项目的重点、难点。

4）克服季节性施工的不利影响：本工程大部分结构施工处于雨期和酷暑天气，土方开挖及后期装饰、室外工程大多工作处于冬期施工，如何做好季节性施工保证措施将是本工程的施工重点控制之一。

3. 应用目标

（1）实现工程项目的履约目标

作为全国第二个将钢框架装配式结构和超低能耗建筑结合的工程，在规模体量上实属全国第一。工程面临很严峻的管理难点和施工难点，对施工总承包方的顺利履约造成重大障碍。希望采用BIM+智慧工地技术，切实解决项目建设过程中的管理难题和施工难题，保障项目的质量目标、安全目标、进度目标、成本目标的顺利实现，最终达到如期、保质、保量的履约目标。

（2）实现工程项目的创优及科研目标

本工程合同质量要求合格；工程创优目标为结构长城杯、建筑长城杯金奖；争创北京市新技术应用示范工程；争创建设部绿色施工科技示范工程；争创省部级（或中施协）科技创新进步奖等。

二、技术应用整体方案

1. 组织架构与分工

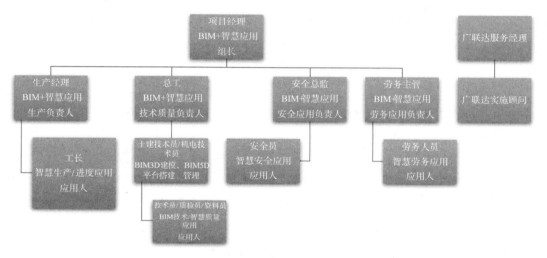

图 2 项目 BIM+ 智慧工地组织架构他图

2. 软硬件配置

软件配置　　　　　　　　　　　　　　　　　　　表 1

序号	应用内容	软件 / 平台 / 模块
1	智慧劳务应用	广联达数字项目管理平台（电脑端 / 手机端）劳务系统
2	智慧安全应用	广联达数字项目管理平台（电脑端 / 手机端）安全系统、智能安全帽、智能闸机、智能摄像头
3	智慧质量应用	广联达数字项目管理平台（电脑端 / 手机端）质量系统、BIM 模型（Revit2016、Lumion8.0）
4	智慧进度应用	广联达数字项目管理平台（电脑端 / 手机端）进度系统、BIM5D 平台、广联达斑马进度计划软件
5	智慧党建应用	广联达数字项目管理平台（电脑端 / 手机端）党建系统
6	智慧协同（资料）应用	广联达数字项目管理平台（电脑端 / 手机端）资料系统
7	智慧环保（绿色施工）应用	广联达智数字项目管理平台（电脑端 / 手机端）绿色施工系统、智能环境监测系统、绿色施工新技术应用
8	可视化智慧应用	BIM 模型（Revit2016、Lumion8.0）、广联达数字项目管理平台 BIM 模型呈现，广联达 BIM5D 平台模型呈现，BIM+VR 技术

3. 制度保障

培训制度总览　　　　　　　　　　　　　　　　表2

培训制度	
序号	培训
1	智慧工地技术培训
2	BIM 软件应用培训
3	BIM5D 平台集成应用培训
4	斑马进度培训
5	质量巡检培训
6	安全巡检培训
7	劳务实名制培训
8	BIM+VR 培训
9	智能安全帽应用培训
10	平台集成培训

4. 技术应用实施过程

本项目主要采用六大成熟产品以及部分定制开发工具，主要应用概述如下：

（1）劳务实名制

硬件和软件结合，应用闸机、人脸识别、安全帽无感通行等多种硬件设备，实现劳务人员考勤、劳务用工统计、黑名单管理、安全教育及考核、工人住宿、劳务民工工资支付等，作为劳动人员管理的数据来源。

工人信息登记示意图见图3。

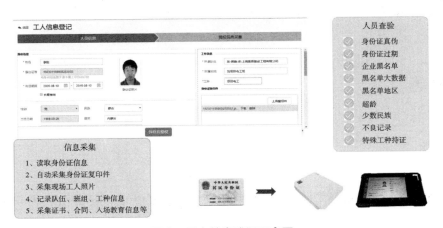

图3　工人信息登记示意图

（2）安全/质量巡检

建立安全隐患/质量问题库以及规范库，手机端实现"检查-处罚-整改-回复-分析"的 PDCA 的管理流程，统一建立检查隐患清单、标准规范文件，搭建知识平台。在智能巡检过程中，通过手机端移动设备，拍照留存现场实况，并通过云端生成整改通知单，施工人员能够及时接收问题通知，对整改做出快速响应。此外，通过集成实测实量设备，自动统计分析问题数据，经过时间的积累，逐渐形成项目特有的大数据库，指导后续工作的开展，让质量管理更简单、便捷、直观。

（3）环境监测与 VR

通过环境传感器等硬件，实时监控工程施工现场环境的噪声、扬尘等环境信息，并通过软件系统及硬件显示设备，分析及显示施工现场环境信息。

项目基于施工现场 BIM 模型，构建了广联达 BIM+VR 虚拟安全体验馆系统，通过现场 BIM 模型和虚拟危险源的结合，让体验者可以走进真实的虚拟现实场景中，通过沉浸式和互动式体验，让体验者得到更深刻的安全意识教育，以提升全员的生产安全意识水平。

（4）进度管理

项目采用斑马进度计划进行进度管理，自动生成网络图、横道图（见图 4），通过"前锋线"检查分析整体进度。因为本工程的工期紧张，有效工期很少，存在很多不可控的随机因素，在进度管理上投入了极大力度。通过关键线路和影响天数的标记和测算，能够及时根据突发情况及时调整，保证工期和顺利履约。

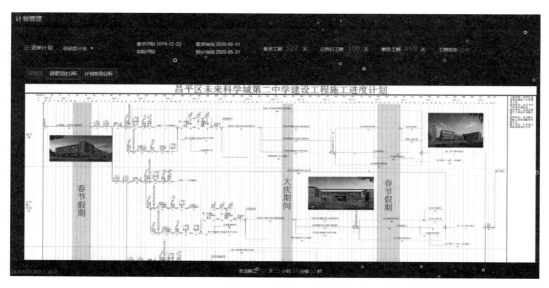

图 4 计划管理

三、技术应用总结

1. 应用效果总结

（1）经济和社会效益

1）本工程采取的绿色施工技术，提高了工程的节能、节地、节水、节材的水平等环保效益；

2）预期经济效益达到300万元，节省资源；

3）"BIM+智慧工地"技术，实现了现场信息管理，减少人力物力的投入，加快了施工进度，预计能够缩短工期2个月；

4）本工程进行综合改进和集成优化，为钢结构装配式超低能耗建筑的建造提供高效的技术参照；

5）提高了项目管理效率，其管理模式可为其他项目提供参考与借鉴。

（2）人才培养（表3）

人才培养成果统计　　　　　　　　　表3

部门	岗位	培养方向	人数	培养方法
项目级	项目经理	领导策划型	1	技术培训、实际应用、技术总结、BIM考试
技术质量部	项目总工	管理统筹型	1	技术培训、实际应用、技术总结、BIM考试
	技术员	实际应用型	3	技术培训、实际应用、技术总结、BIM考试
	质量员	实际应用型	2	技术培训、实际应用、技术总结
	资料员	实际应用型	1	技术培训、实际应用、技术总结
	测量员	实际应用型	1	技术培训、实际应用、技术总结
	试验员	实际应用型	1	技术培训、实际应用、技术总结
生产部	生产经理	管理型	1	技术培训、实际应用、技术总结
	工长	实际应用型	2	技术培训、实际应用、技术总结
安全部	安全总监	管理型	1	技术培训、实际应用、技术总结
	安全员	实际应用型	1	技术培训、实际应用、技术总结
劳务部	劳务负责人	管理型	1	技术培训、实际应用、技术总结
	劳务员	实际应用型	1	技术培训、实际应用、技术总结
商务部	商务经理	管理型	1	技术培训、实际应用、技术总结
	预算员	实际应用型	1	技术培训、实际应用、技术总结
合计	人才培养涉及项目部及其中5个重要部门、12个重要岗位、共计19人			

2. 应用方法总结

（1）课题推进：前期项目策划上即明确了项目推进的管理难点和施工技术难点、项目的重要意义与目标，将数字化技术应用在劳务管理、质量管理、安全管理、进度管理等方面，使项目的整体推进情况基本可控，质量安全进度得到实质性保障。目前，应用仍在持续中，且趋于常态化，下一步将结合北京建工集团科研课题《钢框架结构超低能耗建筑综合技术研究与应用》，进一步深化应用智慧工地技术，助力科研课题成果的落地，实现项目的终极目标。

（2）方法输出：

《国建集团+昌平二中项目智慧工地整体解决方案》

《昌平二中项目BIM应用方案》

《智慧工地各大系统实施方案》

专家评语

马智亮 清华大学土木工程系教授、博士生导师，中国施工企业管理协会信息化工作专家委员会委员

该项目使用广联达公司的系列软件，开展了智慧劳务、安全、质量、进度、党建、资料、协同等方面的管理，取得了良好的经济和社会效益。

王兴龙 中国建筑业协会工程技术与 BIM 应用分会秘书长

本文依托具体项目介绍了"BIM+智慧工地"技术的应用，其中重点介绍了劳务实名制、安全质量巡检、环境与进度等具体"智慧"应用，提高了管理效率，为其他项目提供很好的借鉴。本文具体项目特点是钢框架装配式结构与被动式建筑的结合，如能针对"钢结构+超低能耗被动式建筑"的项目特点展开具体应用介绍，效果更佳。

黄锰钢 中国 BIM 门户网站创始人、国内首批 BIM 专家之一

亮点：

（1）业务应用全面，项目成员参与度高；

（2）智能硬件、物联网集成应用较落地，实现了生产要素的智能数据采集和分析决策；

（3）建立了完善的信息化人才培训培养机制，为项目和企业提供了大量人才储备。

改进建议：建议加强 BIM 技术应用，可以充分发挥 BIM 在施工策划阶段的能力和价值。

第三章

专项案例——重庆大江建设工程集团有限公司

重庆大江建设工程集团有限公司成立于1994年（2010年从国有企业改制为民营企业），是一家集房屋建筑施工总承包一级及多项专业承包资质的综合性企业。公司先后承建了大批包括工业厂房、公共建筑以及别墅、洋房和高层住宅在内的工程。其中多个项目获得过"重庆市文明建筑工地"和"重庆市优质结构工程"等奖项。

公司在经营中坚持走自营的发展道路。对外秉承客户至上的理念，致力于满足客户核心需求。对内坚持团队建设，致力于员工与公司共同成长。公司坚持以服务和品牌建设为导向的发展理念，持续提高服务和管理水平，大江建设人以恒者的意志、筑善之心境为重庆建设做出更大的贡献。

本篇亮点

- 数字化将会是决定中小企业能否生存下来的关键
- 有了数字化，管理者时刻心中有数
- 重庆大江建设工程集团有限公司信息化建设规划
- 重庆大江建设集团联发山水谣项目
- 重庆大江建设集团鹿角M41项目信息化建设案例

数字化将会是决定中小企业能否生存下来的关键

姚斌　重庆大江建设工程集团有限公司总经理

一、毫无疑问，我们已经进入了一个数字化的时代，作为施工总承包企业的管理者，您是怎么看待数字化对施工行业所带来的影响？对此您认为当下企业面临的主要挑战是什么？应该如何去应对？

姚斌： 数字化对施工行业带来的影响，主要表现在施工企业数字化意识的形成和数字化探索两个方面。实际上，施工行业在数字化方面远远落后于其他行业，这已经成为行业的共识，我认为，施工企业必须走数字化这条路，不然必将被行业淘汰。

企业当前面临的挑战，首先是意识的转变。建筑行业的管理模式相比其他行业较为落后、涣散，加上项目地点分散、队伍不稳定、管理和建造等手段相对落后，想要从旧的管理模式中意识觉醒，做出信息化转型升级的改变，这对整个建筑施工行业而言，挑战是很大的。其次，从客观因素上讲，目前建筑施工行业整体形势不太好，施工企业都顶着很大的经营压力，同时，企业还要在管理上改进业务流程，提高人员素质，在这种经营与管理升级的双重压力下，企业还要摸索数字化转型的方法和路径，挑战难度相对很大。

关于应对措施我主要说三点：第一，要提升企业整体的数字化意识；第二，要改造我们的团队，调整岗位设置和相应的职责；第三，要优化我们的管理流程。只有一步一步稳健地推进，才能逐渐取得成效，最终达成目标。

二、请您简单介绍一下，重庆大江建设近几年在数字化技术应用以及企业转型方面，具体做了哪些工作？

姚斌：这个跟我们企业的发展阶段有关，实际上我们创业的时间并不长，从2012年至今，经历了这几个阶段：第一个阶段以服务赢得市场；第二个阶段以成本管理赢得利润，给企业带来更广阔的生存空间；第三个阶段强调品质，只有品质提升才能使企业可持续发展。因此，我们在目前这个阶段，全面接触了广联达的系统性产品，尝试了BIM、智慧工地等项目管理系统，其中应用较多且较深入的是协同办公和成本管理系统。我们今年也要求在项目管理系统中，将成本全部归集，所有成本都要纳入系统，这样支付的每一笔钱所产生的成本，均可追溯。我们的成本分析都要在系统中体现出来，进而用成本来指导和控制生产。

智慧工地是从2018年才开始尝试的，目前已经在两个项目中得到应用，并将在我们的全部项目上推行智慧工地。目前来看，虽然智慧工地只是一种数字化的尝试，但是我司下定决心要对其重点推广。之所以做出这样的决定，是因为我们在前期项目应用中看到了一些效果，我们更加看重智慧工地在项目运营方面所带来的改善。这里的"项目运营"主要指项目的质量、安全、进度这几个方面的运营，在智慧工地系统的应用下，公司可以自上而下地去管控和执行，并获得更多信息化的实际性改善。

BIM技术对我们企业来讲，更多的是一种意识的建立，BIM的深度应用需要适当的社会环境和行业环境，比如说，企业需要得到设计院、政府等相关部门的支持，这些支持小规模的企业是很难实现的。所以，我们在BIM方面的深度尝试会少一些，更多的是建立信息化的意识。

三、重庆大江建设在信息化方面所做的工作给企业带来了哪方面的变化？再回到源头，企业为什么要进行数字化转型，初衷和原动力又是什么？

姚斌：谈到信息化给企业带来的变化，我认为，至少在信息的准确性方面，能看到有很大程度的提高，在信息化环境下，以往的信息失真、信息孤岛等问题发生的概率很低。在推行信息化的过程中，作为管理者，我能感受到一个很明显的变化，就是成本管控和项目管理水平的整体提升，这对企业来说是一个很重要的进步。

先来看成本的管控，应用了信息化技术后，从项目一开始，就有项目目标成本的测算，然后将目标成本分解到各个生产环节，各生产环节再按照分解的成本执行，执行之后再回过头与目标成本进行对比，这样一来，就形成了过程管理的完整闭环。但是，如果按照传统的方式，我刚刚提到的这个成本链条，要想完整地走通，就需要花费我们很多精力，即便费时费力地把链条走通了，也会在将成本管控和项目施工结合的这一环，遭遇重重困难。因此，以前通过传统的方式，实际成本达不到预期成本目标的企业和项目是很多的，往往是项目做完了才发现成本不可控的问题。

项目管理的变化也是一样，以往主要是通过业主和监理的反馈，公司才知道项目部可能存在某些问题，在应用智慧工地系统后，公司可以明确地知道项目的质量、安全和进度的状况。当质量、安全或进度出现问题时，系统会自动触发预警机制，我们可以即时获知这些有效信息，并且很快对问题方进行调整、处理。如果放到以前，施工问题都是靠第三方的反馈，公司再去检查，无论是项目部主动暴露问题，还是公司检查发现问题，都难免存在很多遗漏，这对公司而言是一种成本和管理的损失。这样看来，智慧工地系统给项目管理带来的直观变化，是使公司对项目的监测、考核、纠偏等更系统化、精细化，让项目信息发挥更大的价值。

其实，数字化的原动力很简单，要想在这个行业继续发展，你不改变，人家改变的话，你就没有机会了，这个是来自企业生存、发展的压力。我们的愿景是要成为一家专业化的建筑企业，而数字化是实现专业化的重要手段，它让很多事情变得更可靠、更高效。

四、展望未来，重庆大江在数字化建设方面有哪些规划，请您简单介绍一下？

姚斌： 公司在"第二个五年计划"中提到"要管理专业化和成本精细化"，这跟数字化建设紧密相关，需要靠数字化技术去实现。现阶段，公司已经在很多项目上进行了数字化实践，我们一直探索一个问题：如何用更便捷的数据流和管理流程，使基于信息化系统的管理更高效。接下来，我们将在BIM等新型建造方式上寻找机会，紧跟行业的发展脉络，不断学习与提升自我。我相信，当BIM发展到一定的程度，行业的关注度、政府的管理、配套的体系、相关企业都将成熟起来，到那个时候，BIM将进入井喷阶段，所以，我们将持续加大对BIM的投入和探索，加强BIM专业人才的培养。希望通过未来几年对数字化技术的深入实践，能够使得企业的方方面面都能再上一个台阶。

我还想再具体讲一下"第二个五年计划"中的"管理专业化和成本精细化"，这是我司非常重要的一项未来规划，我也想简单畅想一下我们的未来。

第一是管理专业化。我们今年在品质建设方面花了很大力气，我认为，品质建设就是通过专业化的手段，加上可靠、规范的管理和标准的建造方式，去实现产品和管理品质的提升。规范的管理品质和标准的产品品质，都要依托统一的标准和规范，而这里，信息化就非常必要了。接下来，我们要求公司的全部项目都要采用项目管理系统，处于建设中期的项目都要采用智慧工地系统，从而达到管理可控的目的。当然，企业建造标准，肯定要依靠国家的标准规范，此后，质量安全的管理就要依托企业建造标准去做，否则系统就会自动预警。

另外，我对数字化系统的数据融合抱有很大的期望，这对管理专业化有很大的助力。进度和质量安全管理是一个动态的过程，现在的技术还是存在局限性的，还不能实现一个互联互通的局面。只有通过先进的手段，利用更多专业的系统，完全覆盖所有的环节，打通所有系统之间的数据，才能实现质量、安全、进度的动态管理。我们再想得长远一点，把眼光放到企业级管控上，如果，随着平台的深入推广和积累，大量真实的项目数据得以统一储存，每一个项目的每个环节的数据都能连接起来，这势必会为企业带来巨大的价值，这是现在散落在我们企业和项目中的一大宝库，我很期待。

第二是成本精细化。我认为，应该从一个项目的开始就设立成本目标，然后将总目标进行分解细化成每一层的具体目标，再根据每一层的目标去指导生产，用成本来控制采购、生产。如果做到这一步，成本将达到真正的可控。这里重点强调用成本"控制生产"，而不是"指导生产"，所有的成本分析都在系统中呈现，保证任何支付都必须有原始依据，这样就可以将所有的成本数据集成起来。不过，财务数据的庞大规模决定了成本精细化的高难度，我所说的这一点，也只是成本精细化的冰山一角，这对我们未来的探索提出了很大的挑战，很难，也很有意思。

我们将坚持数字化转型之路，建筑业的未来，大江建设集团愿意和更多同仁共同探索、共同努力，共创数字化的美好蓝图！

有了数字化，管理者时刻心中有数

刘刚　重庆大江建设工程集团有限公司工程总监
赵强　重庆大江建设工程集团有限公司项目经理

一、作为多年的项目管理者，您认为与传统的项目管理相比，数字化技术的应用在哪些方面提升了项目的管理水平，实现项目的"降本增效"？

刘刚： 我们公司在应用数字化技术之后，最大的提高就是管理层在管理过程中时刻心中有数。与传统的粗放式管理相比，数字化的管理模式能够对项目的计划量、施工过程的监管以及项目完成之后的对比，全部收集到有效的数据，并加以综合分析，作为决策的参考；应用数字化后最大的一个改变面，就是各项工作可以实现及时的"交圈"，比如材料的收集、劳动力的管理、质量安全整改等，各方的数据都能在同一平台上得到整合，从而支撑各部门的各项工作开展。

赵强： 数字化技术能让项目中的各事项开展起来更经济、更安全、更便捷。比如，通过数字技术实现无纸化办公，可以大大节约办公成本；日常办公的所有数据得到集成整合，数据壁垒得以打破，数据的应用不再受影响。再如人员输出方面，以往，一位安全员管理的范围很局限，全靠"看"、"走"来管理现场；现在，通过数字平台可以系统地、及时地获知质量安全方面的数据，一位安全员就可以让工作效率翻倍，甚至更多。此外，通过数字化系统更有效、更及时地收集各类成本数据，并对大数据加以综合分析，可为公司的投标竞争等事项提供有力的数据支撑，帮助项目管理层做出更合理的决策。通过BIM技术模型，还可实现工程过程中减少各专业的返工，提高对材料使用的精确度，并在过程中预控及有效调整，从而提高项目利润；工程施工期间，也可根据模型加强对物料的监督力度；并且，在细化管理颗粒度的同时还可以压缩管理团队，降低人力成本。

二、大江集团在推行数字化技术时，面临的主要阻碍有哪些？又是怎样解决的？

刘刚： 推动新事物，首先要解决人的思想问题。因为人在接触新事物时是有天然的抗拒心理的，认为这个事情就是给自己增加麻烦。所以我们首要解决思想问题。通过不断地培训，要让大家明白使用新技术之后，可以带来什么好处，这是大势所趋，我们必须提前去适应；第二就是通过制度来管理。我们制定标准，明确规定应该怎用新的系统，应用达到什么强度、什么深度，让大家都清楚自己要做的事情；再者就是通过柔性措施，鼓励大家使用数字化系统。

赵强：推行数字化的阻碍，首先就是部分员工由于年龄差异化存在一部分的抵触情绪，这在行业里是比较普遍的现象。建筑行业中的 70 后、80 后大多在做中高层管理工作，70 后、80 后绝大部分人对新事物都有一些排斥，且施工单位学历普遍偏低。而科班出身者对接触这些新事物就比较主动，觉得多学一项，就多了一个可利用的工具，对日后的工作是大有裨益的。另外就是使用数字化系统，公司对员工的监管力度会大幅增强，考核更加严格，这也使得部分人员产生抵触心理。对此，我们通过评优、加薪等奖励制度，配以相应的惩罚制度，鼓励员工积极应用数字化系统，并让员工认识到这是企业转型的大势所趋。经过一两年的时间，员工的抵触绝大部分都消除了。

第二个阻碍来自于甲方。因为项目上应用的系统和业主方的系统并不能结合起来，大家手机上关于同个项目的软件就有三四个，有业主的，有监理的，还有公司的，大家每天都在这些软件中穿梭。如果这些软件能够实现数据集成，协同整合在同一个数据平台，那么我们处理起事情来就会更好。

三、项目的成本是项目经理很关注的指标，在数字化技术应用的过程中就会涉及软硬件的成本投入问题，而数字化应用带来的价值又很难直接量化。作为项目经理，您是如何考虑投入产出比的问题呢？

赵强：建筑业的转型是必然的趋势。从短期来看，项目在这方面确实投入不菲，但是从长远看，这些投入对公司的发展、项目的未来都是十分必要的。现在，我们在成本、物料、安全监管等方面都在逐渐信息化，其必要性是清晰可见的，尤其是安全方面的信息化，就目前来看，其创造的价值也已远远大于投入的成本。

作为项目经理，我更关注的回报点首先是物料系统的数据。传统模式下的库管收货时水分比较大，通过数字化技术实现图像识别，实时监控，可以大幅加强监管力度，同时也提升了监管震慑力，让大家更加自觉地去遵守规则办事；第二是模型成本预估。确定模型的精确性，通过模型计算出材料实际的需求量，避免多提物资所导致的浪费，从而有效地控制项目成本和开销；第三是数据收集。项目上的数据通过数字化技术收集到系统中，经综合分析呈现在系统上，管理者可以全面地看到包括生产、成本、安全等各项数据，从而根据数据做出更加合理的决策。

刘刚：从集团层面出发，数字化技术的投入是十分必要的。首先，大江集团对新技术的应用都是先试点，以点带面，在一个项目试点成功后，再进行全公司推广。试点项目的投入，全部费用都不需要项目承担。第二，是投入和产出账的问题。正如现在买电动汽车和普通汽车相比，购买电动汽车可能需要多花一点钱，但是从经济角度来说，电动汽车在长期内能为车主节省更多的开销。对企业而言，我们属于小型成长型企业，需要探索未来的发展空间。因为小企业比不过大企业有着丰富的管理经验，无法与其比规模、管理水平。那么，小企业怎么实现弯道超车呢？这就需要数字化技术，我们可以先迈出这一步，把它做好了，今后就很可能成为企业的核心竞争力。

重庆大江建设工程集团有限公司信息化建设规划

一、公司概况

1. 公司介绍

重庆大江建设工程集团有限公司成立于1994年（2010年从国有企业改制为民营企业），是一家集房屋建筑施工总承包一级及多项专业承包资质的综合性企业。公司先后承建了大批包括工业厂房、公共建筑以及别墅、洋房和高层住宅在内的工程。其中多个项目获得过"重庆市文明建筑工地"和"重庆市优质结构工程"等奖项。

2. 信息化建设背景

在公司持续发展的过程中，作为公司的管理者，需要面对来自外部环境和内部管理的压力。

从行业角度来讲，比如劳动力方面，近年来从事建筑产品工人的逐渐减少，建筑业对产业工人的吸引力下降。大家可以很明显地感觉到现场劳务班组经常人不齐，项目生产压力大。其次，建筑行业大都在外施工，流动分散，条件相对艰苦，团队的稳定性也相对于其他行业要差一些，很少有一个成建制的项目可以延续到下一个项目，行业人员的流动也远大于其他行业，作为企业管理者还要面临业务流程改进和人员素质提高方面的压力。

传统的建造过程中，项目当中各条业务线：生产线、技术线、成本线，这些线在实际中各自为政，管理比较松散，导致很多的信息孤岛。大江公司的项目都是直营模式，在直营模式下的集约化经营是基础、是根基。如无法及时准确了解项目生产状况、经营状况就无法集约化管理物资、资金、劳动力等资源。这些问题都反映出项目信息无法实时互联互通，让企业和项目管理难度大大增加，管理者疲于解决突出问题。

在这些困难的情况下，要怎么才能尽可能做到的生产稳定，成本可控，产品品质优异。大江公司的想法是依托项目管理信息化，把业务的各个环节、项目的相关方串联起来，实现信息互联互通。通过信息来控制项目生产和公司的运营。

有了这个想法，怎么去做这个事情？回归到公司本身，大江公司是一家致力于持续发展的专业化的建筑公司。整个公司的架构，其实也就是四条线，一个是生产运营线（进度质量安全）、第二条是成本线（成本精细化），第三条是财务计划采购，第四条是行政管理线。第三和第四条线，很多企业都做得很好。第一和第二条线的管控，公司各部门一直在摸索当中,这也就是信息化想要解决的关键问题。最终想要实现的是,让项目的生产运营更加稳定,让项目的成本更加可控。

二、信息化方案

1. 建设目标

①梳理管理制度,改变以往人管人或制度落地差的陋习;

②梳理成本全过程管理,让数据指导生产,让实际数据控制生产,做到实时了解实际成本;

③梳理生产全过程管理,让 PDCA 循环管理实时有效。

2. 平台选择原则

①选择主流软件,考虑市场覆盖量及占有量;

②选择大公司,尽量为上市公司,有利于保证后期技术支持及服务质量;

③选择与正在使用软件相近的应用软件,便于利用现有人力资源,无需太多培训即可上手;

④选择性价比较高,优质低价的平台;

⑤选择模块全面性、可扩展性强,可以达到 BIM+PM 的深度结合的平台

基于以上的原则,先后联系了几家软件厂商做产品演示,在满足其他条件下,业务匹配度和系统的可扩展性最好的就是广联达。

公司管理层一致确定选择广联达公司的项目管理系统、智慧工地产品、BIM5D 应用平台,三者结合来共同打造大江公司的信息化平台。同时与广联达建立战略合作关系,开展企业信息化建设与应用的深度合作。

3. 信息化建设组织架构

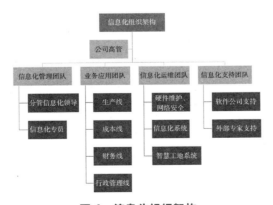

图 1　信息化组织架构

三、信息实施步骤

1. 信息化历程

回顾一下公司的信息化建设可以分成这几个阶段（图2）：

（1）第一阶段信息化初步探索积累经验

通过系统的建设，实现了核心业务的规范化和标准化（比如物资管理）。企业内部管理人员具备了信息化意识，积累了信息化系统建设的经验。

（2）第二阶段智慧工地碎片化应用

2016年开始，在公司的江津金科、融创凡尔赛等项目开始做智慧工地产品（物资验收系统）的试点应用，以及BIM技术在南川金科项目的试点应用。智慧工地产品的碎片化应用，为2017年大面积推广智慧工地产品的应用奠定了基础。

图2　信息化历程总览

（3）第三阶段业务整合与平台展现阶段

2018年初，开始启用广联达OA系统、项目管理系统。随后，在项目管理系统的基础上，集成了智慧工地平台的现场劳务管理、现场安全质量管理。2018年底目前实现了OA+项目管理+智慧工地产品的集成应用。

第四阶段业财一体化

2019年，将广联达项目管理系统与用友U8c集成，实现业财一体化，并在公司月度项目办公会和季度成本分析会上，利用系统数据汇报项目生产和成本情况。

可以看出，大江公司的信息化建设路径属于典型的三纵螺旋式上升的模式。接下来，还会继续去探索数据的应用。做好系统之间的深度融合。在公司信息化建设方面，公司到2020年之前，规模以上的项目要实现智慧工地或者说信息化管理全覆盖。

2. 注意事项

在这些年信息化建设过程中，也走了很多弯路。系统上线过程中涉及公司各层级、各岗位思想观念、工作习惯、岗位职责的变革，对部门和个人利益都有冲击，会受到阻力和障碍。新的管理方式对已有管理方式的改变、新产品的运用，都必然会使人产生抵抗心理。这时，公司领导的决心和支持力度必须前所未有的强。

首先需要转变公司各部门经理的思想高管，得到大家认同、支持并主动积极参与，再转变岗位层级的思想。

其次，信息化执行力不足，信息化缺少制度保障。很容易用着用着就放弃了。面对这些问题，我们首先要做的就是从上到下提升信息化意识。要想系统用得好，各业务部门领导和项目经理先要学会用系统。管理者断绝线下的处理方式，只接受从系统发起的流程和资金支付申请，用管理驱动应用。

再次，选择一个合适的信息化供应商可以让我们少走很多弯路。最初，大江公司选择的项目管理系统是另外一家本地的企业。但是随着业务的发展，原系统已经跟不上企业的发展需求。因此在2017年底，公司按照项目管理信息一体化的统一部署思路，决定重新选型。在充分考虑的系统价值、可持续发展性，慎重地选择了广联达作为信息化合作伙伴。

最后，信息化建设的重点是在信息化整体架构的基础上，通过优先完善核心业务系统建设，在去集成其他业务系统及智慧工地产品，最终实现信息化总体规划的目标。信息化也是一个迭代推进持续优化的过程，需要平衡好能力和效率的矛盾，也需要平衡好创新和试错的关系。因此还必须建立一套风险识别、分析和管控的机制，这个是后续实际在实施的过程中还需要详细考虑的。

四、信息化建设效果

1. 应用效果

（1）标准化规范化

基础数据，包括材料编码、物资供应商名录、劳务分包字典、专业分包字典、分包供应商名录等，全公司范围内统一编码和名录，实现了基础资源的标准化、统一化。为后续的数据分析、业务应用和业务扩展打下坚实基础。比如，我们将劳务分包字典标准化，为后续劳务分包指导价，劳务分包价格多项目对比，提供标准的分析维度。

业务管理流程和岗位职责通过系统固化下来，每个系统模块处理独立的业务，各岗位按照工作职责不同，分别授权，清晰明确，各司其职。截至目前，12个业务板块84个子业务系统实现全公司业务替代。在建项目，除老项目以外，实现全部业务板块的替代。

在系统的实施过程中，对所有的业务线进行了业务和流程的梳理。刚搭建系统时，有一个审批流程多达11人审批，经过一年多的运行，2019年初全集团大幅度的删减和优化审批,一般3~4个人审批。

针对管理制度的优化,依据三大平台数据录入要求,全集团岗位职责均加入与平台数据录入和管理相关的描述、权限、职责。管理制度新增:《信息化管理办法》、《BIM建模标准》、《智慧工地实施细则》、《项目管理系统实现细则》、《BIM5D系统实施细则》等。

（2）实际成本管控

大江公司的劳务分包采用的是小班组的形式,一个项目通常有二三十个劳务班组。每年到年底的时候,劳务要付出去上亿的钱,这个过程中我们很怕付错。2018年上项目管理系统后,我们所有的劳务分包的过程结算、付款都从系统里面走,借助平台进行超结算付款预警,帮助我们管控好劳务分包的支付。

（3）成本分析

对于每一个项目而言,项目过程成本分析都是一项复杂的工作。在管理过程中,人、材、机,间接费等,所有的实际成本都通过线上记录。季度时,由项目成本经理在系统中生成实际成本核算台账。季度成本分析会,也由Excel汇报的方式,改为了利用线上数据进行成本分析（见图3）。实际成本数据,都直接来源于现场的业务单据,数据真实可追溯,让成本更加真实。通过项目管理系统,做到了标前成本测算、项目目标责任成本和实际成本的三算对比,让目标责任成本数据控制实际生产管理。再通过实际成本数据的收集,去指导标前成本测算。

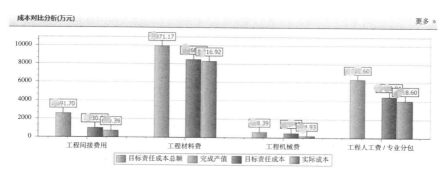

图3　成本对比分析图

（4）生产管理的改变

在项目运行过程中,通过监管平台可以随时了解平台内各栋楼的施工详情,通过物联网方式连接现场监控设备,通过平台可以实时查看施工现场视频监控和设备运行监控信息。平台所有的数据来源,都是基于智慧工地进度管理、质量管理、安全管理、劳务管理等系统的应用,将项目进度、质量安全、施工方案等数据信息进行集成分析呈现。通过BIM生产系统,改变了传统的生产周会的汇报形式。实现了对项目进度状况的实时掌握,对进度延误进行纠偏提供的可靠的信息。

（5）人才培养

人员培养方面，目前公司所有项目的技术负责人、生产经理均会使用广联达斑马进度计划编制项目进度。公司工程部培养了自己的BIM建模团队，可用于投标和施工过程。项目层所有库管员均会使用广联达物料验收系统过磅。各业务部门骨干具备了系统应用指导及内部授课能力，为系统持续应用和新开工项目及新员工培训工作奠定了基础。建立了公司内部信息化系统的支持体系。

（6）社会荣誉

南川金科项目获得了2017年度重庆市首届建设工程BIM技术应用成果二等奖；金科万云府、联发山水谣、融创凡尔赛等项目，达到智慧工地2.0建设目标被评为重庆市2018年"智慧工地"示范项目。其中，金科万云府项目作为重庆智慧工地示范项目，吸引了多家兄弟单位前来观摩系统。

2. 发展计划

重庆大江建设集团有限公司的信息化建设经过几年的努力，信息化系统从无到有。目前已经上线的协同办公系统、项目管理系统、智慧工地平台建设上面已经达到了前期设定的阶段目标，并取得一定的应用效果，为公司的信息化建设打下了坚实基础。

随着企业管理发展和对数据的深度应用需求，对公司未来的信息化继续建设提出更高要求。比如，成本管理，虽然实时数据的掌握已经到了季度级别。怎么通过数据去控制成本节约，特别是在周转材料和租赁材料的管理上，还需要结合信息化系统去调整管理方法。其次系统收集到的数据，可以做很多分析，比如企业定额，目前这块公司仍未启动。虽然公司的三大系统已经开始数据互通，但是仍有部分数据在三大系统平台是项目独立的。下一步，公司将跟软件厂商一起，加大加深对平台数据互通和融合。由现在的将系统用起来改变成将系统融合起来。让数据控制生产、管理项目，提高企业的核心竞争力。

专家评语

马智亮　清华大学土木工程系教授、博士生导师，中国施工企业管理协会信息化工作专家委员会委员

该公司的信息化建设经过几年的努力，目前已经上线的系统包括：协同办公系统、项目管理系统以及智慧工地平台，并在标准化规范化、实际成本管控、生产管理等方面取得一定的应用效果。

王兴龙　中国建筑业协会工程技术与BIM应用分会秘书长

文章以重庆大江建设工程集团有限公司的信息化建设为例，分享了搭建以项目管理系统为主，智慧工地、BIM技术为支撑的项目管控平台建设经验。尤其管理、应用、运维、支持等组织团队的建设经验以及实施历程中经验总结为其他企业信息化建设提供良好的参考价值。文章对信息化应用剖析透彻，讲述详细，建议加强整理协同办公系统、项目管理系统、智慧工地平台等多系统间数据集成的经验总结。

黄山川　广联达新建造研究院特聘专家

信息化建设，首先要制度先行，梳理管理标准化，然后通过数字化技术落地管理标准化。大江公司完整地经历了信息化建设的前三个阶段，从单岗位工具，到单部门系统，再到全公司的解决方案，最终形成了项企一体化，业财一体化，BIM+智慧工地一体化的数字化整体方案，业务互联，数据互通。数字化技术落地之后，在进度，质量，成本，安全等各方面，快速形成管理PDCA循环，项目与企业之间高效协同，企业对项目的管控更加精准及时，有效改善项目管理问题。并且在建设过程中，形成了自己的建设方法论，利用信息化建设工作长期持续推进。期待大江公司早日进入信息化建设的第四个阶段—大数据阶段，利用长期应用积累下来的数据，结合人工智能，帮助企业建立数据驱动的决策体系，完成数字化转型。

重庆大江建设集团联发山水谣项目

一、项目概况

1. 项目简介

本工程是由重庆融联盛房地产开发有限公司开发的联发·山水谣（三期一组团）项目（见图1），位于重庆市北部新区金开大道1666号附3号1-2，为联发·山水谣三期一组团项目地块，南面、西面为已通车市政道路，北面为南山水库，由31栋别墅及配套设施组成，是重庆市房地产开发的热点板块，也是重庆市城市发展的核心拓展区。

图1 联发·山水谣（三期一组团）项目效果图

2. 项目创新性

联发山水谣项目是大江公司2018年品质提升年的重点生产进度管控项目，通过本项目试点，形成项目生产管控落地应用的应用流程、推进方法，最终可以在公司其他项目进行复制推广。

3. 项目难点

（1）楼栋数量多，施工队伍多，协调工作量大：本工程楼栋数量多，各楼栋基本属于平行施工。施工现场施工队伍多，因此施工部署、施工组织管理、安全环保、杜绝安全隐患等工作都将成为本工程施工的难点；

（2）工期管控难：本工程工期仅 265 天，工序多，工期紧，任务重，工期管理难度大。且建设方、业主对工期关注程度高，工期汇报频次高。

（3）生产周会准备材料时间久：每周召开生产周会前，各生产小组会议资料准备时间长，已影响现场管理工作。

（4）生产周会开会时间久、无有效的解决问题途径：生产周会开会时间长达 4 小时，会上解决进度延误的时候，劳务班组说是项目材料供应不及时造成的，施工员说是劳务班组劳动力不足造成的。相互指责、相互推诿，无有效的解决途径。

4. 应用目标

（1）施工工期目标：确保满足业主要求的预售、竣工节点时间。

（2）安全文明施工目标：杜绝重伤及死亡事故，集团三方检测安全文明评分不得低于 85 分，且不得低于重庆公司所有项目平均分。

（3）人才培养目标：通过引入数字化、信息化管理手段在岗位以及项目级的落地应用，促进项目全体人员对于新技术的了解及认识，探索基于数字化模式下的项目管理思路，并为公司培养输出一批具备信息化管理意识的中层管理干部。

二、技术应用整体方案

1. 组织架构与分工

广联达生产管理系统应用的原则为，实现工程部门业务替代，把以前线下的工作拿到线下做，在提高一线岗位人员工作效率同时为项目和公司的管理提供数据，因此，使用软件的组织架构和分工与现场的业务管理完全一致（见图 2）：

2. 制度保障

（1）公司层面由工程部总监直接管理系统应用。每周周检和每月月检，公司工程部均会检查系统数据应用情况，检查项包括周计划是否齐全、计划完

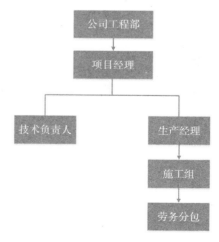

图 2 组织架构分工图

成率。根据系统结果在检查现场过程中会重点核实系统的情况是否与现场情况一致。

（2）生产经理每周周报必须由系统导出提高公司工程部备档。

（3）施工员施工日志必须在系统生成并存档，公司周检和月检会检查施工员生成日志的数量和质量是否符合要求。数量要求为每天一篇，质量要求为必须包含系统任务完成的回复和劳动力数据，如果有延期必须附延期说明，重点项目需要照片进行佐证，施工项目每个施工员每周照片数量不少于 7 张。

（4）项目经理每月前往公司开经营分析会，汇报的现场进度完成情况不得使用 PPT，必须打开系统现场讲解。

三、技术应用实施过程

1. 人员技术培训

为了保障建设成果，前期必须要对整个项目和公司生产管理业务进行业务梳理，业务梳理分为岗位层（主要针对施工员）、项目管理层（主要针对项目经理、技术负责人、生产经理）、公司层（主要是公司工程部和主管工程的班子成员），在此基础上，将业务现状与软件功能进行匹配，集中确定业务方案，根据业务方案针对不同岗位进行培训，以可确保效果。

2. 技术应用实施过程

（1）计划编制、建立三级计划管控体系

项目前期，由项目技术负责人利用 Project 编制总进度计划。施工过程中，技术负责人再编制月计划、生产经理编制周计划。联发山水谣项目使用斑马网络计划编制总控制计划。同时生产管理系统根据斑马进度计划的关键线路自动生成项目里程碑，里程碑倒计时自动提醒。甲方非常关注项目里程碑节点，控制非常严格。

图 3　生产周计划

（2）生产管理

数据价值应用体现最为集中的就是每周项目的生产周会。传统方式准备多、效率低、扯皮多、没重点。系统手机生产业务的数据之后，通过生产周会模块，辅助管理人员开会解决以上问题：

1）周会模式替代：利用网页端生产周会，各部门汇报更加清晰、直观、简洁。

2）汇报资料替代：汇报材料不用再准备，精简工作。

3）分析问题聚焦：汇报时，直接点开问题，更加聚焦、有针对性。

4）辅助决策分析：通过网页端汇总分析，高频发生的问题类别作为下一步工作管控重点，减少后续问题发生的概率。

5）高效、即时派分下周任务：下周进度任务安排，直接在会上就通过任务派分安排，宣贯起来更加快捷明了。

（3）劳动力统计

使用系统以后，施工员每天劳动力通过 APP 现场记录后，自动进行系统进行统计汇总，施工日志也可以自动获取，无需施工员二次劳动。在生产管理系统 Web 端大数据分析模块，可以通过各个维度快速查找响应劳动力数据（见图4），如：按照楼层、按照单体、按照施工人员、按照劳务分包、按照工种、按照时间。通过这样的手段，项目拥有了非常全面的劳动力数据库，预算人员通过该数据库可以进行部分工种功效分析、计算，这些数据后续可提交公司进行积累，为公司的进一步信息化提供一部分数据的支持。

按分包单位分析劳动力投入情况

日期	管理人员	木工班组	钢筋班组	外架班组	水电安装班组	砼班组
2018-10-30	15	0	0	0	0	0
2018-10-29	6	0	0	0	0	0
2018-10-28	6	0	0	0	0	0
2018-10-27	16	0	0	0	0	0
2018-10-26	6	8	4	0	0	0
2018-10-25	0	18	14	2	0	0
2018-10-24	0	40	4	0	0	5
2018-10-23	0	17	20	0	0	0
2018-10-22	0	10	8	0	0	0

图4 按分包单位分析劳动力投入情况

四、技术应用总结

1. 应用效果总结

（1）企业精细化、标准化建设提升。通过生产管理系统的应用，对项目的生产进度管理、质量管理、安全管理各方面实现了系统化与标准化，通过信息化的手段使公司各职能部门全面深入的了解项目情况，更加针对性的进行检查，提升月检的质量和效率。

（2）由于通过系统标准化了现场管理动作，改变了以往现场粗放式的管理，以往现场管理水平的好坏往往取决于各管理人员的责任心和经验，通过生产管理系统标准化现场管理动作以后，为现场管理人员提供了统一的、可视化、可量化、可度量的管理标准，提升了管理人员的素质和水平。

（3）将公司管理和项目管理融合打通，实现生产进度现场立体管控，实现公司与项目的协同管理。

2. 应用方法总结

由于系统使用较为简单，对人员、软件、硬件没有额外要求，因此通过在联发山水谣项目的应用，其人员组织架构，应用流程，操作方法可以直接在其他房建类项目进行复制推广，总结来看，信息化系统好用与否，是否能应用成功，该系统一定要符合公司和项目的业务场景，不增加一线工作量甚至能提高人员工作效率，不额外增加人员等成本，同时对现有的管理有好处。生产管理系统就是这样一个系统，直接上手，应用简单，推广容易。

五、下一步规划

进行多项目推广，计划后续公司新上项目全部应用生产管理系统，同时公司级搭建生产管理系统的公司平台，工程部通过生产管理系统公司级平台进行项目监控，提高公司对项目周检查、月检查的效率，将系统运用作为公司周检月检的工具。

专家评语

马智亮　清华大学土木工程系教授、博士生导师，中国施工企业管理协会信息化工作专家委员会委员

该项目用斑马网络计划软件编制项目的总控进度计划，通过广联达生产管理系统将计划派分到现场，用手机 APP 实时返回现场实际进度，实现现场实际进度实时偏差分析、对比。通过数字化周会模块实现无纸化办公。该项目可以用于生成日报、周报、月报，辅助公司将管理深入作业一线，解决项目作业文件编制不规范问题。

王兴龙　中国建筑业协会工程技术与 BIM 应用分会秘书长

文章以具体项目的生产进度管控为例，通过斑马进度与生产管理系统的融合，实现生产进度现场立体管控，总结出项目生产管控落地应用的流程、推进方法，为其他项目进行复制推广提供参考。通过信息化、数字化管理手段，解决项目的重难点问题，并与传统工作方式和效果作出了对比，具有推广价值。

黄山川　广联达新建造研究院特聘专家

数字化建设选择生产管理作为切入点，深度应用进度管理软件，而且没有增加现场人员的工作负担和成本，有效改善了现场的生产管理工作，取得较好的应用效果。期待在生产管理之后，有更多的应用点。

重庆大江建设集团鹿角 M41 项目

一、项目概况

1. 项目简介

本项目是由重庆渝锦悦房地产开发有限公司开发的渝锦悦鹿角 M41/02 地块项目（图 1），位于重庆市巴南区天鹿大道（欧麓花园城爱丽舍庄园旁）。项目总用地面积为 48709.10m^2，总建筑面积为 121436.36m^2，本标段建筑面积约 121436.36m^2，由 13 栋叠拼、8 栋小高层、1 栋幼儿园组成。2018 年 9 月 10 日开工，日历工期 659 日历天。

图 1　渝锦悦鹿角 M41/02 地块项目效果图

2. 项目创新性

鹿角 M41 项目是重庆大江公司 2019 年品质提升年的重点进度、质量管控的项目，也是公司将项目管理系统与智慧工地平台及其子系统全面集成的首个试点项目。通过本项目试点，验证系统数据之间的互联互通，形成项目生产管控、成本管控落地应用的应用流程、推进方法。最终可以在公司其他项目进行复制推广。

3. 项目难点

（1）技术难点：整个车库顶板为3%单向斜坡，各楼栋与车库交接处标高控制、叠拼户型外墙装饰线条复杂、预留施工缝及后浇带多，防渗漏难度较大。

（2）工期紧张，设备物资滞后现场进度需要严格控制，特别是地下车库面积大，别墅楼栋多，分区多，作业线条混乱，生产协调难度大。

（3）对劳务队伍的品质要求高，但劳务班组人员稳定性相对较差。

4. 应用目标

（1）施工工期目标：确保满足展示示范区（仅施工2套异地样板房）、预售、竣工节点时间；

（2）施工品质目标：屋面工程作为公司品质提升年的重点项。

（3）安全文明施工目标：杜绝重伤及死亡事故；集团三方检测安全文明评分不得低于85分，且不得低于重庆公司所有项目平均分。

（4）施工成本目标：满足公司内部成本目标考核指标。

（5）人才培养目标：通过引入数字化、信息化管理手段在岗位以及项目级的落地应用，促进项目全体人员对于新技术的了解及认识，探索基于数字化模式下的项目管理思路，并为公司培养输出一批新技术管理人才。

二、技术应用整体方案

1. 组织架构与分工（图2）

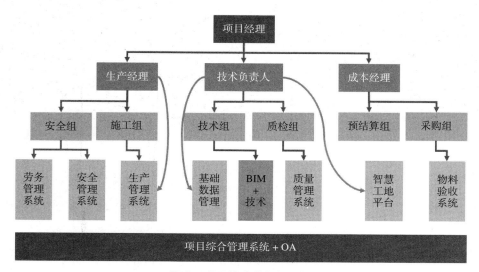

图2　项目信息化组织架构

2. 软件配置

由项目管理系统拉通整个项目全过程管理，重点关注项目管理系统中成本管理的应用。在项目部搭建工地决策中心，包括劳务管理系统、安全管理系统、质量管理系统、物料验收系统、生产管理系统和项目 BI，实现进度管理、质量管理、安全管理、文件管理、施工监控、智慧工地管理等应用，使公司和项目管理者能够实时掌握现场施工详情和施工监控情况。

三、技术应用实施过程

1. 生产管理

（1）计划管理

公司针对下属所有项目的生产经理、技术负责人培训了广联达斑马进度计划后，要求所有的项目都必须使用斑马进度计划编制总计划和期间计划。鹿角项目使用斑马网络计划编制总控制计划，同步到生产模块，根据斑马进度计划的关键线路在生产系统中生成项目里程碑，里程碑倒计时自动提醒。在生产管理系统反馈回来的任务实际开始和完成时间，更新到期间计划、总进度计划中，形成三级进度管控体系。生产经理每周通过前锋线，检视进度实际完成情况对关键线路的影响。

（2）任务派分和跟踪

生产经理用斑马进度编制项目期间计划，推送到生产管理系统，项目周计划直接在生产系统中，通过期间计划生成。生产经理依据总控节点，按任务项维度，具体到工序级，以周为单位，在生产管理系统中排好每天的生产计划，派分给各主办施工员。进度上，每个参与人都清楚每天的生产任务，思路清晰、节点明确，每周都紧扣总控计划，不至于与总工期脱节，每周有小计划可以分析偏差。只有现场任务管控切实受控，进度目标才有根本保障。

2. 劳务管理

作为公司品质提升的第一年，鹿角项目本身对施工质量要求高，项目工期紧。现阶段劳务人员流动性大，劳务考勤不好管理。因此做好劳务管理工作是项目的重点工作之一。根据需求，本项目劳务管理将项目管理系统的劳务分包模块与智慧工地劳务管理系统、生产管理系统打通，从劳务计划、劳务合同签订、分包进场、分包现场管理、分包结算整个业务流程来实现劳务业务全流程管控（见图3）。

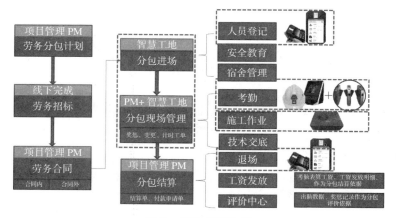

图3 劳务管理流程

整个流程以项目管理系统为主线，利用智慧工地劳务管理系统数据作为劳务分包结算、劳务分包评价等依据。通过智慧工地现场劳务管理系统，可对现场劳务人员从登记、安全教育、宿舍分配、出勤、施工作业、技术交底、工人退场、工资发放、用工评价做全面的管理，用智慧工地劳务系统来补充项目管理系统中劳务分包现场管理的问题，从而实现劳务的全业务处理。

图4 项目部门禁系统实拍图

3. 材料成本管控

（1）材料计划控量

项目的材料成本不好控制，靠谱的材料计划是严控浪费的基准。传统的管理模式中，工长提交的需用计划缺乏有效的控制手段，往往项目快结束了才发现量超了。工程施工过程中消耗的材料成本不清晰。只有在季度成本分析的时候，进行项目盘点，才知道该工程实际材料消耗量。

那么项目管理平台是如何实现材料计划控量的呢？在鹿角项目图纸包干量出来之后，项目预算员就将主要材料的初始量按部位录入项目管系统作为部位的初始总控量，这个初始总量即是项目的内控量。

（2）材料进场管控

在材料入库环节，为了避免大宗材料进场就出现亏损。鹿角 M41 项目通过广联达物料验收系统加现场的智能硬件的方式收料，一方面提升了现场库房的物料过磅效率，钢筋、混凝土等主要材料能做到车车过磅；另一方面整个材料的收货过程通过视频实时监控，既震慑了不良供应商，又能系统留痕减少后期结算扯皮的现象。

（3）材料结算管控

现场物料验收系统的收货量，在项目管理系统中，可以直接选择运单数量或实际数量。结算对账时，可直接追溯的第一手材料，确保了结算的每一单材料，都是真实到场的数据。

4. 数字项目管理平台

通过现场各岗位的智慧化应用，将完成工程实体时的质量、安全、工期、成本管理过程由经验转换为数字。数字项目管理平台（见图 5）将各项数据直观地呈现给项目管理者。用数据支撑的新模式来代替靠经验估算的传统管理模式。

图 5 鹿角 M41 项目管控中心

四、技术应用总结

通过在鹿角项目，将公司的项目管理系统与智慧工地平台及其子系统全面集成的首个试点项目。实现了多个系统数据之间的互联互通，比如劳务和生产的数据，劳务和安全质量的数据，物料验收和项目管理系统的材料入库的数据，为公司的信息化集成迈进了一步。

（1）多方协同监管

项目各参与方基于平台可实现协同工作，监理、总包、甲方均可参与项目管理工作，确保了信息沟通的及时性和准确性，同时也保证了过程的可追溯性。在项目运行过程中，通过监管平台可以随时了解平台内各项目施工详情，监管平台通过物联网方式连接现场监控设备，通过平台可以实时查看施工现场视频监控和设备运行监控信息。

（2）标准化、精细化提升

生产管理系统的应用，对项目的生产进度管理、质量管理、安全管理各方面实现了现场管理动作标准化，逐渐改变现场粗放的管理方式。以往现场安全和质量管理，往往取决于各管理人员的责任心和经验，通过生产管理系统标准化现场管理动作以后，为现场管理人员提供了统一的、可视化、可量化、可度量的管理标准，提升了管理人员的素质和水平。

（3）数据分析

监管平台汇集了项目进度、质量安全、施工方案等数据信息，经过数据分析处理，使平台使用者对于项目各方面数据有清晰的了解。比如质量安全问题项目数据类型分析、趋势分析；项目进度；劳务班组出勤、流动性分析；供应商的供货偏差分析等，经过归纳、分析后形成真实、在线的项目管理信息，为项目精细化管理提供了支撑和依据。

五、下一步规划

未来，公司将以工地大模型、工地大数据、工地大协同、工地智慧化应用为标准，用一种更智慧化的方式来改进工程各干系组织和岗位人员相互交互的方式，提升项目的管理水平。通过系统积累的数据，来进行人才的快速培养和管理模式的复制。

专家评语

杨富春 中国建筑工程总公司信息化管理部副总经理，教授级高级工程师；住房和城乡建设部信息技术应用标准化技术委员会副秘书长

亮点：将项目管理系统与智慧工地平台及其子系统全面集成，试图通过在重庆大江建设集团鹿角 M41 项目上的应用，形成项目生产管控、成本管控的应用流程、推进方法，最终达到可以在公司其他项目进行复制推广目标。在这一目标下，项目应用组开展了大量的应用研究工作，实现了多个系统数据之间的互联互通，比如劳务和生产的数据，劳务和安全质量的数据，物料验收和项目管理系统的材料入库的数据，为公司的信息化集成迈进了一步。

不足：在形成项目生产管控、成本管控的应用流程、推进方法上总结、提炼不够，没有形成可遵循的流程、制度文档，难以达到可以在公司其他项目进行复制推广目标。

综合评价或建议：希望达到的应用目标清晰，实现了多个系统数据之间的互联互通，比如劳务和生产的数据，劳务和安全质量的数据，物料验收和项目管理系统的材料入库的数据，但距离形成项目生产管控、成本管控的应用流程、推进方法，与达到可以在公司其他项目进行复制推广目标还有较大的差距。建议在应用过程中要努力发挥数据在管理中的决策和创新作用，注重在项目生产管控、成本管控的应用流程、推进方法上的总结、提炼，形成一套完整的可遵循的流程、制度、方法文档，提高项目管理的规范性，进而提升项目管理效率和水平，达到可以在公司其他项目进行复制推广目标。

王静 中国建筑科学研究院研究员，住房和城乡建设部信息化技术专家委员会委员，中国图学学会副秘书长、中国建筑学会 BIM 技术学术委员会秘书长、《土木建筑工程信息技术》期刊主编

该项目立足房产项目精细化管理，采用创新信息化手段对工程质量、安全、工期、成本管理过程进行管理，对公司的项目管理系统与智慧工地平台及其子系统进行集成，是对项目现场与企业管理的互联互通的有益尝试。建议进一步尝试深化施工现场、互联网、物联网等信息化基础设施建设，优化拓展管理信息系统新功能。

黄山川 广联达新建造研究院特聘专家

充分利用各数字化技术的优点，比如 BIM 的计算能力，物联网的数据采集能力，生产管理系统的进度管理体系，成本管理系统的成本管控体系等等，形成项企一体化的应用方案，有效改善项目管理问题。利用数字项目管理平台，充分展示项目的各项指标，形成项目部的作战指挥平台。期待积累足够数据后，大数据为项目管理带来更多的可能性。

第四章

专项案例——河南科建建设工程有限公司

河南科建建设工程有限公司是一家以房屋建筑、市政工程、建筑装饰、建材贸易及大型建筑机械设备租赁为主营业务的成长型企业。拥有建筑工程总承包、市政公用工程总承包一级资质,装饰装修、防水防腐保温等专业承包一级资质,注册资本1.1亿元,主营业务年产值约20亿元。

科建建设秉承"科学管理,建造精品"的经营理念,专注于房屋建筑总承包产业,形成了总承包、建筑劳务、建筑设备租赁一体化经营管理模式。

公司建筑业务以郑州为中心,辐射中原经济区。承建了多个集商业、住宅、办公功能于一体的大型综合体项目,大型安置房项目,集教学、办公、食宿功能于一体的大型学校项目及市政公用工程项目。

公司注重科技创新,以"标准化、精细化、数字化"管理为基础,积极探索BIM技术、云计算、大数据、移动互联网、人工智能等信息技术在工程管理中的应用,构建项目级、企业级数字化管理平台。以数字化转型为契机,提升公司核心竞争力。

"建精品工程,树企业品牌",近年来,公司获得省安全文明工地、省优质工程奖、QC成果、工法、国家专利、BIM应用成果奖等奖项的数量逐年递增。在公司成立10周年之际,我公司承建的恒大绿洲项目A10地块荣获2018~2019年度第一批"中国建设工程鲁班奖"。

公司以突出的业绩,先后荣获河南省建筑业先进企业、河南省建筑业质量管理先进企业、河南省建筑业安全管理先进企业,河南省建筑业重点培育企业、河南省守合同重信用企业、中国建筑业AAA级信用企业等荣誉,并入选为河南省建筑业骨干企业、河南省建筑业协会常务理事、郑州市建筑业协会常务理事。

本篇亮点

- 管理者言——数字化转型助推企业高质量发展
- 管理者言——解决建筑业企业数字化转型发展难题的科建经验
- 河南科建建设工程有限公司企业信息化建设案例
- 河南科建公司恒大林溪郡C地块建设项目
- 河南科建公司锦艺四季城香雅苑项目
- 河南科建公司息县高级中学一期建设项目

数字化转型助推企业高质量发展

袁学红　河南科建建设工程有限公司董事长

　　河南科建设工程有限公司成立于2008年，由于企业成立较晚、在人才积累、技术积累、资源积累等方面相较河南省内先进企业差距较大。公司初始资质等级为暂三级，用了6年的时间才升级到房屋建筑、市政工程一级资质。企业长期由于资质等级较低，能够承接的工程数量较少，很大程度上制约着企业发展的速度。近几年建筑市场的萎缩导致竞争加剧、生存压力大。随着国家对环境治理力度的加大，企业生存能力和赢利能力受到很大的考验。企业的高质量发展成为企业的头等大事，数字化转型发展成为科建的迫切需求。

　　科建建设对数字化转型发展的探索是2015年12月，从接触BIM技术开始的。2016年，公司安排公司副总参加省建协组织的BIM技术培训，而后开始内部员工BIM技术的培训并开展项目BIM技术应用。2017年6月，公司选择锦艺四季城C地块项目作为试点，开始基于BIM技术的广联达BIM5D平台应用。目的就是树立项目管理数字化的样板，为项目管理数字化积累经验。2018年BIM5D平台得以在新开工项目推广应用，并取得良好的效果。各项目BIM5D平台的深度应用过程中，积极地反馈应用意见和需求，引起了广联达科技股份有限公司产品部的高度重视，对我们提出的意见和需求给予积极的响应。

　　随着项目平台数量的增加，各平台产生数据也越来越多，项目数据的整理、分析和应用的难度也开始变大，公司对项目数据的管理遇到了瓶颈。为解决项目平台产生的数据管理的瓶颈问题，公司引进广联达"企业BI数据决策平台"，各项目管理数据集中在平台上呈现。实现了各项目之间管理数据的横向对比，并且评价数据真实，杜绝了传统项目对比过程中主观因素影响较大的不足，也实现了单个项目不同阶段的纵向对比，项目管理能力相比上月或者上一季度是提升了还是退步了，实现项目管理的动态评价。公司还与广联达积极合作，开展目标成本管理及过程成本数字化的相关工作，为企业实现成本管理数字化、在线化、智能化打下坚实的基础。2019年5月，在数字项目管理平台普及深度应用的基础上，公司引进广联达智慧工地系统并取得良好效果，项目安全管理、绿色施工、劳务管理方面的管理效率再度提升。

　　目前，公司已经实现BIM5D平台、数字项目+智慧工地系统平台、企业BI数字决策平台、协同办公系统、人力资源管理系统多个信息化系统的联合应用，各平台之间数据互通互联，公司信息化管理初见成效。

2018年公司承建的郑州恒大绿洲项目荣获"中国建设工程鲁班奖",BIM技术在前期策划、方案交底及实施阶段发挥了关键性的作用。

各项目分部分项工程一次验收合格率达91%,安全隐患问题各分类比率趋向平均,安全隐患按时整改完成率明显提升。2017年选定的BIM5D试用项目已经竣工,项目质量管理目标、安全及文明施工管理目标、利润目标均已完成。质量提升明显、经济效益相交对比项目也有明显提升。项目管理团队成长速度和人才培养能力较传统管理模式的项目提升明显,原项目管理团队现已经拆分为两个项目部,管理项目规模是原来项目的一倍且管理状态良好。

自2017年以来,公司BIM中心及项目BIM工作站,获得河南省"中原杯"BIM大赛一等奖两项、二等奖一项;获得"龙图杯"大赛三等奖一项;入围中国建筑业协会第四届BIM大赛一等奖一项;河南省建筑业企业"具备BIM技术应用能力"等级认定一级能力;数字项目平台+智慧工地应用项目作为"数字建筑·行启未来河南数字建筑年度峰会"的优秀观摩项目,受到业界的好评。

公司数字化转型发展中取得的成绩不仅限于项目在质量管理、安全管理、生产进度管理、成本管理、人力资源管理方面,随着企业数字化程度的提高,内部员工的学习氛围也随即提高。在对企业员工的问卷调查中,越来越多的员工开始关注企业的培训教育,越来越多员工开始主动学习国家现行规范标准、企业的质量标准、安全标准。公司实用新型专利、省级工法、省级QC、国家级QC成果的取得数量逐年递增。企业在进入各大学校招时,也得到越来越多学生的关注。在2018、2019年建筑市场萎缩、经济下行的背景下,河南科建年产值连续两年保持30%以上增长幅度,企业利润也实现逐步增长。公司由原来的以规模养企、养人向企业高质量发展转变。

以上各项成果的取得、项目管理团队、公司员工的自主学习和工作能力的提升等等,都是企业数字化转型发展带来的变化,正是这些变化,更加坚定了我们坚持数字化转型发展的信心。

在与业界同行交流过程中,科建开始受到越来越多的认可和赞同,同样也见到不少朋友们在数字化转型发展中面临困惑,在此我愿意将科建在数字化转型发展的一些经验给大家分享。作为企业决策者,要对数字化技术、信息化技术、BIM技术有正确的认知,要做到不犹豫、不观望,及时跟进;选择合适的人建立企业数字化转型发展的团队并给予团队充分的信任;用积极鼓励态度对待团队的领导者,也让团队领导者像自己一样对等团队的每一位员工;要在资金、资源、学习、创新等方面给予团队足够的支持;学会分享和享受团队取得的成果,这是对团队的精神支持,很多时候这样的支持比奖金更重要。

未来几年,科建会加大数字化技术在人力资源、财务、产业化工人等方面的投入和管理力度,力争将企业的数字化转型发展做得更好。

解决建筑业企业数字化转型发展难题的科建经验

马西锋　河南科建建设工程有限公司副总经理

近几年来,建筑业企业数字化转型发展在政府网站、新闻媒体和企业管理者的口中出现的次数越来越多。一些企业在企业数字化转型方面付出了很大的努力,并体会到了数字化转型发展给企业带来的好处和勃勃的生机。

也有部分企业在数字化转型发展过程中,遇到了重重的困难,企业管理者开始发现,企业的数字化转型发展之路并没有传说中或自己想象中那么平坦。经常遇到的情况包括:BIM技术、数字化项目管理平台及企业信息化平台的应用落地难、员工参与度低甚至敌视、抵制数字化技术应用的情况。

一、原因分析

1.数字化转型发展目标的设定出现问题。可以分为以下三类:第一类是目标不明确造成的盲目和混乱;第二类是目标设定过高与当前企业管理水平不适应,造成数字化转型发展工作难以开展;另一类是目的性过强,以致转型发展失败。

当数字化转型发展目标不明确时,就没有办法根据目标进行任务的分解并制定发展规划,参与者不明确自己的职责、义务、权利都有哪些,工作开展起来当然会存在大量的困难。

目标设定过高与企业当前标准化管理水平不匹配时,转型发展工作就会出现工作脱节,参与者不能在规定的时间内完成工作任务。当这种情况连续多次出现并受到批评和处罚时,参与者很快就会丧失信心甚至对转型发展工作萌生敌意。

而目的性过强,则会出现重此薄彼、忽略各管理要素之间的关系的情况。前段时间,在与一家企业交流过程中得知,企业老板非常关注成本管理,而对平台的质量、安全、生产进度管理模块的应用却显得不感兴趣。大家可以想象得到,一个频繁出现质量事故、安全事故、工期滞后的项目成本怎么可能控制得住?

2.采用的数字化管理平台的标准不完善,不统一。可以满足单项目管理需求,难以满足企业管理的需求;企业标准化管理水平低。数字化平台内置的流程、发起的工作任务不能在规定的时间内完成。

3.未能根据企业自身的特点、标准化管理水平完善组织体系,工作参与人职责、权限不明确。根据目标进行任务分解后无法责任到人,转型发展工作参与者不知道自己应该在什么时间？按照什么标准？完成什么工作？工作完成后谁来验收？也有可能发生一项工作找不到人来做的情况。

4. 未能制订相应的管理制度，或者制定的制度奖罚不分明，制度可执行性差等。

5. BIM 技术及数字化平台价值挖掘深度不够，造成数字化技术及管理平台价值低，管理参与者不愿意使用，数字化技术被抛弃或淘汰成为必然。

二、应对措施

1. 根据企业自身情况制定适合企业发展的阶段性目标。以河南科建建设工程有限公司（以下简称河南科建）为例。河南科建根据企业＋项目的二级直营模式、企业规模小、企业融资能力不足、企业执行力较强等企业特点，制定了先试点再推广、先项目后企业的数字化转型发展计划（表1）。

河南科建公司数字化转型发展行动计划　　　　表1

河南科建建设工程有限公司数字化转型发展行动计划（2017～2020）	
2017 年 6～12 月	项目级 BIM5D 平台试点应用
2018 年 1～6 月	项目级平台全面推广
2018 年 7～12 月	引进企业协同办公平台、人力资源管理平台
2019 年 1～6 月	企业级管理平台试应用
2019 年 7～12 月	企业级平台深度应用及平台优化
2020 年 1～6 月	开展企业各平台数据互联互通工作
2020 年 7～12 月	完成企业平台融能、数据整合工作

目前为止，河南科建的计划目标全部完成，取得的成果得到企业及企业员工的认可，也得到业界的好评。在数字化转型发展的过程中，我们又根据项目管理需求、企业人力资源管理制度变革及人才培训的需求，增加了 2019 年 1～7 月份试用智慧工地平台工作和 2020 年 1～6 月完成企业网络学院（企业教育平台）的建设工作。

2. 完善企业数字化技术应用相关标准。同样以河南科建为例，我们陆续完成了企业 BIM 技术应用相关标准；BIM5D 平台的质量问题分类标准、安全问题分类标准、材料清单、机械清单、实测实量标准；数字项目平台质量的相关标准等。为 BIM 技术应用、项目级平台及企业级平台运行打下了坚实的基础，同样也取得了不俗的成绩。

3. 完善项目组织架构，明确参与人员职责分工及权利义务，优化和固化平台管理流程，并结合目标进行任务分解，责任到人；完善企业组织架构，在不改变原有部门管理职能的基础上，明确各部门的数字化转型发展相关职责，利用数字化平台的优势实现对项目的管理，做到降本增效。河南科建管理架构中是没有"信息中心"这个部门的,我们是将数字化的管理责任融入到企业及项目管理各个部门中去了,不需要另行增加人员,也减少了多头管理、部门沟通等造成的浪费。

4. 充分结合数字化技术、平台特性及企业标准化管理水平制定制度,明确奖惩措施。完善覆盖企业、项目、岗位及作业工人各层级的制度,让在数字化转型发展落到实处,落到基层。在制度执行过程中,积极收集各层级意见,并根据软件或平台更新迭代情况对制度进行修订,确保制度的可执行性。

5. 针对BIM、云、大、物、移、智等数字化技术应用情况及特性,积极探索数字化技术的应用价值。能够量化的价值进行量化,便于项目应用和对比分析;不能量化的,要通过做好传统管理方式与数字化管理方式对比分析工作来体现数字化技术的价值。

针对项目级及企业平台,除了总结好平台的管理价值,并形成企业平台管理应用标准、制度等成果外,还要积极探索平台的数据价值。河南科建在近三年来,10个项目级平台的应用过程中积累了大量的工效数据、班组管理能力数据、管理人员专业能力数据、管理人员执行能力数据、质量问题分类分布数据、安全问题分类数据等。为企业正在进行的人力资源制度管理变革与平台结合应用、企业质量风险管理、企业安全风险管理等工作,提供了数据支持。

以上为河南科建数字化转型发展的一些经验,希望能够给业界同行数字化转型发展提供参考,提升企业管理及数字化转型发展水平,为整个建筑业企业转型发展工作做出贡献。

河南科建建设工程有限公司企业信息化建设案例

一、公司概况

1. 企业介绍

河南科建建设工程有限公司，近年来获得的全国QC一类、二类成果、新技术应用示范工程、绿色施工示范工程、省级工法奖项及国家专利数量逐年递增。2019年2月，恒大绿洲项目A10地块17号、18号、19号及地下车库荣获"中国建设工程鲁班奖"。公司以突出的业绩，先后荣获河南省建筑业先进企业、河南省优秀施工企业、河南省2016—2018年建筑业骨干企业、2018年度全国建筑业AAA级信用企业等荣誉。

2. 信息化建设背景

随着近几年来国家加大环境污染防治行动力度的加大，河南建筑业市场受环境污染防治行动的影响也正逐步加大。有效工期被大幅度压缩，材料成本、劳动力成本大幅度增长，建筑施工企业的利润空间越来越小。

2017年12月底，河南省人民政府办公厅关于印发《河南省建筑业转型发展行动计划（2017—2020）》（以下简称《转型发展行动计划》）的通知发布，《转型发展行动计划》中明确提出：加快BIM（建筑信息模型）、大数据、智能化、物联网、三维（3D）打印等技术的集成应用，实现建筑业数字化、网络化、智能化；广泛使用无线网络及移动终端，实现项目现场与企业管理的互联互通，提高企业生产效率和管理水平；2020年，全省一级以上总承包企业全部实现信息化管理，绿色公共建筑、绿色生态示范小区和国有投资的大中型建筑全部采用BIM技术，设计、施工、房地产开发、咨询服务、建筑运行维护等企业基本掌握BIM技术。

房地产宏观调控环境下，建筑施工企业竞争的加剧、人们对建筑产品质量要求的提高，人力成本的上升，使得建筑行业赖以发展的低成本劳动力优势和粗放式管理局面成为历史。企业要想很好地生存下去，就需要通过管理水平和管理效率的提升换取企业生存和赢利能力的提升。

在转型发展的大趋势下，企业要想不被阻挡在建筑市场的大门外，提升企业信息化水平，实现数字化、网络化、智能化和掌握BIM技术则成为必须。

二、信息化方案

1. 建设目标

2020年前，响应《转型发展计划》提高行业信息化水平要求，实现企业数字化、网络化、智能化管理，掌握BIM技术。主要内容包括：完成企业协同办公系统、人力资源管理平台、项目管理平台、企业管理平台、网络教育平台的部署和应用及BIM技术在公司各项目的全面推广应用。

2. 软件选型

线性管理、全员参与，不改变原有部门职能，不额外增加平台管理人员；平台选型二阶段目标：实现项目管理数字化，实现企业管理数字化。平台选用：OA办公平台、人力资源管理平台、企业网络教育平台、数字项目管理平台、企业BI数据决策平台。

3. 组织架构

公司力求在不改变原有组织架构的情况下，推广信息化管理各平台的应用。不专门设置信息化中心，在仅增加各部门信息化管理职能的基础上，全员参与信息化工作（见图1）。

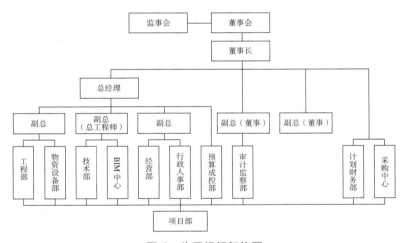

图1　公司组织架构图

三、信息化实施步骤

1. 信息化历程

（1）BIM技术开启企业信息化大门

2016年初，公司开始参与学习并引进BIM技术进行项目施工技术管理，并陆续开展 BIM 技术建模和应用培训工作。截止到 2017 年 6 月，先后培训 120 人次，基本上做到每个在建项目掌握 BIM 技术的员工人数 4～8 人，为项目 BIM 技术的推广应用打下了坚实的人才基础。

2017 年 6 月，公司决定开展基于 BIM 技术的项目级管理平台——广联达 BIM5D 的试用工作。在试应用阶段，暂由公司 BIM 中心对 BIM5D 平台的试用工作进行管理、监督和评价。经过筛选，刚刚开工的锦艺四季城 C 地块项目成为公司 BIM5D 项目管理平台的试点项目。主要原因有以下三点：1）本项目参与公司 BIM 技术培训的员工多达 10 人，且项目经理对 BIM 技术的认识相较其他项目经理超前；2）本项目管理团队相较公司其他项目管理团队执行力强；3）本项目团队施工的锦艺四季城 A 地块工程刚刚竣工验收，该工程与 C 地块项目的建设单位、项目规模、设计风格均相同，是检验 C 地块 BIM5D 管理平台应用效果的最佳对比样本。

（2）BIM5D 项目管理平台的推广应用

随着锦艺四季城 C 地块 BIM5D 平台的深度应用，BIM5D 平台在质量管理、安全管理和生产进度管理方面的效果开始逐步显现出来。

项目层面：项目质量管理、安全管理、进度管理各个方面都有了明显的改善，主要表现在管理效率提高了，产品质量合格率提升了，安全隐患出现没有以前集中了，安全事故（轻伤）明显减少，项目经理的工作相较以往轻松了，开始有时间帮助公司解决一些其他项目的问题了。

公司层面：项目与公司之间的沟通屏障被打通，公司可以实时地了解项目的日常管理信息并且可监督项目情况，日常检查工作中发现的问题也可以通过平台进行发布并监督整改。在公司每年开展的员工晋升考核中，锦艺四季城 C 地块参加考核的员工最多，并且该项目员工的管理水平明显比其他项目员工高。

鉴于锦艺四季城 C 地块项目 BIM5D 平台在管理方面的卓越表现，尽管该项目仍在主体施工阶段，还不能对其经济效益进行总结，公司已经决心进行该平台在其他项目的推广工作了。先后有息县城南棚户区改造工程、民安医药工程项目购入 BIM5D 平台并投入应用。目前，公司 2018 年以来新承接工程的项目级管理平台普及率为 100%。

（3）平台的深度开发应用

随着多个 BIM5D 平台应用，由公司 BIM 中心在对项目管理平台应用进行管理、监督和评价时开始变得吃力起来。首先，多平台应用对标准的需求更加迫切。单个项目试点应用时，项目材料清单、机械清单、质量问题清单、安全隐患清单可以由项目部自行编制并上传到平台使用。公司也可以实现对项目的管理、监督和评价工作。当多个项目 BIM5D 平台同时运行时，由于各项目清单不统一，公司 BIM 中心就无法进行统一管理了。想要对各项目平台进行统一管理，就必须制定公司的 BIM5D 平台的应用标准。标准制定需要整合多个专业的知识，BIM中心无法独自完成。其次，公司各主管部门对项目信息了解程度还不如BIM中心人员，不便于实施对项目的管理。再次项目BIM5D平台应用管理开始向工程项目管理转变。BIM5D平台运行成熟后，怎样实现项目管理的信息化，提升企业对项目管理的效率摆在公司领导层的面前。

针对以上问题，公司做出了制定BIM5D平台应用标准和调整管理架构决定。由各部门专业人员完善和修订《BIM5D材料清单标准》《BIM5D机械清单标准》《BIM5D质量问题分类标准》、《BIM5D安全问题分类标准》等。并与广联达产品部沟通，要求为平台增设权限管理功能，确定只有企业级权限的人才能对制定的相关标准进行修订，项目员工只有引用的权限。

将BIM5D的管理权限由公司BIM中心移交给工程部和总工室。由工程部的生产主管负责各项目生产安排及工期管理、监督和评价工作；由工程部安全主管负责各项目安全管理、监督和评价工作；由总工室质量主管负责各项目质量管理、监督和评价工作。加强管理专业性和时效性，企业对项目的监督、管理和评价工作的时效性和效果得到了大幅度的提升。

2019年6月，广联达开始推出数字项目平台（见图2），作为BIM5D平台升级替代平台。公司也逐步开展各个在建项目BIM5D平台的升级工作，并且选择2019年4月开工的锦艺四季城K地块项目开展数字项目平台+智慧工地的应用试点工作。在数字项目平台+智慧工地平台的应用过程中，公司始终与广联达产品部保持密切的沟通，及时的反馈平台存在的问题与不足，并积极反馈企业对平台的新需求，得到广联达产品部的重视和响应。一大批平台新功能的研发和试点应用工作在锦艺四季城K地块开展起来，并且取得良好的效果。

图2　锦艺四季城香雅苑数字项目平台

（4）平台的优化与扩展

项目管理平台的推广应用，加深了企业对项目管理情况和信息的了解，也增加了企业对项目管控的力度和效率，同时多平台应用产生的大量管理数据、工效数据也给企业更好地服务项目打下了坚实的基础。传统线下办公和人力资源管理模式开始成为企业了解项目、管理项目、服务项目的瓶颈。2018年第四季度，公司开始着手协同办公系统、人力资源管理系统的调研和部署工作。经过认真比对各系统平台性能，最终选择泛微协同办公系统和宏景人力资源管理系统。2018年11~12月试运行，并完成平台功能测试及流程、功能完善，2019年1月1日起正式运行，目前两平台之间的数据关联互通良好，一定程度上解决了企业与项目管理间的瓶颈问题。同时多项目平台产生的大数据的呈现、分析和管理难题，在广联达产品部的帮助下，部署了企业BI数据决策平台（图3）后也得到了解决。

图3 企业BI平台

近期，为加快企业信息化步伐，公司改进了企业网站，增加集采招标功能，通过该平台可以发起直播招标，完成大宗材料的集采。材料供应商也可以通过网站上传企业资料经审核考察合格后纳入企业合格供应商名录；人力资源模块增加产业化工人的加入模块，劳务专业公司可以通过平台上传资料，经审核考察合格后纳入企业合格班组名录。

目前，企业网络教育平台的引进工作正在进行中，相信通过以上平台的综合深度应用,河南科建建设工程有限公司的信息化之路会越来越宽,信息化的进程会越来越快。

2. 注意事项

平台引进不贪大求全：科建在与同行企业交流过程中，发现不少企业因为平台功能的不足而选择观望或放弃信息化平台的应用，几年过去后，这些企业会发现自己企业置身信息化的门外。科建的做法是只要信息化平台能带来几个甚至一个方面的管理提升或进步，我们就会应用。

企业标准化管理程度决定信息化的进程：企业管理的标准化水平与信息化平台的

应用能力与深度是相互促进和提高的。有不少企业引进了信息化管理平台，但发现自己用不好，却不能认真的分析原因，或者明知道是自身标准化管理水平不足引起的却不愿意做出改变，原因是怕变革的疼痛。

四、信息化建设效果总结

1. 应用效果

自 2016 年以来，河南科建建设工程有限公司在信息化及 BIM 技术应用方面的取得了不俗的成绩。BIM 技术助力"恒大绿洲项目 A10 地块 17 号、18 号、19 号及地下车库工程"创优策划和实施，项目荣获"中国建设工程鲁班奖"；将鲁班奖创优方案、施工工艺标准成果固化，形成企业质量强制措施图册，通过企业 OA 平台全公司发行，供员工下载学习和执行，提升员工能力和企业质量标准化管理水平；参加河南省"中原杯"BIM 大赛，荣获一等奖两项、二等将一项；参加"龙图杯"BIM 大赛荣获三等将一项；参加中国建筑业协会第四届 BIM 大赛，息县高中建设项目二期工程案例成功入围一等奖项目……

2. 发展计划

未来几年内，科建建设将持续完成项目管理数字化、企业管理数字化工作。在 BIM+ 智慧工地方面，希望更加深度地开展与平台供应商的合作，结合云、大、物、移、智、5G、WIFI6、区块链等技术的应用，将智慧建造由目前的感知阶段向替代和智慧的阶段推进，真正地实现智慧建造，为企业发展赋能。完善企业网络教育平台，建立科建建设网络教育学院，为企业培养更多的人才，为企业发展助力。与平台供应商深度合作，实现产业工人数字化管理。

专家评语

杨富春　中国建筑工程总公司信息化管理部副总经理，教授级高级工程师；住房和城乡建设部信息技术应用标准化技术委员会副秘书长

亮点：完善和修订《BIM5D 材料清单标准》、《BIM5D 机械清单标准》、《BIM5D 质量问题分类标准》、《BIM5D 安全问题分类标准》等，以满足企业多项目管理时对标准的需求。

结合实际将 BIM5D 的管理权限由技术部门（公司 BIM 中心）移交给管理部门（工程部和总工室），确保工期管理、安全管理、质量管理等得到有效执行，提高管理效率。

不足：智慧时代下，信息化不仅能带来管理的提升，更重要的是带来生产要素的优化配置，从而提升生产效率甚至是改变生产建造模式，要发挥信息化在转型升级、创新发展中的推动力、倍增力、创新力，就必须有一个科学的治理体系，现在企业的信息化治理体系还不清晰。

BIM5D 核心价值是建筑模型在项目管理过程中发挥信息传递、信息共享、信息应用的主导作用，但现在看本案例在这方面发挥成效还有略有不足。

综合评价或建议：河南科建建设工程有限公司希望在 2020 年前，通过实施《转型发展计划》来提高信息化水平，实现企业数字化、网络化、智能化管理，掌握 BIM 技术。主要内容包括：完成企业协同办公系统、人力资源管理平台、项目管理平台、企业管理平台、网络教育平台的部署和应用及 BIM 技术在公司各项目的全面推广应用。其在 BIM5D 数字项目平台的应用得到业界专家和同行的高度评价。

建议进一步研究企业信息化治理体系，建立一个适合本企业的科学合理的信息化治理体系，包括组织决策体系、信息化研究发展体系、信息化的应用体系、信息化队伍体系等，以及为配合信息化转型的企业管理标准化体系，为企业通过数字化、网络化、智能化实现自身的转型升级，最终成为一个智慧企业。

王静　中国建筑科学研究院研究员，住房和城乡建设部信息化技术专家委员会委员，中国图学学会副秘书长、中国建筑学会 BIM 技术学术委员会秘书长、《土木建筑工程信息技术》期刊主编

该案例基于 BIM 技术推动企业信息化建设。从基于 BIM 的单项目管理稳步拓展到基于 BIM 的企业项目管理信息化平台，信息化推广和管理模式注重信息技术在企业的落地生根，基于 BIM 技术解决了企业与项目管理间的瓶颈问题。建议进一步探索深化企业信息化系统之间的数据协同运用，深挖企业大数据的价值。

黄山川　广联达新建造研究院特聘专家

任何一个新事物的引入，首先要解决人才队伍的问题，科建公司通过大力度的人才培养，保证了应用的基础。然后通过组织保障和制度保障，推进了BIM技术在全公司的应用。数字化技术可以让数据与信息快速自动地流动，让数据在合适的时间到达合适的地点，从而降低企业管理的复杂度和不确定性。科建企业通过将项目现场生产活动的数字化，帮助施工现场有效地解决了进度、质量、安全、成本等方面的管理问题，并通过项企一体的数字项目管理平台，使企业对项目的管控更加及时准确，降本增效。期待科建公司能够拥抱更多的数字化技术，完成企业的数字化转型。

河南科建公司恒大林溪郡 C 地块建设项目

一、项目概况

1. 项目简介

郑州恒大林溪郡 C 地块建设项目（见图 1）位于郑州市平原区郑峪路、汇智路、高铁北路和雪松路的合围区域，包括 6 栋 34 层高层住宅、4 栋 3 层附属建筑（包括 1 栋物业用房，1 栋便利店，1 栋社区服务中心，1 栋社区卫生服务中心）及地下车库、人防，总建筑面积 160349.69m²，含人防建筑面积 9380.53m²。其中 6 栋高层住宅（地上 34 层，地下 3 层），4 栋附属用房（地上 3 层）及车库（地下 2 层）。施工总承包单位为河南科建建设工程有限公司。

图 1 郑州恒大林溪郡 C 地块建设项目效果图

2. 项目难点

（1）工期紧张：本项目工期仅为 444 日历天，地区环保管控力度较大，工程的进度计划管理难度高。

（2）工艺复杂：本项目施工采用铝合金模板、全钢爬架、高精砌块、水电免开槽、内墙薄抹灰等工艺多数为公司首次应用，施工组织以及过程控制管理难度较大。

（3）施工总承包管理、交叉作业多，协调难度大。

（4）品质要求高：建设单位工程品质及施工细节的标准高。在施工过程中的施工方案比选及施工设计优化和深化工作量大。

（5）内部要求高：公司要求本项目成为企业 BIM 技术应用示范工程。

3. 应用目标

郑州恒大林溪郡 C 地块项目拟通过 BIM 及项目级管理平台的应用，实现项目无伤亡事故的目标，确保完成与公司签订的利润指标，确保郑州市绿色施工示范工程及河南省安全文明标准化工地，确保河南省优质工程的实现打下坚实基础。

二、技术应用整体方案

1. 组织架构

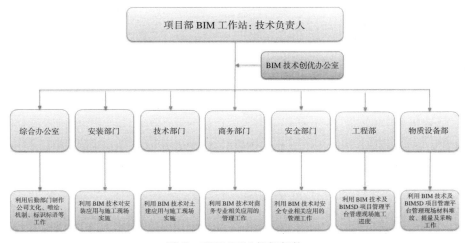

图 2　项目 BIM 组织架构

2. 软硬件配置

为了达成全员应用 BIM 的目标，项目在软硬件方面为员工进行全面配置，并确保每个部门至少有一台工作站或同级别电脑。针对现场管理工作，项目 BIM 管理部将所有模型进行轻量化，并定期更新，其他各部门管理人员可以方便导入配备的移动终端，进行模型现场使用。而模型中的信息，也会根据最新的现场需要进行新增和更新，确保模型使用的时效性和准确性。

3. 标准及制度保障

BIM技术应用作为一项改变传统建设管理理念的有效管理工具，是建筑业的发展趋势。所以，公司及项目领导高度重视新技术应用与开发，针对BIM应用，公司下发了一系列规定及管理措施。

三、技术应用实施过程

1. 人员技术培训

根据公司的规定，对各层级BIM团队进行内部集中培训，培训合格的发放公司内部技能证书，特殊岗位人员需参加外部培训机构的学习（见图3）。项目还通过参加外部交流等手段提高自身BIM技术应用水平，确保项目团队熟练掌握相关软件的使用，具备满足实际工作需要的BIM技术应用能力。

图3 BIM培训合格证书

2. 技术应用过程

（1）铝模设计深化：门窗洞口上方的过梁优化，采用下挂方式，将结构梁底标高下降至门窗洞口顶标高，与主体结构一次整体浇筑。与主体结构相连的砌体填充墙、砌体门垛等一字形单面砌体墙，优化变更为素混凝土结构，与本层主体结构同时支模，一次整浇。二次结构所有构造柱及卫生间上翻止水台优化。所有外墙位置二次结构及砌体墙全部优化为混凝土墙，混凝土强度等级同对应结构层墙柱混凝土设计强度等级。通过铝模及结构拉缝技术，实现全混凝土现浇外墙体系，对建筑外窗洞口、防水企口、滴水线、空调板、卫生间反坎、外立面线条等进行优化。减少外墙、窗边渗水等质量隐患。同时减少二次结构工作量，提高功效，缩短工期。

（2）场地布置、施工模拟：利用 BIM 技术，在临建施工前，根据公司临时建筑标准化手册，提前策划，合理布置，一次成优，避免返工，有效节约了成本，提高了效率。对办公楼、食堂、卫生间、浴室、会议室、晾衣棚、停车场等，根据项目规模、管理人员数量、场地特点以及公司要求进行合理布置。对施工现场垂直运输机械、材料堆场、施工道路、施工阶段合理安排，减少因施工总平面布置不合理造成的窝工、二次搬运的浪费，节约成本。本项目外架采用集成附着式升降脚手架，所以施工电梯我们引入了井道电梯。利用 BIM 技术，对各个楼栋进行施工模拟，综合考虑工艺方法、时间、空间等因素，发现综合环境下隐藏的矛盾，并提前解决，合理穿插施工工序，空间立体交叉作业。

（3）物资采购：本项目 BIM 中心以二次结构施工方案为依据，利用 BIM 软件进行快速排砖，出砌筑量以及施工图纸。在此基础上物资部根据 BIM 中心提供的数据进行物资采购，生产部根据施工图纸进行施工管理（见图 4）。同时在控量方面，与 GCL 土建算量软件计算出的工程量相比较，BIM 自动排砖精确控量节省 13%。大幅度节约成本、提高内控能力。

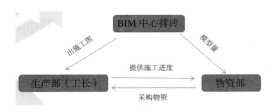

图 4　物资采购流程

（4）材料精细化管理利用广联达云翻样软件，在国家标准规范内，进行精细化、智能化钢筋构件下料单，对钢筋进行集中下料，节约资金成本；利用 BIM 配模软件进行配模，计算模板用量，采用集中配模，节约材料。

（5）项目级 BIM5D 管理平台：本项目深度应用 BIM5D 管理平台，对质量、安全、进度、材料及机械进行全面实时管控，为项目管理层提供数据支持，实现项目的精细化管理，项目利润将可以提高 30% 以上。

在进度管理方面，通过每日上传劳动力统计数据，与工程量及单位建筑面积进行挂钩并分析，形成企业自己的工效定额。用"数据支撑决策"的新模式来代替"靠经验估算决策"的传统模式。在生产进度方面,通过上传的施工进度照片及相应施工信息,结合网络天气平台的信息，一键生成施工日志。既为管理人员减负，又解决了施工日记与施工技术其他资料"不交圈"问题。

在安全、质量管理方面，通过发现问题及时的上传问题、推送整改责任人，并限时完成整改工作,使安全问题得到快速的落实提升项目安全管理水平,达到人人管安全、安全零事故的目的。截至目前，本项目累计通过 BIM 技术统计安全问题 713 条，避免了部分扯皮现象，同时，对于现有安全问题进行分析，避免后续此类问题发生的概率。

在大数据分析方面，对施工现场质量、进度、安全等问题的上传及整改情况，定期进行统计分析（见图 5），分析出每个员工的执行力及班组的整改力度等，为公司选用人才及优秀班组提供依据。项目周例会针对后期得到的质量安全问题分布曲线，在生产例会上进行说明强调，对于质量安全较多的班组及人员进行批评教育，对于整改不及时的问题，下发整改通知单，并进行罚款处理。

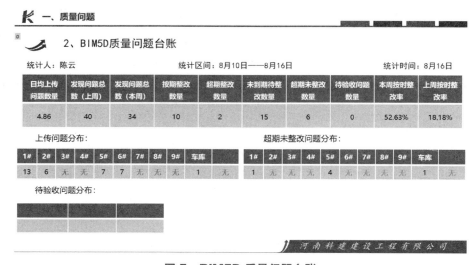

图 5　BIM5D 质量问题台账

四、技术应用总结

1. 应用方法总结

（1）落地应用原则：在项目 BIM 落地应用，必须按照标准、制度先行的原则，按照标准进行 BIM 应用，避免各参与方标准不同、应用的广度及深度不同的情况，有效地避免返工或低效率的 BIM 应用。制度先行，用制度去约束各参与方，提高各参与方的 BIM 应用效率及工作主观能动性。每月的 BIM 应用情况以例会形式到公司汇报。

（2）BIM 推动准则：企业要快速实现 BIM 应用，必须是自上而下推动，并且与公司技术部门紧密结合，才能成为企业的 BIM 应用标杆，起到 BIM 技术的引领作用，使各项目自愿、主动学习 BIM 技术，实现公司 BIM 全员参与的理念，最终实现 BIM 技术的全生命周期的技术应用，达到用虚拟建筑运维实体建造的效果。

2. 应用效果总结

（1）BIM 人才培养模式：人才培养模式主要有内部人才挖掘、外部培训机构深造及外部招聘三种模式。公司至 2017 年 2 月 15 日成立 BIM 中心，至今共举办 BIM 技术内部培训 6 次，主讲讲师分别由 BIM 中心人员担任，累计培训出 BIM 人才 180 余人，BIM 人员主要分布在公司 BIM 中心、总工室、工程部、预算室及材料室为主；在项目上主要分布在技术室、主管工长、技术员、预算员及材料员为主，为公司推行 BIM 技术全员参与的理念做准备。

（2）BIM 应用经济效益：本项目运用 BIM 技术进行技术创新，主要体现在铝合金模板、全钢爬架与承插盘扣组合使用、框架结构方柱方圆扣支模的方法及数字化型钢龙骨整张模板免开孔支模技术、高精砌块、石膏薄抹灰的应用。所带来的经济效益为：爬架约 240 万元，铝模约 520 万元，高精砌块约 110 万元。通过 BIM 技术建立虚拟样板，减少实体样板，节约成本约 150000 元。据初步测算，结合 BIM 对过梁、构造柱、卫生间反坎进行建模优化，在人工费方面共产生经济效益 60 余万元。

（3）BIM 应用社会效益：本项目对设计、施工进行全面 BIM 技术应用，得到了业主及郑州市领导的高度关注与表彰。通过本项目 BIM 技术落地实施应用及各参建方的努力，本项目获得了广联达 BIM5D 应用示范工程。项目施工质量和安全文明得到甲方恒大地产的一致好评，经中原公司推荐参评恒大全国安全文明工地和恒大全国十大优良工程。

专家评语

杨富春 中国建筑工程总公司信息化管理部副总经理,教授级高级工程师;住房和城乡建设部信息技术应用标准化技术委员会副秘书长

亮点:项目通过 BIM 及项目级管理平台的应用,拟实现项目无伤亡事故发生目标,确保完成与公司签订利润,确保郑州市绿色施工示范工程及河南省安全文明标准化工地,确保河南省优质工程的实现打下坚实基础等目标。

项目开展了图纸审核及优化、铝模设计深化、场地布置、施工模拟、物资采购、定型化预制化加工、材料精细化管理、基于 BIM 技术智能安全帽等的应用,还利用项目级 BIM5D 管理平台对质量、安全、进度、材料及机械进行全面实时管控,为项目管理层提供数据支持,实现项目的精细化管理,项目利润有较高的提升。

不足:本项目的难点来自工期紧张、工艺复杂、施工总承包管理协调难度大、品质要求高、内部 BIM 应用要求高等五个方面。但项目信息化过程中并未针对施工总承包管理建立管理系统或平台,在施工全过程进行项目管理,而仅仅在会审阶段采用 BIM 进行建模、优化深化,与设计院及甲方进行沟通,过程中发挥 BIM 模型的协调管理优势上的应用并未涉及。

综合评价或建议:建立了与 BIM 应用配套的组织体系、制度体系和培训体系,确保项目实施的有效性,取得了预期的效果,带来了很好的经济效益和社会效益。建议项目后续的 BIM 应用实施应着重加强针对施工总承包管理需要建立相应的管理系统或平台,利用 BIM 技术实现施工全过程的模型应用,解决施工总承包管理协调难度大的问题,确保竣工验收能够交付一个完整的 BIM 施工模型和竣工模型,为业主建立运维模型提供依据,进而提高施工承包方的建造能力和服务能力。

王静 中国建筑科学研究院研究员,住房和城乡建设部信息化技术专家委员会委员,中国图学学会副秘书长、中国建筑学会 BIM 技术学术委员会秘书长、《土木建筑工程信息技术》期刊主编

该案例对房地产项目实现基于 BIM 技术的精细化施工现场技术管理。从 BIM 的推广模式、BIM 的技术应用点以及最终的 BIM 的落地效益,都体现了 BIM 在施工现场的成熟应用模式及 BIM 推广价值。建议进一步尝试现场新信息技术的融合应用,进

一步集成现场各个专业性应用,推动现场管理智慧化。

黄山川　广联达新建造研究院特聘专家

通过人才,制度,标准等各方面有效地保证了BIM的落地应用,应用效果不仅覆盖了技术的内容,还有效地指导了现场的生产活动,建议在商务、成本等方面加深应用。

河南科建公司锦艺四季城香雅苑项目

一、项目概述

1. 项目简介

锦艺四季城香雅苑项目（见图1），位于郑州市惠济区贾河路与新苑路交叉口；总建筑面积12.83万 m²；工程分为两期施工，集商业、住宅、教育一体，结构类型较多，是造型美观、复杂的法式风格建筑，项目由河南锦轩置业有限公司投资兴建，河南省城乡规划设计研究总院有限公司设计、中建国厦集团股份有限公司监理，河南科建建设工程有限公司施工总承包。目前在施一期工程分别为2#、5#、6#、7#、8#、9#、10#、11#楼及地下车库，8栋单体地上2-33层，整体车库地下一层，局部二层，总建筑面积为128301.74m²，工程造价为2.25亿元，工程于2019年5月13日开工，计划2021年3月2日竣工。

图1 锦艺四季城香雅苑项目效果图

2. 项目难点

（1）地下建筑面积36059.21m²，规划用地面积30714.50m²，施工场地狭窄，本工程建筑设计方式为南低北高，各楼号间距小，且先后开工时间不同，各施工阶段交叉作业多，现场材料堆场、施工道路及施工垂直运输机械等平面布置难度大。

（2）工期紧、质量要求高，由于本工程为商品住宅楼，预售节点和竣工交付工期是项目控制的核心任务。

（3）高层住宅及高层旅馆地下室预留管线综合排布任务量较大。所有系统全部在地下设备夹层，包括动力配电、照明系统、给水排水、供暖、新风系统、通风空调、消防、楼宇自控及智能化、电梯等系统，传统施工方式施工难度大，成本高。

3. 应用目标

项目通过集成BIM、工程质量安全管理信息、工程进度信息、工程造价信息等形成项目综合管理模型，实现建设工程的可视化展示、提升工程项目管理效率，降低成本。最终实现项目河南省级BIM技术应用观摩项目、河南省"中州杯"奖、完成项目管理团队与企业签订的利润目标。

4. 应用内容

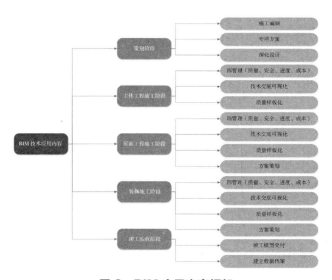

图2 BIM应用内容框架

二、技术应用整体方案

1. 组织架构

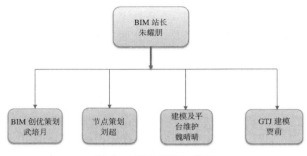

图3 BIM 组织架构图

2. 软硬件配置

软件配置　　　　　　　　　　　　　　　　　　　表1

序号	名称	数量	用途
1	智慧工地 BIM5D 平台	1	质量、安全、进度、劳务、技术管理、精准生产、AI 识别、语音广播、WiFi 全覆盖、VR 体验馆等综合型平台数据整合
2	台式电脑	6	日常 BIM 平台运行数据处理、建模、节点模型应用
3	斑马梦龙软件	1	进度计划编制
4	VR 设备	1	质量、安全体验

三、技术应用实施过程

1. 人员技术培训

人员技术培训计划　　　　　　　　　　　　　　　表2

序号	姓名	参加 BIM 培训名称	培训的具体时间	培训的具体内容	获得证书名称	备注
1	朱耀朋	土建高级应用班	2018 年第五期	Fuzor、AE	高级应用师	
					一级建模师	
2	武培月	土建高级应用班	2018 年第4期	Fuzor、AE	高级应用师	
					一级建模师	
3	刘超	公司第五期 BIM 应用提升班	2018 年第五期	Fuzor、AE	公司 BIM 岗位等级证书	
4	刘超	公司第六期 BIM 应用提升班	2019 年 6 月 20-22 日	样板区策划、屋面、卫生间创优策划、BIM 渲图、漫游、插件应用等	公司 BIM 岗位等级证书	
5	贾萌	公司第六期 BIM 应用提升班	2019 年 6 月 20-22 日	样板区策划、屋面、卫生间创优策划、BIM 渲图、漫游、插件应用等	公司 BIM 岗位等级证书	
6	魏晴晴	广联达场布、斑马梦龙培训	2019.8.26	斑马进度计划及场布软件的操作	无	

2. 技术应用过程

（1）BIM 建模策划

项目 BIM 工作人员在建模的过程中发现图纸中错误，并做好记录，作为图纸会审的依据。将广联达 GTJ 算量模型导入数字项目管理平台，为数字项目管理平台提供各专业分部、分项工程工程量，便于项目成本、工期管理。利用 E 筋软件对复杂节点进行翻样。对屋面的排砖进行策划和优化，并建立模型，撰写屋面策划技术交底，让工人在施工中更加简单明了，实现项目技术交底可视化。项目对施工重难点进行节点建模，使后期施工节点有标准可行，对技术方案及技术交底起到直观易懂的效果。运用 BIM 技术对项目安全技术措施进行策划，完善企业安全措施标准，做到策划先行、标化管理。

（2）BIM 技术施工策划应用

利用广联达三维场布软件完成建筑物不同阶段的施工布置图，并对其进行渲染，进行动画模拟。场地布置主要包括拟建工程和临建的建立，施工机械的布置和进出场的时间，办公区、生活区的布置，各种材料的堆放布置等，而且要根据不同阶段的施工，对现场道路、材料堆放、机械布置要做出合理的调整，以满足临建工况对施工现场的要求。通过三维场布方案的模拟和调整，解决施工各阶段场地、设备及机械运输安排不合理问题，减少二次搬运造成的浪费。

（3）BIM+ 智慧工地平台（数字项目平台）

锦艺四季城香雅苑项目采用广联达数字项目管理平台，集成全专业模型、物联网设备及摄像人工智能系统。主要包括以实现质量、安全、生产、BIM+ 技术、精益生产、劳务管理为目的的多个子系统；集成塔吊防碰撞、智能卸料平台、塔吊吊钩可视化、红外线周界报警、智能安全帽、现场智能广播等多个物联网设备；人工智能摄像头应用等（见图 4）。

图 4　数据项目指挥中心

1) 生产计划

使用数字项目平台：可以在生产模块进行编制计划，由项目经理在 Web 端排好每天的生产计划，派分给各工长。优点：每天的生产任务清晰，工作思路清晰，节点明确，计划可控，出现偏差几率小，可追溯、追责。

2) 质量安全问题跟踪

在施工过程中，质量和安全检查人员以及公司领导针对现场发现的质量安全问题，利用广联达数字项目平台手机端，使用手机对发现的问题进行拍照，把所发现的质量安全问题进行上传，并指定责任人在限定时间内完成整改，由任务发起人对整改结果进行审核并销项，这样也可以在电脑的网页端进行查询，并生成相关的问题报表，形成一整套的问题整改流程。通过使用数字项目平台加强了对现场的质量安全问题的跟踪，提高了现场的管理效率。同时，可以对过程中的质量安全问题进行存档并研究分析，为质量安全例会提供数据支持。

3) 进度计划

在数字项目平台 PC 端将网络进度计划和模型进行关联（见图 5），对进度总计划进行校核，快速分析出资源资金曲线，对曲线的凸点进行分析，对不合理计划进行调整，协助总施工进度计划的编制工作，加强进度计划的实用性和合理性。通过实际进度时间的录入，可以直观地了解到施工任务的进度状态和其可能影响到的后续施工任务，并输出相应任务的工作量，为施工进度计划的分析和调整提供了依据，而且可以进行施工模拟以及计划和实际施工对比模拟。

图 5　进度计划管理

4）劳务实名制和劳动力统计

该系统可充分满足建筑业对劳务人员科学管理的需求，系统结合人脸识别、二维码、大数据查验、智能安全帽等技术，实现对劳务人员从信息登记、劳务进场、安全教育、综合交底、智慧派工、考勤统计、工资结算的全过程管控。通过手机端还可以把每天的劳动力进行统计上传到平台，进行劳动力的分析、汇总以及资料的存档。

（4）塔吊吊钩可视化及塔机防碰撞系统应用

吊钩可视化的应用有效解决了塔机作业过程中盲区大，司索及指挥人员指挥描述不清晰，容易出现机械伤害、物体打击事故的问题。其优势就是数据传输低延迟，高倍变焦，可以全天候作业配合。结合塔机防碰撞系统应用，实时记录塔机运行数据，既能保证违规使用的报警、也可实现塔机运行数据的追溯。

（5）人工智能

摄像头 AI 识别，工人在进去施工现场的时候需要佩戴智慧安全帽，通过闸机的时候通过识别人脸或者安全帽进入。项目在各施工重点区域及现场道路、材料堆场等区域布置高清摄像头并在附近布置智能广播系统。当摄像头识别出工人没有佩戴安全帽、没有按要求穿戴反光衣等违章行为时，会自动拍照留存档案，并自动打开相应区域的智能广播系统，播报语音，纠正工人的违章行为，在一定程度上实现了安全管理人员的职能替代，避免了安全事故的发生。

（6）BIM+VR 技术应用

在现场设置 VR 安全教育体验间，定期对工人进行安全教育。利用 VR 设备的沉浸式体验和强烈的视觉冲击感，让作业人员体验不同场景条件下安全事故发生，并在事故体验后告知工人正确的作业方式和方法。

进入质量样板及安全文明施工标准化设施的 VR 场景内，作业人员可以近距离地感受质量样板及安全文明施工标准化设施的最终呈现结果，结合 BIM+ 动画技术的视频交底，完成施工现场的质量样板化和安全文明施工措施标准化的教育和交底工作，相较传统纸质书面交底方式的效果提升明显。

四、BIM 技术应用总结

1. 施工策划阶段，项目部已经完成施工组织设计、安全专项方案及质量策划书的编制工作，BIM 三维视图及基于 BIM 模型的动画技术的应用大大提升了施工组织及方案的执行效果。

2. 开工前 BIM 模型全部完成和进行应用，发现图纸问题，并积极与业主、设计人员进行沟通变更，施工前全部解决，将影响工程施工进度的根本问题全部解决在萌芽状态，避免了施工中出现问题导致返工或怠工现象的发生。

3. 将 BIM 模型、GTJ 模型结合同时使用，结合其他 BIM 技术应用平台，实现施工模拟、解决传统模式施工难度大甚至根本难以解决的技术问题。也可在广联达数字项目平台 PC 端通过对模型的关联进行施工模拟、二次结构优化、工程量提取、精益生产应用且效果显著。

4. 随着广联达数字项目平台的应用，本项目质量一次验收合格率达 91% 以上、质量问题按时整改率达 90% 以上。安全管理方面，安全隐患的类别开始趋向平均化，重大安全隐患出现几率不足 1%，安全问题按时整改率 90% 以上，项目开工至今，未发生安全事故。

5. 为公司制定数字项目平台管理标准及制度提供支持，并对平台应用积极、较好的人员进行奖励，对落实较差的人员进行监督提醒，并进行一定的处罚。有了奖罚和监督措施，大大地调动了现场管理人员的积极性，提高了工作效率。

6. 锦艺四季城香雅苑项目利用 BIM 技术提升了项目精细化管理水平，在 2019 年 8 月举办的河南数字建筑年度峰会（2019）上锦艺四季城香雅苑项承担了数字建筑项目优秀案例的观摩任务，并在观摩过程中接受了 CCTV 发现之旅筑梦新时代栏目组的专访。

项目施工过程中多次接待地产单位、监理单位、施工单位的观摩交流，并获得了交流单位的好评，社会效益显著。

专家评语

杨富春　中国建筑工程总公司信息化管理部副总经理，教授级高级工程师；住房和城乡建设部信息技术应用标准化技术委员会副秘书长

亮点：针对项目难点问题，制定了通过集成 BIM、工程质量安全管理信息、工程进度信息、工程造价信息等形成项目综合管理模型，实现建设工程的可视化展示、提升工程项目管理效率，降低成本。最终实现项目河南省级 BIM 技术应用观摩项目、河南省"中州杯"奖、完成项目管理团队与企业签订的利润目标。

项目开工仅半年，在 BIM 建模策划、BIM 技术施工策划等方面进行了较深入的应用，取得了应用成效。

不足：由于项目进展原因，BIM 模型在项目的全过程应用效果还很难体现。

综合评价或建议：建议项目在建设 BIM+智慧工地平台（数字项目平台）方面，认真研究需求和技术和可行性，在建立数据标准、接口标准的基础上，有针对性地将现场管理系统和硬件设备集成到一个统一的平台。达到施工过程信息充分共享，数据统一呈现，风险智能识别、预警和防范，为项目经理和管理团队打造一个智能化"战地指挥中心"。

王静　中国建筑科学研究院研究员，住房和城乡建设部信息化技术专家委员会委员，中国图学学会副秘书长、中国建筑学会 BIM 技术学术委员会秘书长、《土木建筑工程信息技术》期刊主编

该案例对房地产项目实现基于 BIM 技术的施工现场综合管理。基于一套 BIM 软件平台并结合物联网设备，实现了技术、质量、安全、生产进度、成本、劳务等多模块的数据集成与综合运用，体现了 BIM 等新信息化技术的应用价值，降低了项目执行风险。

黄山川　广联达新建造研究院特聘专家

利用数字化技术较好地改善了技术交底、工作协同、施工模拟、质量安全管理等项目管理工作；数字化技术应用全面，包括 BIM、物联网、VR、AI 等，管理过程精细、清晰、落地；建议再加深在商务部分的应用。

河南科建公司息县高级中学一期建设项目

一、项目概况

1. 项目介绍

本工程位于河南省信阳市息县城东新区，沿河东路南侧、谯楼东街北侧，由一栋教学楼、两栋试验楼、三栋宿舍楼和一栋食堂构成，其中6#宿舍楼分为三个单体。总建筑面积77961.56m^2，地下建筑面积1742.4m^2，地上建筑面积76219.16m^2。建成后将集教学、办公、食宿、运动及娱乐等多功能中心等功能于一体（见图1）。本项目工程集设计、施工及装饰装修一体化施工，施工总承包单位为河南科建建设工程有限公司。

图1 河南科建公司息县高级中学一期建设项目效果图

2. 项目难点

（1）工期紧张：本项目工期仅为150日历天，在公司同类建筑项目中工期最短。建筑功能复杂且专业单位多，工程的进度计划管理难度高。

（2）工艺复杂：土建结构、装饰装修、机电专业、园林绿化等专业都存在设计节点复杂、施工工艺超常规，有效工期内施工组织难度大。

（3）EPC总承包管理、多专业交叉作业多，协调难度大。本工程工期短、体量大，施工过程需要多专业、多工种的交叉作业，项目管理协调工作难度大。

（4）品质要求高：项目质量目标河南省建设工程"中州杯"。

（5）内部要求高：河南省"BIM中原杯"大赛一等奖，创公司BIM技术应用示范工程。

3. 应用目标

息县高级中学一期建设项目采用全生命期的BIM应用，实现150日历天准时竣工验收，确保河南省建设工程"中州杯"，实现无伤亡事故发生，确保完成与公司鉴定利润的目标，确保信阳市绿色施工示范工程及河南省安全文明标准化工地，确保获得"河南省BIM中原杯"BIM大赛一等奖等目标。

4. 应用内容

为实现质量、安全、进度、成本管理目标及公司确定的BIM技术应用示范工程目标，项目主要BIM技术应用如下：

策划阶段应用：施工组织设计编制、安全专项方案编制、图纸优化和深化、机电管线综合、目标成本测算；

施工阶段：质量、安全、进度、成本的平台应用、技术交底可视化、质量样板化、创优策划及3D打印、VR、无人机结合BIM技术的应用；

竣工验收阶段：整合设计变更、图纸会审、优化深化设计信息完善竣工模型，结合平台管理过程信息，整理并保存项目管理数据，交公司存档。

二、BIM应用方案

1. 组织架构

图2 项目BIM工作组织架构图

2. 标准及制度保障

（1）BIM建模标准：从项目设计阶段始，公司就制订了BIM建模标准、BIM实施标准等。有效解决了模型质量差，模型细度不能满足施工管理需求的问题。

（2）制度保障措施：制定BIM技术应用管理制度及BIM5D平台应用管理制度。在制度中明确各岗位BIM技术应用职责，规范BIM日常应用行为，制订详细的奖罚制度、BIM应用考核机制等。

三、技术应用实施过程

1. 人员技术培训

根据公司的规定，对所有参建单位的参建人员、各层级BIM团队进行内部集中培训并发放资料，特殊岗位人员需参加外部培训机构的学习（见图3）。项目还通过参加外部交流等手段提高自身BIM技术应用水平，确保项目团队熟练掌握相关软件的使用，具备满足实际工作需要的BIM技术应用能力。

图3 BIM技术培训

2. 技术应用过程

（1）图纸审核及优化：通过全项目的BIM建模，发现图纸问题，整理后进行图纸会审工作，提前发现解决图纸问题63项，与设计院及甲方进行沟通，减少25处图纸变更，深化优化设计达22处。

（2）BIM深化设计

1）屋面设计优化及深化：根据本项目屋面设计方案及施工特点，对屋面做法进行建模及方案优化，便于技术交底使用。主要针对屋面落水口、分水线、排水沟的设置进行优化排布，使贴砖位置一目了然，大大降低了项目管理人员与施工人员的沟通障碍。对模型进行各种材料的提量工作，为采购中心提供准确的材料数量及到场时间，间接加快施工进度，并且一次成优。

2）机电深化：针对部分区域管线复杂，专业多且碰撞交叉严重，进行管线建模、深度优化管线排布及走向（见图4），消除碰撞、避免返工、节约成本，合理安排工序，缩短工期。根据设备用房和走廊设备多、管道多、空间狭小的特点，对管道支吊架提前进行设计优化，利用MagiCAD软件，进行支吊架的校核、出图及材料明细，确保施工方案的可行性和安全性。

图4 机电深化设计

3）装饰装修深化：项目部建立了大量的装饰族文件，并以此完成了所有楼层的地面、墙面、吊顶模型。过程中对于吊顶吊杆、石膏板墙分缝、地板板块排布等进行统一的三维设计，并且可以直接输出综合排布图。

（3）施工模拟：项目对施工过程中的重大方案进行完整且精细化的模拟，综合考虑工艺方法、时间、空间等因素，完成大型方案的综合模拟，并在实施前进行专项方案论证和三维预演，发现综合环境下隐藏的矛盾，并提前解决，最终应用完善的三维施工模拟方式进行技术交底。

（4）定型化预制化加工：运用BIM技术对项目进行分阶段策划，实现策划先行、标准化管理。施工现场安全文明均采用定型化施工，造价低、易周转、运营费用低。

（5）项目施工工序质量管理标准化：根据公司下发的BIM施工工艺模型指导施工，项目质量管理标准化水平提升明显。

（6）项目样板体验区策划：项目BIM工作站在BIM站长的带领下，坚持BIM技术应用，并根据甲方要求、现场情况以及公司建模标准，快速完成样板体验区的建模策划工作。在对甲方及公司样板区的策划方案汇报中，获得较高的赞誉，并一次批准通过。为现场样板区的建设中提供了方案依据，提高了工作效率，并且按照策划方案一次成优。

（7）BIM技术助力施工节点、难点标准化：项目对施工重难点进行节点建模，使后期施工节点有标准可行，对技术方案及技术交底起到直观易懂的效果。

（8）BIM 技术助力土建创优策划：对创优节点做法，进行多方案比选，避免返工，一次成优。

（9）BIM 技术助力本项目完成省级工法 3 项：利用 BIM 技术建立三维模型，比传统 CAD 二维模式的申报资料更容易体现工艺做法，申请通过成功率更高。

（10）BIM 技术助力项目技术创新：公司每年结合项目的施工亮点，进行实用新型专利和发明专利的申请。并在申请文案中配置 BIM 建模三维模型或施工动画，提升审核通过率，本项目获得专利 5 项（见图 5），且应用效果良好。

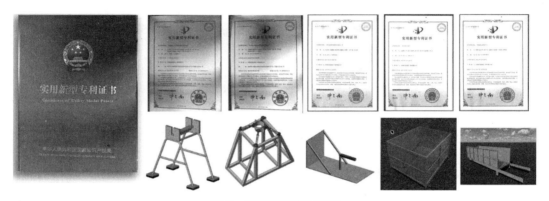

图 5　项目创新专利证书

（11）项目级 BIM5D 管理平台：本项目深度应用 BIM5D 管理平台，对质量、安全、进度、材料及机械进行全面实时管控。项目管理效率提升明显，项目成本控制及利润目标超额完成。

1）BIM5D 进度管理：每日进行劳动力统计，并与工程量及单位建筑面积进行挂钩并分析，形成项目工效定额，为项目和公司积累数据。有了施工进度照片及相应施工信息，结合网络天气平台的信息，一键生成施工日志。一方面为现场施工管理人员减负；另一方面也解决了交工前期资料员恶补施工日记，造成施工日记与施工技术其他资料"不交圈"的情况。此外，把 BIM 模型跟网络计划工期关联起来，直观地体现施工的界面、顺序，从而使各专业施工之间的施工协调变得清晰明了。

2）BIM5D 安全管理：改变传统的施工现场安全管理模式，使每个员工充分利用信息化管理平台，发现问题及时地上传问题、推送整改责任人，并限时完成整改工作，使安全问题得到快速的落实，提升项目安全管理水平，达到人人管安全、安全零事故的目的，截至目前，本项目累计通过 BIM 技术统计安全问题 869 条，避免了部分扯皮现象，同时，对于现有安全问题进行分析，避免后续此类问题发生的概率。

3）BIM5D 大数据分析：通过员工利用 BIM5D 平台，对施工现场质量、进度、安全等问题的上传及整改情况，定期进行统计分析（见表 1）。分析出每个员工的执行力及班组的整改力度等，为公司选用人才及优秀班组提供依据。

BIM5D 整改使用情况统计表　　　　　　　　　　　　　　　　　表 1

河南科建建设有限公司 8 月份第一周 BIM5D 使用情况统计表

统计：总工室　　　　　　　　　　　　　　　　　　　　　　　　日期：2018.8.11

项目名称	发现问题总数	按时整改数量	超期已整改数量	超期未整改数量	按时整改率
民安	22	20	2	0	90.91%
锦艺	39	33	3	3	84.62%
息县高中	116	34	16	66	29.31%

注：以上数据根据整改期限为 8 月 4 日至 8 月 10 日之间统计

（12）基于 BIM 技术智能安全帽：项目引进广联达智能安全帽系统，该产品是以工人实名制为基础，通过工人佩戴装载蓝牙定位功能芯片的安全帽，准确定位工人现场分布、安全预警、考勤信息等，实现实名制管理。智能安全帽由配套的自感应门禁系统控制，系统自动识别统计进出场人员时间和基本信息，反应速度快，上下班高峰期无需等待，通过电脑客户端了解现场工人考勤状况。

四、技术应用总结

1. 应用效果总结

（1）有力的保障在 150 日历天内顺利完成竣工验收，实现验收一次性通过，实现施工期间零伤亡事故的目标，取得信阳市安全文明工地及绿色示范工程称号。

（2）结合 BIM 对建筑公共走廊安装空间警告进行的优化，为教学楼及宿舍楼公共走廊提高 90mm 空间净高。优化了超过 7 处大型设备用房的机电排布，使物业运维更加便捷；优化了卫生间、室内、公共区域及屋面贴砖的施工方案，使现场工人施工有方案可依，严格按照 BIM 贴砖策划方案施工，避免返工，做到一次成优，获得业主及监理方的一致好评，并且达到了一次验收通过的效果。

（3）经济效益

1）BIM 技术助力法兰悬挑定型化钢梁与承插盘扣脚手架应用，提升悬挑脚手架方案编制和技术交底的效率和效果。

2）本项目采用框架结构方柱方圆扣支模的方法：通过 BIM 技术，制作框柱方圆扣支模施工模拟三维动画，指导现场施工。节约经济效益总额 11.5 万元，提高经济效益率为 1.22%。

3）本项目采用数字化型钢龙骨整张模板免开孔支模技术：通过 BIM 技术，创新数字化型钢龙骨整张模板免开孔支模技术，指导现场工人进行施工工作。节约经济效益总额 20 万元，提高经济效益率为 1.15%。

4）本工程 BIM 技术应用效果显著，得到甲方、监理等相关单位的认可，为顺利承接息县高中二期项目及后续息县高中所有工程（建筑面积约 50 万 m^2）打下了良好的基础。

（4）社会效益

本项目对设计、施工及运维进行全面 BIM 技术应用，得到了业主及信阳市及息县等各级领导的高度关注与表彰。通过本项目 BIM 技术落地实施应用及各参建方的努力，本项目在 2018 年河南省建设工程 BIM 技术应用成果评审中，我公司参与评审的息县高级中学一期建设项目从 170 个工程项目中脱颖而出，喜获建筑类工程综合类一等奖。2019 年本项目参加"龙图杯"BIM 大赛获得三等奖。

2. 应用方法总结

（1）应用标准总结：总结和固化项目 BIM 技术应用成果，形成项目施工工艺手册，完善管理流程和施工工艺流程，让 BIM 技术发挥更大的作用。

（2）落地应用原则：标准是基础，制度是保障。

（3）BIM 推动准则：自上而下的规划，自下而上的实施，发挥项目示范引领作用，是科建 BIM 技术成功落地应用的关键。

（4）BIM 人才培养模式：积极参加企业组织的学习和培训，提升项目管理人员 BIM 技术应用的能力和专业素养，鼓励项目开展小范围 BIM 技术应用竞赛和参加省级国家级 BIM 技术大赛，锻炼队伍。

专家评语

杨富春　中国建筑工程总公司信息化管理部副总经理，教授级高级工程师；住房和城乡建设部信息技术应用标准化技术委员会副秘书长

亮点：针对项目难点问题，制定BIM应用目标。总结和固化项目BIM技术应用成果，形成项目施工工艺手册，完善管理流程和施工工艺流程，让BIM技术发挥更大的作用。

不足：项目并未针对施工总承包管理建立管理系统或平台，在施工全过程进行项目管理，特别是发挥BIM模型在多参与方协调管理方面的优势上并未考虑。

综合评价或建议：项目在图纸审核及优化、BIM深化设计、施工模拟、定型化预制化加工、项目施工工序质量管理标准化、项目样板体验区策划、BIM技术助力施工节点、难点标准化、BIM技术助力土建创优策划、BIM技术助力本项目完成省级工法3项、BIM技术助力项目技术创新、项目级BIM5D管理平台、基于BIM技术智能安全帽等12个方面进行了BIM应用。保障在150日历天内顺利完成竣工并一次性通过验收，实现"0"伤亡的安全生产目标，取得了良好的经济效益和社会效益。

王静　中国建筑科学研究院研究员，住房和城乡建设部信息化技术专家委员会委员，中国图学学会副秘书长、中国建筑学会BIM技术学术委员会秘书长、《土木建筑工程信息技术》期刊主编

该案例针对学校项目展开施工总承包BIM综合应用。基于BIM技术，在保证工期、工艺复杂及品质要求高前提下，有效完成了项目建设。其BIM应用过程规划细致，应用模式科学，应用内容全面，BIM的综合应用体现了BIM的价值，获得了良好的经济和社会效益。

黄山川　广联达新建造研究院特聘专家

在深化设计、做法创优、技术创新等方面，应用成果突出，利用人才培养、标准制定、制度约束等方面保证落地应用；建议利用BIM技术更好地应用于现场生产协同、商务管理等方面。

第五章
专项案例——企业信息化采购及管理案例

北京城建道桥建设集团有限公司

公司历年、多次被评为 AAA 资信企业、中国建筑业综合竞争力 50 强企业、全国优秀施工企业、全国优秀市政施工企业以及首都文明单位、北京市"重质量、守信用"企业。工程进度快、质量好，创省部优、国优工程 30 余项，其中机场三号航站楼、奥林匹克篮球馆、国家大剧院、天安门广场改造工程荣获了国家建设部最高奖——"鲁班奖"；北京奥林匹克公园中心区市政配套工程、江西景德镇至婺源（塔岭）高速公路荣获"中国土木工程詹天佑奖"；长安街道路工程、什邡市恢复发展区市政工程、通惠河北路道路工程、梅市口路道路工程荣获"国家优质工程奖"；天安门广场周边人行道整治、忻州市跨南云中河七一桥、北辰东路、大屯路、三环路改造、宣武门外大街、水源九厂二期工程荣获全国市政工程质量最高奖——"金杯奖"。

湖北省路桥集团有限公司

湖北省路桥集团有限公司（简称湖北路桥）始建于 1956 年，公司注册资本金 20 亿元人民币。60 多年来，公司共修建公路里程 6000 余公里，其中一级以上公路约 4500km，高等级公路近 1500km，大型桥梁 510 余座，其中特大型桥梁 90 余座，承建了 70 多项国家、省重点工程。多项施工技术处于国内或世界先进水平，多次荣获国家及部、省级科技进步奖、科技成果奖和优质工程奖。

大连三川建设集团股份有限公司

公司发轫于 1957 年。近些年来，三川集团以科技为核心，以质量为宗旨，以建筑产业转型升级为引擎，加强基础平台建设，加强人才引进，努力培养核心竞争力，怀着对社会、对城市的责任感和对未来的使命感，在辽宁、大连打造了建筑精品，树立了三川品牌，受到国家、省、市各级领导的充分认可，收获了良好的社会声誉。经过 60 多年的发展，三川集团已经发展成为集项目投融资、工程咨询、技术研发、工程设计、工程总承包、建筑产业化、互联网+数字建造、运维管理、职业培训为一体，致力建筑全产业链一体化综合运营与服务的绿色建筑企业集团。

成都建工集团有限公司

  成都建工集团有限公司是我国中西部地区最具竞争力的国有特大型综合性建筑企业集团，11次跻身"中国企业500强"，获授首批"国家装配式建筑产业基地"称号。公司拥有国家发明及实用新型专利485项，国家级工法15项、省级工法305项，完成工程建设国家及省级标准47项，各类市级及以上科研课题27项，获得省市科技进步奖30项。获得改革开放35年百项经典暨精品工程1个，鲁班奖、詹天佑奖等国家级优质工程奖37个，市级及以上优质工程奖700多个。

本篇亮点

- 北京城建道桥集团业财采一体化与集成应用信息化建设
- 湖北路桥集团信息化建设
- 大连三川建设集团"三化融合"信息化建设
- 成都建工物资公司"成建e采"建设

北京城建道桥集团业财采一体化与集成应用信息化建设

一、公司概况

1. 企业介绍

北京城建道桥建设集团有限公司是1983年7月由基建工程兵集体转业组建成立的国家综合性一级建筑施工企业。伴随着公司的发展，顺应市场变化和公司经营规模进一步扩大的需要，公司的发展规模不断扩大，到2008年经营规模已经突破了50亿元，形成了以道桥与市政施工为主业、商品混凝土、房屋建筑、环保水务、置业管理、投资发展多业并举的多元化、多领域发展格局。公司先后参与了20多项奥运场馆工程及其配套工程的施工，参与了国家大剧院、首都机场2号、3号新航站楼、天安门广场改造、北京市二、三、四、五、六环道路、长安街大修、机场南线高速路、京平高速路、复八线地铁、首都机场线地铁等重点工程和遍布华北、东北、华中、华南、西南等省市的高速路等工程的建设。

2. 信息化建设背景

科技创新驱动企业发展，在EPC的综合管理之上，PPP又追加了投融资、设计和运营管理，这与几十年来我们孜孜以求还做不好的单一施工管理相比，要复杂得多，全产业链服务、供应链竞争、重组整合、兼并收购、政企合作、银企联盟、产学研联盟等等竞合关系正在不断演变，机会与挑战并存，风险与利益交叉，对我们的管理能力提出了升级换代的新要求。如果能力达不到，即使拥有一手好牌，也要被反应迅速、快速迭代的企业所替代，当竞争对手完成市场布局时，那就悔之晚矣。并且整个行业市场竞争激烈，大企业生龙活虎，小企业越来越难，自由竞争过去，垄断竞争到来，我们正处在垄断竞争的初始阶段。

企业需求的本质：通过新技术的创造性应用推动传统企业的在线化、数据化与智能化，促进传统企业转型升级，实现项目精益化管控。

二、信息化方案

1. 建设目标

北京城建道桥信息化建设主要目标有实现企业集约化经营，在于通过对项目资源的集中控制特别是人、财、物的"三集中"管控,实现项目是成本中心、企业是利润中心的管理目标,通过建立集中的运营管理平台,实现集中财务、资金统一管理、建立供方评价平台,实现集中采购平台。

项目精益化管理,在于促进企业从规范化、标准化管理向精细化管理转变,以期达到浪费最小化,利润最大化,最大化满足顾客要求的目标,通过信息化建设促进项目管理过程标准化、流程化、精细化。

通过业务流、工作流和控制流三流结合,变事后分析为事前控制;岗位标准化作业,将现行作业方法的每一操作程序和每一动作进行分解,以科学技术、规章制度和实践经验为依据,从而形成一种优化作业程序,岗位标准化依托清晰的岗位职责和严格的管理制度保障,更需要基于岗位业务场景,提供合适的岗位工具,从而固化和提高岗位标准化作业标准。

2. 软件选型

信息化建设不乏企业自行组织系统的调研、需求分析、研发、实施和应用,但从信息化运行效果来看,大多数企业最终会选择一家优秀的软件供应商为信息化建设提供成熟的产品和优质的实施服务。因此,软件供应商+成熟的软件产品+优质的实施服务+配备完善的基础设施是企业成功应用的有力保障,而对于软件供应商的选择、产品功能的定义和实施服务究竟该如何去甄选,才能帮助企业顺利完成信息化的建设工作。

综合项目管理系统的建设在整个信息化的作用至关重要,因此供应商的选型也要慎之又慎。应该选择主营业务从事建筑行业项目管理信息化、在这一领域有多年的积累和耕耘、有丰富的产品和实施提供经验、综合实力领先的供应商(见图1)。

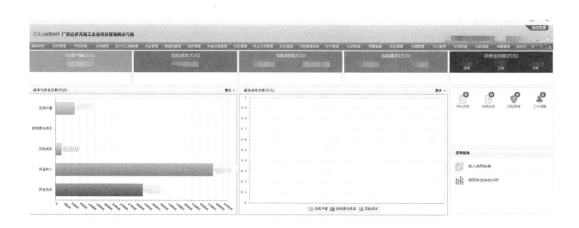

图1 项目管理解决方案

(1)材料付款审批流程（见图2）

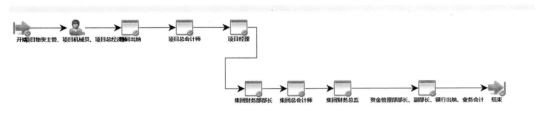

图2 材料付款审批流程

(2)材料合同审批流程（见图3）

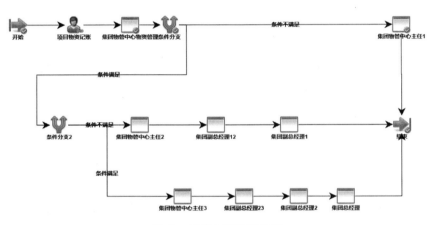

图3 材料合同审批流程

3. 组织架构

企业设置了专人工作岗位进行网络和机房的管理。专业公司系统工程师协助进行日常的维护工作。

（1）信息化办公室职责：1）负责公司网络机房中服务器和网络硬件设备的管理、维修及保养工作。2）负责各基层单位的计算机网络与公司服务器的连接工作。3）负责公司综合项目系统的建立、管理和推广工作。4）负责公司各部门计算机软件的管理和升级工作。5）负责公司各部门计算机硬件管理、维修及保养工作。6）负责公司数据的安全管理工作。7）负责公司员工上网行为的管理工作。8）负责公司各个业务系统的升级工作。9）负责计算机知识培训工作。10）负责机房的环境卫生工作。

（2）信息化系统管理员岗位职责：1）负责公司OA办公系统管理员的工作。2）负责公司综合项目管理系统管理员的工作。3）负责公司人力资源管理系统系统管理员工作。4）负责公司网站的管理更新工作。5）负责公司系统各流程的建立。

三、信息化实施步骤

1. 信息化历程

北京城建道桥公司上线系统包括人力资源系统、LK 系统、财务 NC 系统、招采平台系统及项目管理系统,并实现了系统之间的集成和数据推送。

(1) 2013 年上线项目管理系统 GEPS6.0 版本,并且经过详细的业务探讨和业务分析,制定了适合公司业务需求的业务解决方案,为系统应用上线提供了指导依据。

(2) 2016 年建筑行业实现"营改增"变革,以满足业务要求。

(3) 2018 年北京城建道桥公司项目管理系统升级到 GEPS9.0 版本,期间由广联达公司软件二次开发的相关业务部门,对北京城建道桥公司的业务需求进行集中开发,满足项目上线要求。

(4) 2019 年 7 月实现各系统集成及开发工作,实现了业务替代,公司审批流程及打印表单和统计分析报表实现了系统业务替代,公司为实现审批高效及审批"去 APP 化"。

(5) 2018 年 12 月实现微信集成功能,所有业务流程均可以在微信客户端实现审批。

2. 里程碑

(1) 2013 年完成了综合项目管理系统建设;

(2) 2015 年为提升系统整体应用效率进行系统升级;

(3) 2018 年进行营改增业务升级;

(4) 2019 年全面实现业务打通。

3. 注意事项

(1) 选择专业的厂商提供专业的解决方案

俗话说,让专业的人做专业的事,信息化建设同样如此。如何能够保证企业信息化的顺利开展,同时又能赢得员工的大力支持,真正实现信息化带来企业业务管理的畅通以及工作效率的提升,这就是考验厂商实力的时候,只有业务够专业,才能让企业的信息化在正确的道路上开展,不会偏离企业信息化建设的目标,同时专业的厂商更能和企业共同成长,最终实现企业信息化的良性循环。

(2) 培养出一支信息化队伍,形成一套管理方法是信息化建设的最终表现

信息化是一个循序渐进的过程,它没有终点,而在这个过程中如何形成企业的无形资产:那就是一个良好的信息化队伍的打造以及一套借助企业信息化实施提升企业管理的方法。整个信息化实施上线过程也是企业的变革管理推进的过程,在这个过程中必然需要一大批具有前瞻思维的高素质人才,去领会以及实践企业的变革,信息化

建设为这批人才提供了土壤，同时也在不断塑造着这批人，最终逐渐打造出企业的一支信息化建设队伍。

四、信息化建设效果总结

1. 方法总结

务求实效，发挥信息化的应有作用是本次信息建设的核心。信息化建设是在统一规划，分布实施的原则下展开的，那么企业统一规划体现的是信息化长远发展的问题，而分步实施则是注重实效的主张，因为企业信息化之路不是一蹴而就的，需要整个企业的员工、管理层、信息化小组等全员参与，一步一个脚印地踏踏实实地走下去。信息化绝不是个面子工程，信息化的阶段成果必然要对企业的管理有所改善以及提升，无论从前期的资源编码的统一，还是过程的供应商库、价格平台的形成，都无疑对企业的综合项目管理带来前所未有的改变，而这种改变必然是不具备信息化时很难做到的。因此我们说务求实效是信息化建设的核心。

2. 应用效果

（1）组织机构的集成（见图4）：组织机构和人员是从人力资源系统推送到LK，再从LK推送到GEPS，再从GEPS推送到招采平台。

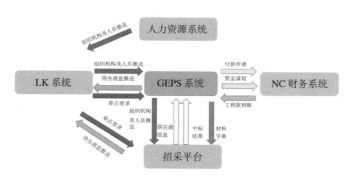

图 4　组织架构与业务集成

（2）业务集成：GEPS与NC系统的集成：付款、资金计划是从GEPS推送到NC；收款是从NC推送到GEPS。付款申请单审批后可以推送到财务NC系统中的委托付款书中；项目月度资金计划审批完成后，会推送到财务NC系统的资金计划中；从甲方收款，在NC中记账后，可以从NC系统推送到工程款到账记录中。

（3）GEPS与招采平台：供应商及中标结果是从招采平台推送到GEPS；材料字典是从GEPS推送到招采平台。招采平台的集成，招采平台的中标结果推送到项目管理系统；新增材料采购合同时要选择招采平台推送过来的中标结果，否则合同不会被审批；招采平台注册成功的供应商会推送到项目管理系统中的合格名录中；材料字典会推送到招采平台中。

（4）审批待办集成：GEPS及招采平台的审批待办推送到LK。项目管理系统及招采平台的审批待办会推送到OA平台。

（5）单点登陆：在LK中可以单点登陆到GEPS及招采平台。组织机构和人员是从HR推送到OA，再从OA推送到GEPS，再从GEPS推送到招采平台。

（6）微信集成：在手机微信客户端进行流程审批业务。

专家评语

杨富春　中国建筑工程总公司信息化管理部副总经理，教授级高级工程师；住房和城乡建设部信息技术应用标准化技术委员会副秘书长

亮点：针对企业面临的 EPC 综合管理，PPP 的投融资、设计、和运营管理，全产业链服务、供应链竞争、重组整合、兼并收购、政企合作、银企联盟、产学研联盟等，对企业管理能力提出升级换代的新要求。制定的信息化目标是通过建立集中的运营管理平台，满足对项目资源人、财、物的"三集中"管控要求，实现项目为成本中心、企业为利润中心的管理目标。建立了人力资源系统、LK 系统、财务 NC 系统、招采平台系统及项目管理系统，并实现了系统之间的集成和数据推送。

不足：尽管建立了财务 NC 系统、招采平台系统及项目管理系统，并实现了系统间的集成和数据推送，但并未建立企业集中的运营管理平台。同时，也未实现企业真正意义上的业、财、采一体化，即可以从财务系统穿透业务系统和采购系统追溯财务数据的源头，也可以从业务系统、采购系统穿透财务系统追溯资金的收支情况，从采购系统穿透业务系统追溯材料的计划、出入库、使用等信息。

综合评价或建议：项目在图纸审核及优化、BIM 深化设计、施工模拟、定型化预制化加工、项目施工工序质量管理标准化、项目样板体验区策划、BIM 技术助力施工节点、难点标准化、BIM 技术助力土建创优策划、BIM 技术助力本项目完成省级工法 3 项、BIM 技术助力项目技术创新、项目级 BIM5D 管理平台、基于 BIM 技术智能安全帽等 12 个方面进行了 BIM 应用。保障在 150 日历天内顺利完成竣工并一次性通过验收，实现"0"伤亡的安全生产目标。取得了良好的经济效益和社会效益。

王静　中国建筑科学研究院研究员，住房和城乡建设部信息化技术专家委员会委员，中国图学学会副秘书长、中国建筑学会 BIM 技术学术委员会秘书长、《土木建筑工程信息技术》期刊主编

该案例历经数年摸索推进集团的项目管理系统、招采平台以及财务信息化平台的一体化建设，人力资源系统、LK 系统、财务 NC 系统、招采平台系统及项目管理系统，企业多个业务系统之间的数据能做到互联互通，为将来的企业大数据挖掘提供了很好的信息化技术支撑。建议利用新信息技术提升并深化应用项目管理信息系统，推进企业管理信息系统升级换代，进一步强化项目现场与企业管理的数据连接。

穆洪星　广联达副总裁兼上海智建美住科技有限责任公司总经理

　　北京城建道桥公司深入应用了人力资源系统、协同办公系统、集采系统、财务系统，以及项目管理系统，利用信息化的手段，解决了各核心业务的管理问题，提升了企业的运营能力。各系统之间，数据互通，业务互联，打破了数据孤岛，实现了业务流，资金流和控制流的三流合一。在信息化建设过程中，在各领域选择了最专业的软件厂商，自身也建设了完备的制度和组织，稳扎稳打，持续迭代，不断优化。通过数年的信息化建设，企业已经积累了大量的业务数据，期待后续建成企业大数据平台，利用数据支撑企业决策。

湖北路桥集团信息化建设

一、公司概况

1. 企业介绍

湖北省路桥集团有限公司（简称"湖北路桥"）始建于1956年，公司注册资本金18亿元人民币，市场占有遍布全国15个省（市、自治区）份，承建了70多项国家、省重点工程。60多年来，公司共修建公路里程6000余公里，其中一级以上公路约4500km，高等级公路近1500km，大型桥梁510余座，其中特大型桥梁90余座，承建了70多项国家、省重点工程。多项施工技术处于国内或世界先进水平，多次荣获国家及部、省级科技进步奖、科技成果奖和优质工程奖。

2. 信息化建设背景

湖北路桥于2012年开始进行企业信息化建设总体规划，财务先行，引入金蝶财务软件系统，加强公司资金管控力度，初步实现财务管理的信息化。2015年开始公司各管理模块系统平台的构建，先后引入了用友财务管理系统、朗新人力资源管理系统、广联达OA办公系统、广联达梦龙施工项目管理系统、BIM系统、科怡综合文档管理系统等信息化平台，通过系统集成形成了企业的综合管理信息化系统平台，大大促进了公司的信息化建设进程。

二、信息化方案

1. 建设目标

（1）实现各施工项目的集成化管理

湖北路桥承接的工程项目越来越多，项目管控难度越来越大，特别是对各项目之间的横向对比分析很难准确把握。通过信息化管理系统的数据统一上线，可以实时获取各施工项目的现场管理数据，并进行同一项目不同时期的进展情况纵向对比分析，以及不同项目相同参数值的横向对比分析，实现对各施工项目的集成化管理。

（2）实现各施工项目的精细化管理

传统的施工项目管理过程中每个阶段都相对较为独立，导致很多相关联的信息难以第一时间进行沟通，从而造成项目管理的效率偏低、工作任务量巨大、各项数据堆积、成本归集没有及时进行等弊端，目前无法满足施工项目管理的精细化要求。通过信息化工具可以实现项目的精细化管理，遵循"从整体到局部，从控制到细部"的基本原则，转变施工项目的管理理念。

2. 软件选型

（1）核心需求

湖北路桥根据企业现状和项目管理需要，经过多方比选，最终选定与广联达科技股份有限公司合作，形成以广联达梦龙施工项目管理系统V9.0为核心，以企业微信、视频会议系统、视频监控系统、车辆管理系统和档案管理系统为辅助的系列信息化产品，促进项目的合同管理、人员管理、信息互通管理、重难点工程的质量、安全和进度管理、物资管理、资料管理等的信息化建设（见图1）。

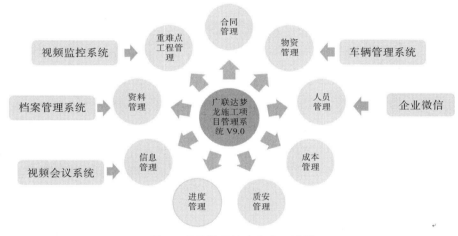

图1　项目管理信息化产品选型

（2）产品选择

1）广联达梦龙施工项目管理系统V9.0：统一了项目业务管理流程，覆盖了项目管理空白点，推动了项目标准化、规范化管理，促进了项目管理信息化进程，实现了多项目、多维度的动态管理，提升了整个集团的管理效益，实现了企业集约化经营，项目精细化管理的目标。

2）企业微信平台：集成了目前湖北路桥在用的多个应用系统的审批流程，配置了多种通信方式，具有上下班打卡、文章发布、信息查询、信息共享、问卷调查、生日祝福等贴合办公的特色功能以及轻OA工具，支持多平台同步操作，为企业和项目员工提供最基础、最实用的办公服务，更符合员工的使用习惯，合理化区分工作与生活，有效提升工作效率，引领移动办公迈上新台阶。

3）视频会议系统：包含公司总部主会场和各项目的分会场，使项目管理人员免于在项目所在地和公司所在地之间的奔波往返，"足不出户"地接收到公司的最新决策和重要工作安排，大大提升了公司内部沟通效率、节约了大量会议成本，促进各项目办公自动化、电子化、网络化的进一步普及。相似项目之间管理经验可以通过视频会议系统进行技术交流，通过视频会议系统召开技术交流会，确保选择最优的施工技术方案。

4）视频监控系统：湖北路桥在项目重难点工程施工现场（主塔、垮堤桥、梁场、隧道）和项目驻地（项目部、钢筋加工场、料场、拌合站、磅房、试验室）等位置安装了视频监控系统，对重点施工部位实时监控，目前监控平台已完成11个重点项目的200多处监控点接入，提高了对施工现场的质量管理、安全管理、进度管理力度。

5）车辆管理系统：湖北路桥采用湖北公众信息产业有限责任公司的车辆管理系统，为集团公司所管辖下的公务车辆提供车载信息化管理服务，车辆车载终端与系统服务，旨在为公司以及项目的公务车辆提供车辆定位、轨迹查询、保养及加油记录统计、电子围栏管理和报表统计等一系列服务。目前，250台公务车辆已经全部上线，可以实时监控公务车辆轨迹运行情况，实现了对项目的车辆使用进行规范化管理，预防"公车私用"现象的发生，在一定程度上节约了项目管理成本。

6）档案管理系统：湖北路桥引入湖北世纪科怡数据技术有限责任公司开发的综合文档管理系统，用于接收并归档系统管理平台、业务管理平台、基础应用平台及辅助工具所推送的数据信息，以使档案管理更加专业化、规范化、科学化和高效化，并实现数字化管理。目前，档案管理系统已实现与广联达OA办公系统的集成，实现了文书档案材料的在线归档，提高了工作效率。

3. 组织架构

由信息中心牵头，技术中心及各业务部门参与，集团主管领导挂帅成立专项小组。包括组长、副组长、技术组、业务组、维护组等多组织与岗位。

三、信息化实施步骤

1. 信息化历程

2015年开始公司各管理模块系统平台的构建，先后引入了用友财务管理系统、朗新人力资源管理系统、广联达OA办公系统、广联达梦龙施工项目管理系统、BIM系统、科怡综合文档管理系统等信息化平台，通过系统集成形成了企业的综合管理信息化系统平台，大大促进了公司的信息化建设进程。

2. 里程碑

（1）2015年，启动信息化规划与架构设计；
（2）2016年，全面启动信息化实施与部署；
（3）2017年，实现系统全面上线，分子公司与项目都实现了信息化；
（4）2018年以后，致力于信息化系统深化应用优化改进。

3. 注意事项

（1）做好统筹规划，分布实施；
（2）确定选型原则与标准，选择成熟产品和关键，选择长期合作是根本；
（3）标准化与个性化并存，求同存异，发挥各自优势；
（4）先固化，再优化，先用起来，再深化价值。

四、信息化建设效果总结

1. 方法总结

项目管理信息化系统实施是一项长期的战略性系统工程，信息化的最大特点是与管理过程紧密联系，是优化企业增值过程的主要手段，信息化水平的高低在很大程度上影响着企业增值进程的快慢。结合整个项目管理实施过程，经验总结如下：

（1）联系公司实际，制定合理的信息化建设规划；
（2）提高管理意识，坚持领导引领与全员参与；
（3）重视人才培养，加强信息化人才队伍建设；
（4）确保落实到位，组织机构与制度保障并行；
（5）网络安全保障，加强企业网络管理及维护。

2. 应用效果

经过一系列信息化项目管理系统的实施应用和信息集成，公司成功搭建起以广联达梦龙施工项目管理系统 V9.0 为中心的项目管理信息化平台，实现了对项目管理全过程的常态化动态管控。目前，项目管理信息化系统使用效果显著，主要表现如下：

（1）促进了业务流程的标准化，提高业务运作效率；
（2）编制了标准化制度及手册，规范信息化系统应用；
（3）提高了信息获取的及时准确性，避免经验主义失误；
（4）提升了项目管理人员的责任意识，实现历史数据的可追溯性；
（5）实现了对技术成果资料的收集和共享，形成了企业内部知识库。

3. 发展计划

信息化建设是建筑施工企业的大势所趋，是提升企业综合管理水平的重要手段和途径，企业对信息化建设的重视程度进一步提高，投入也在进一步加大，企业信息化投入产生的经济效益和管理效益显著，企业的信息化建设已经成为企业竞争的重要工具。

在今后的工作中，湖北路桥将不断加大信息化建设的步伐，真正发挥信息化建设在促进企业发展、提升企业管控能力的作用，通过信息化来提高企业的核心竞争力，从各信息化管理系统的集成应用为出发点，创新升级，建立一个功能完整的信息化管理综合平台，保持企业的竞争优势。

专家评语

杨富春　中国建筑工程总公司信息化管理部副总经理，教授级高级工程师；住房和城乡建设部信息技术应用标准化技术委员会副秘书长

亮点：企业围绕实现多施工项目的集成化管理以及施工项目的精细化管理两大目标，研究了系统功能需求，开展了系统建设和应用，满足了企业施工项目精细化管理要求。

不足：企业自身多项目集成化管理以及精细化管理特点、规范、流程等研究梳理略显不足。

综合评价或建议：建议企业加强自身多项目集成化管理以及精细化管理特点、规范、流程等研究和梳理工作，以企业管理的标准化促进信息化，用信息化固化和优化管理的标准化，实现企业管理不断完善和提升。

王静　中国建筑科学研究院研究员，住房和城乡建设部信息化技术专家委员会委员，中国图学学会副秘书长、中国建筑学会 BIM 技术学术委员会秘书长、《土木建筑工程信息技术》期刊主编

该案例搭建了企业项目管理信息化综合平台，提升了项目的合同管理、人员管理、信息互通管理、重难点工程的质量、安全和进度管理、物资管理、资料管理等的管理水平，实现了对项目管理全过程的常态化动态管控，提高了业务运作效率。建议进一步加强项目管理、财务、人力等企业相关管理系统的数据互联互通，数据集成形成企业大数据，再者建议加强 BIM 等新信息技术在企业综合管理系统中的运用。

穆洪星　广联达副总裁兼上海智建美住科技有限责任公司总经理

以项目管理系统为核心，集成了视频监控、视频会议、车辆管理等系统，并在集团层面推广了财务、人力、OA 等系统，基本覆盖了企业信息化建设的核心模块，并取得了不错的应用效果。后续可以积极打通各核心业务系统的数据与业务，打破数据孤岛，利用信息化的手段真正实现企业管理的提升。

大连三川建设集团"三化融合"信息化建设

一、公司概况

1. 企业介绍

大连三川建设集团（简称"三川集团"）的发展也遭遇到了企业管理无法满足发展需求等阻碍。从 2008 年开始，三川集团大力发展建筑产业信息化，集团领导层通过多次对外考察学习，随后成立了以集团总经理为首的信息化建设管理推进委员会，两年时间里，完成了标准化业务流程、软件平台的选型、系统搭建及各业务模块的整合推广工作，并于 2012 年初，顺利通过国家特级资质施工总承包企业信息化考评。2014 年起，三川集团针对新的发展需求，又重新对信息化做了系统的战略规划，经过多方共同努力，目前三川集团已建立了一套完整的集团业务信息化平台，实现了对公司人、财、物、信息资源的全面整合，提高了沟通效率，实现了对项目过程的动态管控，提高了公司的成本核算及控制能力，产值和利润每年也都保持较高的增速。

2. 信息化建设背景

三川集团是我国东北地区唯一一家同时具有国家双特双甲资质的股份制企业，公司业务繁多，项目管理尤为复杂。因此，三川集团很早就开启了企业的信息化建设，以满足企业快速发展的需求。三川集团的信息化进程主要经历了三个发展阶段：21 世纪初到 2007 年的萌芽阶段；2007 年至 2012 年，积极探索信息化管理之路，主动研究信息化建设内涵，寻求信息化建设合作伙伴，大力开展信息化建设的成长阶段；2013 年至今，不断优化和提升企业管理及信息化应用水平，积极学习国内外先进的管理思想及理念的提升阶段。

二、信息化方案

1. 建设目标

2014 年初，原有的企业管理软件难以满足企业业务管理一体化和跨平台数据实时交互的需求，对此，三川集团重新对信息化做了系统的战略规划，并对市面上流行的各类协同 OA 及项目管理软件进行了调研考察，开启了"综合项目管理 +BIM"的信息化应用实践。

除此之外，为了实现公司工程项目精细化管理的目标，提高公司设计水平和项目成本管理水平，加强项目的成本核算能力及提供工程算量的精确度，确保工程承包合同的全面实施，三川集团成立工程管理 BIM 专题小组，开展相关研究。经过近三年的努力，三川集团成功地将机电安装专业从设计、预算到采购、施工全过程数据信息打通，达到一套数据多阶段可用的目的，减少了无谓的冗余和重复工作。

2. 软件选型

（1）核心需求

三川集团围绕着信息化建设目标和建设原则，在明确具体建设步骤和建设思路后，确定了企业的多项目管理系统的架构，并在此架构基础上开展信息系统各业务模块的具体开发工作（见图 1），保证企业的信息化建设始终可以持续不断地发展。

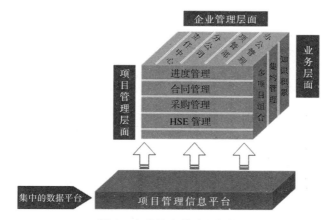

图1　企业信息化建设架构

（2）产品选择

通过全国考察，多家比选，最终公司选择了在建筑行业深耕多年、具有成熟经验和技术优势的广联达公司进行了合作。

1）企业综合项目协同管理平台

建立了企业所有用户能参与的综合项目管理协同平台，且能反映协同办公的各组织机构，实现企业与项目间的协同办公。信息平台通过协同门户实现了项目到企业的审批流程、数据汇总、信息传递，体现了企业法人对项目的管理、控制。项目综合管理系统实现了招投标管理、合同管理、进度管理、成本管理、质量管理、安全管理、物资管理、设备管理、资料管理、风险管理等各业务数据的集成。通过人力资源系统的组织架构管理功能，建立了企业组织架构，包括总部部门、分支机构、项目及岗位，将员工分配到相应岗位，企业员工可以通过企业业务平台完成各项工作。项目与总部、总部部门之间利用系统可协同完成申请、审核、审批等业务。

2）企业综合项目管理业务平台

主要应用方面：合同管理、成本管理、资金管理、物资管理、风险管理、档案管理、办公室管理。

3）BIM 应用

三川集团自 2013 年开始开展 BIM 应用工作，组建 BIM 中心，引入先进的 BIM 技术系列软件，全模型管理达到一套数据多阶段可用。在管理方式改革基础上，开展设计、预制工厂、施工一体化模式研究与实践，实现企业内部资源深度融合，协同工作，为推进装配式建筑奠定坚实的基础。同时，推进 BIM 技术在项目中的应用，在工程项目的各阶段应用各类软件，实现质量管理、技术、商务可视化，加强完善 BIM 实施体系建设。

3. 组织架构

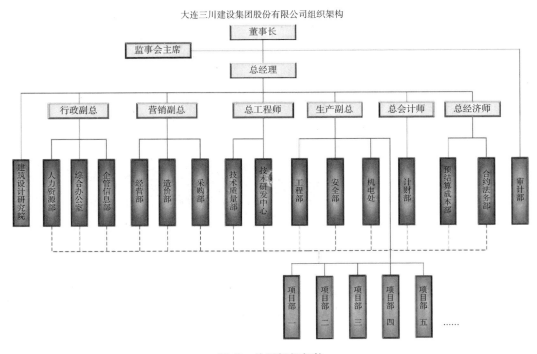

图 2　公司组织架构

三、信息化实施步骤

1. 信息化历程

为了实现既定的信息化建设目标，三川集团围绕着信息化建设目标，确定了以"战略决定流程、流程决定组织、组织决定制度、制度决定信息化"为总体原则、以"先流程化、再系统化、后制度化、最终实现信息化"为建设步骤。

先后经历了需求分析、系统选型、项目启动、方案设计、系统开发、数据上线、业务替代、持续应用、迭代优化等过程，最终实现了集团信息化全面升级。

2. 里程碑

（1）2014 年启动信息化规划与选型；
（2）2015 年启动系统实施部署与建设；
（3）2016 ~ 2017 年进入到持续应用阶段；
（4）2018 年以后进入优化阶段。

3. 注意事项

（1）软件不仅是工具，也是提升企业管理的重要手段

任何软件的推广，根本目的不仅是帮助企业建立一套完整的管理系统，更重要的是通过先进的管理思想和方法实现管理的提升、业务的改善，这就决定了企业在信息化软件选型过程中，必须从供应商的产品和管理理念上认真综合比较，立足企业的实际需求进行选择。

（2）择优选择具有行业通用性的软件产品

企业软件的选型，首先要选择行业通用性强的软件系统。每个行业都有个性化、差异化的特性，只有选择行业通用性强的产品，才能在满足个性化需求的同时，达到以低成本、高成功率建设信息化项目的目的。

（3）注重软件的灵活配置和可扩展性

集团性企业的管理流程相当复杂，这就要求信息化软件必须具有大量可自由配置、可扩展的功能。很多软件产品无法适应复杂的实施环境，或无法满足大量的个性化需求。只有根据自身行业特色，选择适合自己的、可充分灵活配置、可扩展性强的软件，才能满足集团用户各种复杂业务流程的需求。同时，软件产品还应具有标准化接口，为今后系统的升级、扩展以及与其他软件系统的互联共享打下良好的基础。

（4）平衡产品性价比与实施、运维服务

价格也是软件选型的重要参数。任何企业都会有自己信息化的预算范围，编制合理的预算非常重要，价格过高、过低都非适宜，这就要求以性价比为主要考量，做到货比三家、物美价廉。作为提高企业管理能力的软件商也必须为企业提供长期、全面的服务，包括售前、实施、后期运维三个主要阶段，因此服务倍显重要。此外，在服务过程中，软件商能否坚持以客户需求、客户评价为导向，并在培训完成后实行长期

效果跟踪、维护与升级等服务，是企业用户选型的重要依据。

四、信息化建设效果总结

1. 方法总结

（1）标准化是前提

推广信息化之初，建筑业的施工标准化建设程度不高，软件信息系统不能很好满足现实的需求。为此，三川集团加强了集团业务标准化工作的推进：

从集团内部标准化管理抓起，明确集团信息化建设目标，确定信息化建设总体原则，制定信息化建设步骤，梳理信息化建设业务思路。

通过对企业所需要基础数据的整理收集（标准、模板、表单），提炼梳理企业的标准化业务流程，并对企业的业务流程进行再造。根据PMBOK管理理论的范围管理内容，对企业的工作范围进行整理划分，并据此来调整企业的组织架构，从而保证企业业务工作流可以在管理过程中和信息系统中顺利运转。

（2）信息化建设步骤

战略决定流程，流程决定组织，组织决定制度，制度决定信息化。

（3）信息化建设总体原则："一体化"和"前瞻性"原则

新软件信息系统上线不停，旧系统优化升级不断，多系统并行数据共享及管理难度大。首先，在认识上，应理性地认清建筑施工行业的信息化管理是一条漫长的、艰巨而复杂的道路，其工作量大、任务重，不是一蹴而就的事情，需要制定出科学、合理的战略。

同时，在充分调研国内外先进管理软件的基础上，通过对企业业务流程的梳理再造、变革企业组织架构、健全企业制度管理体系，逐步规划出企业信息化建设的总体蓝图。信息化建设的最终目标是服务于企业发展的需要，快速响应企业管理改革需求，所以应以企业中长期发展规划为指引，以"一体化"和"前瞻性"原则从业务顶层统筹编制信息化规划。同时，为了不让规划成为空话，发挥引领指导作用，需要建立科学决策机制来保障。通过信息化工作领导小组来把握战略方向，审核创新和变革，决策每年信息化建设目标和项目优先级，设计顶层基础设施架构、数据架构、应用架构及应用集成框架，最终确定各软件系统引进和实施方案。

此外，还要加强运用，强化全员信息化培训。集团必须结合自身实际情况，提高全员对信息化建设工作重要性的认识，使他们能够真正将信息化融入自己的实际业务场景中，实现新旧系统的平稳过渡。

2. 应用效果

（1）经济效益和品牌建设双丰收

三川集团通过信息化建设，力求管理的规范化和精细化，从经济指标上来看，近三年企业年均产值和利润都保持了较高的增速。从品牌建设效果上看，这两年企业在工程技术质量管理和安全管理方面取得了长足的进步，分别获得了国家级工法、QC成果、国家级钢结构金奖、辽宁省优秀工程奖、安全管理奖项，从而极大地提高了企业的品牌形象和美誉度。

（2）企业管理水平逐步攀升

对企业业务流程进行了梳理，并再造了企业部分管理流程，进一步规范了企业的业务管理过程，在信息化建设过程中，企业共规划流程200余条，绘制流程142条。其中，集团级管理流程64个，建筑公司流程52个，其他公司24个，系统内预定义流程35个。

建立并规范了一套知识体系、包括成本核算、安全、质量等，特别是在企业成本管理方面，改变了过去那种成本计划滞后或有成本计划而不执行的情况，逐步建立了企业和项目两级核算机制，实现了三算对比。

实现企业组织架构与组织职责的变革规范，信息化前期的主要工作就是围绕着企业组织架构和各部门业务职能调整而开展的，并彻底建立了"总公司 - 分子公司 - 项目部"的多级管理模式，并围绕着调整后的组织架构进行流程规划。

信息化建设过程的一个重要环节就是制度化，三川集团不仅建立了信息系统使用开发管理制度，还围绕企业的业务管理流程，建立了一套与信息化建设相配套的规范管理制度，其中大部分制度目前已经下发执行，为保证信息化的顺利执行起到了关键性作用。

在信息化建设过程中，通过大量的培训及规范工作，进一步强化了企业项目管理团队的整体素质，推动了企业管理水平的提升，公司组织了54次集中性培训，专门编制了培训手册，累计参加培训人员达1876人次，并形成了以集中式培训为主、岗位操作培训、点对点指导培训为辅的培训模式。

（3）建立三川集团管理业务信息化平台

三川集团信息系统平台共建立有模块16个，自定义表单177个，实现查询分析与统计58组。截至目前，已经建立了一套完整的集团业务信息化平台。

通过此信息管理平台，实现了对公司人、财、物、信息资源进行全面整合，实现了各业务模块数据的共享与联机分析；促进了公司与项目部更好地沟通与协调，满足公司即时管理的需求，能够为管理决策层及时提供各种管理信息和数据；实现了对项目过程的动态管控，使公司的整体运作能力及整体对外响应能力获得提高，强化了公司的执行力；完善了各个环节的成本控制手段，进行切实可行的成本控制及差异分析，帮助公司提高成本核算及控制的能力。

3. 发展计划

三川集团在落实企业发展战略过程中，一直高度重视信息技术在企业管理中的重要作用，致力于打造全面领先的数字化平台，以信息化推动企业管理水平的提升。未来几年，集团信息化将持续发展以下内容：

（1）持续完善信息系统、基础硬件设施建设，打牢"数字化"建筑根基。

（2）推进生产执行及资源配置"数字化"，提升企业精细化管理水平。

（3）完善业财税"一体化"，依托先进管理理念提升企业核心竞争力。

（4）加强 BIM+PM 技术的推进，将 BIM 技术运用到设计、生产、施工等全产业链中。

（5）跟踪发展 BI（数据挖掘）技术，将分散、独立存在的海量数据变成更有价值的"标准化"信息资源，使业务人员、管理者能够充分掌握、利用这些信息，并辅助决策。

（6）利用二维码、传感器、射频等技术，建立智能化 PC 预制构件工厂管理系统，提高装配式工厂生产经营管理效率。

（7）推进"互联网+"线上线下相结合的员工培训教育模式，在传统讲授培训的基础上，整合培训资源，打造"网络课堂"，拓宽培训教育渠道。

专家评语

杨富春　中国建筑工程总公司信息化管理部副总经理，教授级高级工程师；住房和城乡建设部信息技术应用标准化技术委员会副秘书长

亮点：从集团内部标准化管理抓起，明确集团信息化建设目标，确定信息化建设总体原则，制定信息化建设步骤，梳理信息化建设业务思路。确定了企业的多项目管理系统的架构，并在此架构基础上开展信息系统各业务模块的建设，保证企业信息化可持续性。

不足：三化融合的内容、目标、路径略显不足。

综合评价或建议：项目围绕企业综合项目协同管理平台、企业综合项目管理业务平台和BIM应用三大核心任务展开，通过搭建与之相适应的企业组织架构，实现了信息化的总体目标，取得了较好的经济效益和社会效益。

王静　中国建筑科学研究院研究员，住房和城乡建设部信息化技术专家委员会委员，中国图学学会副秘书长、中国建筑学会BIM技术学术委员会秘书长、《土木建筑工程信息技术》期刊主编

该案例研究了施工总承包企业的企业信息化平台的实施与应用。案例企业通过企业平台的搭建实现了对企业人、财、物、信息资源的全面整合，强化了公司的集约化管控能力，实现了对项目过程的动态管控，提高了公司的风险管控能力。建议进一步提升并深化应用项目管理信息系统，各个模块数据能够互联互通。再者进一步强化BIM等新信息技术在项目的应用，项目精细化管理数据和企业集约化管理数据能够互联互通。

穆洪星　广联达副总裁兼上海智建美住科技有限责任公司总经理

大连三川集团在信息化建设过程中，以标准化先行，通过系统化的梳理，再造了企业的流程、制度、数据和组织，并以此为关键输入，指导后续信息化建设。综合项目管理系统、BIM系统等，应用比较深入，并在BIM+PM上有一些实践。后续可以在业财一体化，BIM与PM深度融合，企业大数据平台等方面做进一步的深入实践。

成都建工物资公司"成建e采"建设

一、公司概况

1. 企业介绍

成都建筑工程集团总公司为全民所有制企业，2003年5月经成都市委、市政府批准，以成都市属国有施工企业为主体组建而成，是成都市唯一拥有建筑业特级资质企业、唯一产值突破300亿元、唯一跻身中国企业500强的企业，被四川省和成都市政府列为着力培育的大企业、大集团。

2. 信息化建设背景

按照成都建工集团"十三五"战略规划对物流商贸业务板块的发展要求，结合集团领导提出的打造建工集团大宗物资廉政采购平台设想和物资公司经营实际，建设基于互联网+技术的"成都建工-物资集采综合平台"，在提高效率、精细管理、降低成本的基础上，进一步整合资源，创新营销模式，快速做大规模。

（1）原有的业务模式

成都建工物资有限责任公司经过10年的发展，已经建立一套完整的业务模式（见图1）。

在这个业务模式下，物资公司与厂家、供应商签订战略供应协议，与分（子）公司、项目部签订销售合同；项目部根据工程用料需求，提报需用计划；物资公司向供应商

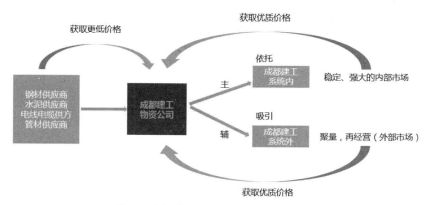

图1　成都建工公司物资采购业务模式

发出需求信息,供应商报价后,确定采购价格;物资公司下达采购订单给供应商,并指定相应项目人员收货;物资公司依据供应商发票与入库单匹配校验后与供应商结算、付款;物资公司与各需用单位进行内部结算。

（2）主要挑战和困难

物资公司已经具备了非常好的业务基础,但依然存在挑战和困难,主要包括以下3点:

1) 人力与时间资源投入大；

2) 流程监控不清晰；

3) 经营范围较窄。

二、信息化方案

1. 建设目标

公司以"成建e采"集采综合平台为载体,致力于打造"百亿物资"、"数字物资"、"共享物资"。一方面,物资公司业务日益增长;另一方面,当前的挑战和问题也制约着物资公司规模的进一步扩大。物资公司在集团的领导和支持下,决心建设"成建e采"平台,并通过建设和推进"成建e采"平台,期望达到以下目的:

1) 规范采购行为,提高采购透明度,预防腐败行为的发生。

2) 降低采购成本,提高经济效益。

3) 提高采购效率和质量。

4) 开展采购数据积累,满足分析和应用,支持科学决策。

5) 探索金融业务,创新商业模式,助推转型升级。

2. 软件选型

"成建e采"需实现集中采购流程和履约业务流程,主业务流程如图2所示:

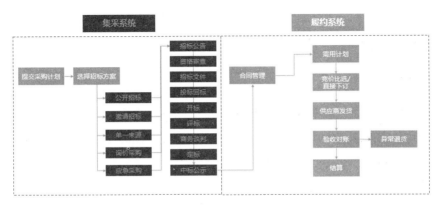

图2 "成建e采"集采系统和履约系统

3. 组织架构

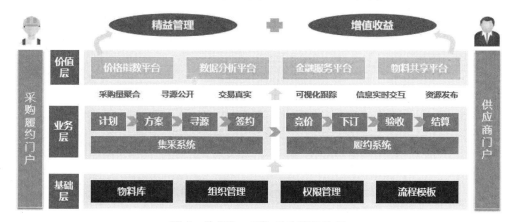

图 3 "成建 e 采"采购履约流程

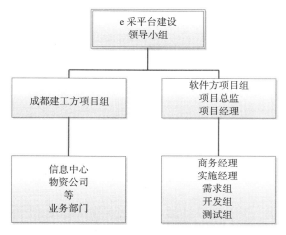

图 4 组织架构图

三、信息化实施步骤

1. 信息化历程

为达到平台建设目标，平台的应用分为三步：

第一步：在线采购应用："成建 e 采"平台要满足全集团公司在线采购应用、满足招标投标双方移动应用、搭建竞价平台，整合资源，降低采购成本。

第二步：业务整合应用：建立供应商、供求信息、价格信息管理库，建立统一、规范的数据采集、汇总、发布机制，竞价比选下单、物流状态追踪、远程对账、线上结算的完整供应链流程。

第三步：数据拓展应用：基于大数据及互联网技术，以平台运行数据为支撑，与银行等金融机构打通，尝试实现融资等金融服务，建立服务于集团内外的物资共享平台。

2. 里程碑节点

（1）集采、履约全流程应用

平台满足计划、方案、寻源、合同的全采购流程在线应用与监督，以及自需用计划、订单、供货、跟踪、验收、结算、发票、付款、退货的全履约流程在线应用与监督，实现了全供应链的管理。

（2）建立供应商评价体系

建立全过程的供应商评价体系（见图5），通过交易流、物流、资金流、发票流等的在线化应用和积累，建立供应商征信模型，便于企业内部供应商分级管理，同时通过建立该模型逐步积累优质供应商资源。

（3）数据统计与分析

对于系统运行情况，提供多维度查询和跟踪，同时生成各类数据台账（财务进销、项目欠款、货物数据等）和报表，对业务数据进行分析应用，辅助管理者进行经营决策的科学制定，扩展对项目、对供应商的价格数据增值服务。

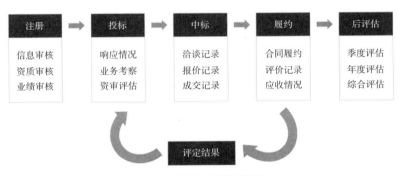

图5　供应商评价体系

3. 注意事项

（1）总体规划，分步实施

企业信息化首先就要重视总体规划，核心关注信息化的全局性和系统性，特别要防止后期建设过程中的信息孤岛发生；具体实施要分步进行，分步的原则主要参照各个管理系统的重要性、紧急性、现实性等因素来决定。

（2）专业成熟，重在应用

选择的专业的软件厂商是信息化建设成功的基础，重在应用效果是衡量信息化绩效的主要评价指标。

（3）针对实际，强调实效

坚持信息化建设的基本规律和企业发展战略相结合；坚持先进的IT技术与公司信息化建设方针相结合，防止片面追求"高、精、尖"和"大而全"。

（4）日积月累，持之以恒

要在试点示范的基础上全面推进，不断扩大管理信息系统的覆盖面和使用率；整个信息化建设推进过程要重视总结，持续提高企业对信息化的认识和管理的能力。

四、信息化建设效果总结

1. 方法总结

"成建e采"首版的核心功能是将物资公司现有日常建筑材料采购配送业务集成到网络上，让项目方、供应商和物资公司通过电脑网页点击操作的方式，实现过去的计划报送、竞价发布、比选下单、对账签字、台账生成、资金收付信息、报表制作等传统工作流程，并结合大数据整理收集功能，将对应材料成交价格、数量、规格型号等真实业务数据，以趋势图和报表的直观形式呈现给集团内部人员参考使用。同时，平台可以实现劳务分包项目在互联网上的采购方案制定、公告发布、专家在线评标、投标保证金收取、商务谈判记录、公示、合同生成等功能，在响应国家招投标信息透明化、高效化、平台化的同时，极大地方便了各项目部相应的招投标工作。

2. 应用效果

（1）业务数据积累

平台上线运行一年时间内，项目部在线提报需用计划单据量达到25000多笔，在履约应用推广方面成果显著。目前，物资公司主营钢材、水泥、电缆、普通材料等四大类材料均已实现在线采购履约平台化应用（见图6）。

钢材
出库量：136万t
销售额：558407万元

水泥
出库量：28.7万t
销售额：26815万元

电缆
出库量：54.4万t
销售额：4335万元

其他
出库量：7.2万t
销售额：492万元

—以上数据统计截至2019年4月20日

图6 材料数据统计

（2）显著提升工作效率

"成建 e 采"平台上线前，物资公司供应部将项目部的需用计划下发订单给供应商，需要 5 个小时，平台上线、应用熟练后，只需要 40 分钟，工作量减少 86.7%；从下发订单到送货明细回来，销售部与项目部验收对账，以前需要 16.5 天的工作，在平台上线后只需要 2 个工作日左右就可以完成。

对于内业部审核单据、财务部开具发票前的单据操作，以及供应商每日对项目需用计划的报价，分别减少了约 80%、66%、90% 的工作量。另外，平台的上线，对于办公资源的使用也有一定的减少，如纸张的使用，减少了 71.4%，平台在效益和效率上，取得了显著的成果。

3. 发展计划

未来，平台将会初步集成材料业务竞价、工程（劳务）分包、BIM 技术对接、物料共享（闲置调拨）、金融服务、资讯信息等六大板块，通过日常业务集成阶段、大数据建模阶段、供应链集成阶段、金融服务集成阶段、物联网以销定产阶段五个阶段，将平台打造成成熟且成功的"传统建筑材料物贸行业"+"互联网"的大型综合电商平台。

专家评语

杨富春　中国建筑工程总公司信息化管理部副总经理，教授级高级工程师；住房和城乡建设部信息技术应用标准化技术委员会副秘书长

亮点：公司以"成建e采"集采综合平台为载体，期望达到规范采购行为、提高采购透明度、预防腐败行为；降低采购成本，提高经济效益；提高采购效率和质量；开展采购数据积累，满足分析和应用，支持科学决策；探索金融业务，创新商业模式，助推转型升级等五个内部方面需求的信息化目标。

不足：本案例实现了采购由线下手工到线上系统采购方式的转变，但在探索金融业务与创新商业模式上略显不足。

综合评价或建议："成建e采"将物资公司现有日常材料采购配送业务集成上网；实现对材料成交价格、数量、规格型号等信息的趋势分析，供集团内部人员参考，极大地方便了各项目部相应的招投标工作。

王静　中国建筑科学研究院研究员，住房和城乡建设部信息化技术专家委员会委员，中国图学学会副秘书长、中国建筑学会BIM技术学术委员会秘书长、《土木建筑工程信息技术》期刊主编

该案例建设了基于互联网+技术的"物资集采综合平台"，创新了采购模式，建立了供应商评价体系，实现了订单、供货、跟踪、验收、结算、发票、付款、退货的全供应链的管理，为大型施工企业的物资招采业务提供了很好的信息化应用范例。建议进一步整合资源，建立相关的业务数据标准，为开展包含采购数据在内的全供应链大数据积累与运用奠定基础。

穆洪星　广联达副总裁兼上海智建美住科技有限责任公司总经理

成都建筑工程集团总公司是成都市唯一拥有建筑业特级资质企业、唯一产值突破300亿元、唯一跻身中国企业500强的企业，被四川省和成都市政府列为着力培育的大企业、大集团。成都建工以物资公司为建设平台的主体，以服务施工项目为建设平台的首要目标，以履约管理为建设平台的控制手段，在不到两年的时间里面，"成建e采"平台异军突起，建立了口碑。集采、履约全流程应用、供应商评价体系、数据统计与分析是"成建e采"平台的三大亮点。"成建e采"一开始就按照供应链管理与服务架构进行设计，打通了从需求到供应的端到端的流程。"成建e采"充分考虑了施工项目部、集团、供应商、物流等各方的共赢，使得平台建设得以多方受益、多方支持。建议"成建e采"在当前成果基础之上，趁热打铁，扩大供应品类、加大在集团的推广力度、盘活供应商评价数据与交易数据，使平台能够更快更好发展。

第二篇
项目信息化应用案例

第六章
房产住宅类

本篇亮点

- 中国二十冶集团云鼎新宜家大型装配式项目
- 上海建工五建集团马桥镇 MHC10803 单元动迁安置房项目
- 上海家树公司宝山区美罗家园大型居住社区项目
- 云南工程建设总承包公司昆明滇池国际会展中心项目
- 中铁二十局新建区省庄花园项目

中国二十冶集团云鼎新宜家大型装配式项目

> 企业简介:中国二十冶集团有限公司隶属于世界500强企业——中国冶金科工集团有限公司,是旗下规模最大的施工类子企业之一,属国有控股的大型施工企业。公司因冶金建设而生,见证了中国钢铁工业"从无到有、由大到强"的光辉历程,是国内为数不多的具备冶金全流程施工能力的企业,始终占据冶金建设主力引领地位。

一、项目概况

1. 项目简介

云鼎新宜家安置房项目(见图1)位于江苏省邳州市运河镇,项目占地357.34亩,规划建设住宅楼、睦邻中心、运动中心、小区围墙道路、管网、园林绿化等,总投资17.5亿元(不含征地)。工程总建筑面积638818.69m^2,地上总建筑面积506055.7m^2,地下总建筑面积132762.99m^2。所有住宅楼均采用装配式施工,预制装配率达到45%(或者外墙板、内墙板、叠合板、楼梯按照装配式建筑设计并实施完成),计划工期

图1 云鼎新宜家安置房项目效果图

800 日历天。

该项目由江苏省邳州市市政府投资建设,中国二十冶集团有限公司(以下简称二十冶)承建。作为江苏省邳州市最大的安置房项目,邳州地区第一个大型装配式住宅群,邳州市首家采用 EPC 工程总承包模式(即从项目的设计、采购到施工、安装等实施一体化运作)运作的项目,从立项开始便受到地方政府以及社会媒体的重点关注。

2. 项目创新性

项目达到设计运维绿色建筑二星级标准。全过程使用 BIM 技术,服务于装配式建筑设计、施工整个过程包括 PC 构件深化设计、各重要节点的施工模拟、三维可视化技术交底、构件跟踪及安装验收工作。利用 BIM 模型与监控设备、物联网结合,组建成智慧工地,包含门禁人脸识别、群塔监控、在线安全巡查、噪声扬尘检测等设备,实现项目信息化管理。

3. 项目难点

(1)项目为 EPC 总承项目,管理难度大;
(2)质量要求高,项目合同要求获得土木工程詹天佑奖;
(3)预制装配率高,项目要求预制装配率 45%;
(4)交叉作业多、协调难度大;
(5)固定总价控制。

4. 应用目标

管理层:对项目进度、技术、质量、安全及物资成本的精细化管理。
作业层:熟练使用各类建模软件,整合全专业模型。

5. 应用内容

(1)设计管理:通过建立各专业的 BIM 模型,严格控制图纸错漏碰缺,根据校核后的 BIM 模型控制各类材料采购,达到设计、采购、施工一体化。
(2)针对分部分项管控重点工序,建立 BIM 三维电子质量样板,积极采用三维技术交底,并根据三维电子样板建立质量实体样板,明确重要节点细部做法。
(3)预制构件积极采用 BIM 三维深化设计技术,从设计端解决结构、管线问题,通过场地布置策划、构件跟踪、进度模拟等确保构件安装顺利。
(4)施工策划阶段对装配式构件安装、现浇结构施工的工序搭接进行施工模拟交底,明确各工种参与时间、任务分解与跟踪,保证各工种有序施工。

（5）BIM 方案优选，依托 BIM 模型控制现场实际材料耗用、校核图纸问题，避免过程中的返工修改，节约人力物力。

二、技术应用整体方案

1. 组织构架与分工

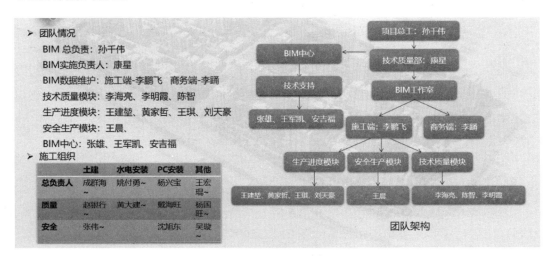

图 2　项目组织架构与分工

2. 软硬件配置

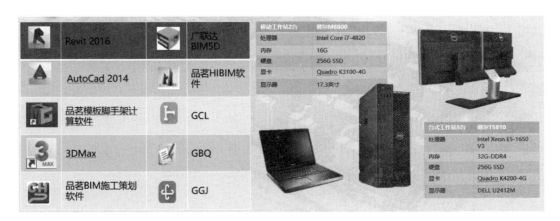

图 3　软硬件配置

3. 标准及制度保障

根据集团公司 BIM 管理标准及规范要求结合本项目特点制定项目管理实施策划方案，项目成立 BIM 工作室，确定项目 BIM 工作室人员分工及管理职能要求。

三、技术应用实施过程

1. 进度管理

在进度方面，主要是以 BIM5D 软件实现的。本项目的生产进度管理，主要应用在两个方面：在实时进度把控上，将现场实际施工进度与三维模型进行关联，并根据实时数据进行综合分析；在阶段进度把控上，将周计划、周例会和周报电子化，通过生产周会、数字周报替代原有纸质文件汇报模式，完成信息采集和数据的可视化。同时，保证任务责任到人，提高任务执行度。

截至目前，进度管理的数字化应用，已经累计了 55 周的项目数据，项目施工相册共计留下影像资料图片 1485 张，视频 7 个。其中，质量问题图片 657 张，视频 6 个，质量评优图片 35 张，安全问题照片 157 张，安全评优照片 2 张，形象进度图片 352 张。

2. 生产管理

工程部通过移动端、网页端对各区域班组上施工人员数量、机械设备台班耗用、材料耗用进行了解，替代项目原有微信、QQ 群等汇报模式。所记录的数据可作为分包结算的有效参考依据之一，后续通过逐步积累统计数据，为本项目后期结算提供支撑。

根据本项目生产管理要求及特点，对项目机械台班、材料用量等进行统计并上传 BIM5D 管理平台（见图 4），为后期分包各机械台班使用情况做好数据积累，同时根据个机械台班使用情况进一步分析现场进度的影响原因。

图 4　项目管理平台 - 生产管理

3. 安全、质量巡检

在施工现场发现质量问题时，可通过手机快速采集信息，发起整改流程责任到人，直至问题解决后关闭流程，问题留痕处理，形成一个质量安全闭合流程。同时，质量巡检信息自动同步至网页端，依据不同的纬度（时段、责任人、专业、类型等）自动对质量安全问题进行分析，项目对质量的管控和对各分包的管理都能轻量化、精准化。责任到人、有据可查，数据集中，在一定程度上提高了项目部对现场质量的控制，保存了现场存在质量问题的证据，为后期决策提供依据，当然，也加强了项目部对各分包能力的综合评估能力。

4. 构件跟踪

基于BIM5D的应用，将装配式模型和预制构件所有相关信息直接同步，随后可快速进行装配式构件跟踪事项工作安排，杜绝构件丢失、遗漏现象发生。同时，预制构件相关信息直接生成独立二维码，张贴在预制构件上，相关责任人通过软件扫描二维码，采集构件进场、安装等各阶段信息便一目了然，借此实现对每一个进场构件、每一道工序的精细化管控。项目管理层随时查看、跟踪构件的计划执行情况，可以远程对项目进度与资源进行有效的调度。

5. 智慧工地平台管理

项目使用智慧工地平台（见图5），对现场进行智能硬件与软件联动管控。各个应用之间可以实现数据的互联互通并形成联动，同时平台将关键指标、数据以及分析结果以项目BI的方式集中呈现给项目管理者，并智能识别问题进行预警，从而实现施工

图 5　BIM+ 智慧工地平台

现场数字化、在线化、智能化的综合管理。将现场地磅与BIM+智慧工地平台进行数据关联，通过网络传输将现场材料过磅实际数据自动传输至系统平台上，通过物资管理系统自动对现场材料使用情况进行统计分析，物资管理部通过平台对分包材料使用情况进行管理及分包材料结算。

四、项目应用成果

（1）通过BIM5D平台帮助项目提了对项目现场进度管控，及时落实项目进度计划，保证项目工期。

（2）对项目现场人、材、机统计，统计数据准确有效为项目分析进度计划影响因素提供数据支撑，为后期分包结算提供依据。

（3）安全、技术质量问题整改情况，加强了项目部对现场的管理力度，提升了分包对现场存在的问题的整改力度。做好现场问题及现场评优的资料数据留存工作。

（4）项目应用社会效益：荣获中国二十冶集团首届"复兴杯"BIM大赛一等奖、绿色建筑设计二星标识、"创新杯"BIM大赛二等奖、冶金建设行业BIM大赛二等奖、"龙图杯"BIM大赛优秀奖，并在多次地市级观摩中通过BIM技术展现项目特色与公司技术力量，带来了良好的社会声誉。

专家评语

姚斌　重庆大江建设工程集团有限公司总经理

综合评价：该案例是 BIM 技术全过程完整应用型案例，开篇提出五项目标，介绍了项目难点，通过"进度、生产、质量、安全巡检、构件跟踪、物资提量、智慧工地平台管理"等应用，框架内容完善，各个环节均有涉及运用。为项目信息化管理完整实施提供了非常好的案例。

建议：提出的应用目标应进行反馈或者呼应；可以简要总结下经验得失。

刘玉涛　中天建设集团有限公司总工程师

亮点：云鼎新宜家安置房项目为 EPC 总承项目，具有较高的预制装配率（预制装配率 45%），以上特点为 BIM 技术的应用提供了良好的实践舞台。本项目 BIM 技术应用贯穿设计、施工全过程，确立了较为清晰的应用目标和应用内容，根据应用目标在组织体系、软硬件设施以及技术标准等方面进行了充分准备，为 BIM 技术的顺利应用打下了坚实的基础。

结合项目特点 BIM 技术在装配式建筑设计、PC 构件深化设计、重要节点的施工模拟、三维可视化技术交底、构件跟踪及安装验收等方面进行了深入应用。BIM 模型与监控设备、物联网结合，形成包括门禁人脸识别、群塔监控、在线安全巡查、噪声扬尘检测等功能的智慧工地管理平台，提升了项目管理效率。BIM5D 平台的运用则在进度、材料等方面给项目提供准确数据以支持项目科学决策，通过信息化的管理手段也加强了安全、质量的管理力度。

BIM 技术应用也获得了一系列技术荣誉，包括中国二十冶集团首届"复兴杯"BIM 大赛一等奖、绿色建筑设计二星标识、"创新杯"BIM 大赛二等奖、冶金建设行业 BIM 大赛二等奖、"龙图杯"BIM 大赛优秀奖等。

不足：项目介绍了多项 BIM 技术应用，但各方面的应用着重介绍了应用达成的效果，对应用的具体核心步骤、技术成果、过程中遇到的一些经验教训阐述较少，如此则说服力有所欠缺。

综合评价或建议：根据案例资料所示，看得出项目开展了非常全面且比较成功的 BIM 技术应用，建议项目实施人员借此机会对各项应用进行系统梳理，总结基本应用程序、实施方法以及参照标准，特别要对过程中走过的弯路进行总结，以便后续项目参照借鉴。

吕振　广联达新建造研究院特聘专家

亮点：项目为大体量装配式项目，项目装配率高、交叉作业难度大，因此非常适合采取数字化项目进行管控，项目在构件跟踪、生产管控、质量安全等方面都进行了深入应用，同时通过平台进行统一协调，真正将技术融入管理中，对项目数字化转型和智慧化管理提供了很好的思路。

不足：项目在进行总结的过程中，没有进行量化的指标阐述，同时价值不够彰显，可以针对应用过程的价值进行进一步的提炼，呈现应用成果。

综合评价及建议：项目采用数字化技术对于装配式建筑的施工进行管控，在各业务管理中都有深入的应用，具有良好的借鉴意义。

上海建工五建集团马桥镇 MHC10803 单元动迁安置房项目

> 公司简介：上海建工五建集团有限公司成立于 1964 年，系上海建工集团股份有限公司（600170）旗下骨干子公司，注册资金 6 亿元，具有建筑工程施工总承包特级资质，市政公用工程施工和机电工程施工总承包一级资质，地基基础工程、建筑装修装饰工程、钢结构工程、起重设备安装工程、古建筑工程等 5 项专业承包一级资质，以及建筑行业（建筑工程）甲级资质。

一、项目概况

1. 项目简介

新建马桥镇 MHC10803 单元 33A-06A 地块动迁安置房项目由上海建工五建集团第八工程公司承建。该项目以住宅为主，局部配套公建，总建筑面积约 15.4 万 m^2。地下一层，地上 18 层，局部 3 层，为装配整体式剪力墙结构、钢框架结构（见图 1）。

图 1 新建马桥镇 MHC10803 单元 33A-06A 地块动迁安置房项目效果图

2. 项目创新性

本项目装配率 40% 以上，为加强 BIM 技术在保障性住房上的深度落地应用，本项目引用 BIM 技术贯穿项目从设计—深化—施工—管理一体化应用，并为项目后期运维提供完善的运营信息，探索 BIM 技术的全过程深度应用，提升项目效益。

3. 项目难点

（1）本项目共有 14 栋 18 层单体，数量众多，施工工期紧，需达到业主要求的结构封顶时间节点。

（2）本项目为装配式建筑，构件设计繁琐，节点复杂，运输堆放质量监督管理困难。

4. 应用目标

（1）提高管理工作效率：工程项目管理由 3D 向 4D、5D 发展，提高本工程信息化管理水平，提高工程管理工作效率，最终形成包含本工程全生命周期施工管理数字化信息的竣工模型。

（2）提高施工质量：通过碰撞检测，深化设计，完善施工图纸，减少图纸的错、漏、碰、缺，为施工阶段提供完善的施工图纸，减少返工，加快施工进度，提高施工质量。

（3）PC 构件可视化处理：对预制构件进行深化设计，利用 BIM 的可视化技术在构件深化设计阶段有效的发现钢筋间的碰撞，模拟现场施工，确定合理的预制构件安装顺序。

5. 应用内容

各阶段应用内容总览　　表1

应用阶段	应用范围	应用内容
设计阶段	方案设计	包括场地分析、设计方案比选、各专业模型构建、碰撞检测及三维管理综合、竖向净空优化、虚拟仿真漫游等
	初步设计	
	施工图设计	
施工阶段	深化设计	包括施工图深化设计、施工方案模拟、进度比对、质量与安全管理、竣工模型构建等
	信息化管理	
	方案模拟	
预制构件阶段	深化设计	包括预制构件深化设计建模、预制构件碰撞检查、预制构件生产加工、预制构件材料统计、预制构件安装模拟、预制构件信息管理等
	构件加工	
	物料追踪	

二、技术应用整体方案

1. 组织架构与分工

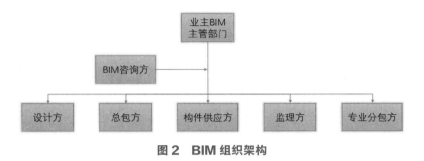

图 2　BIM 组织架构

2. 软硬件配置

软件配置　　　　　　　　　　　　　　　　表 2

序号	软件名称	功能
1	Autodesk CAD 2016	二维平面图纸处理
2	Autodesk Revit 2016	各专业三维模型搭建，设计应用
3	Autodesk Navisworks 2016	三维设计数据集成，软硬空间碰撞检测，项目施工进度模拟展示的专业设计应用软件
4	Microsoft office Project	编制施工进度计划，配合 Navisworks 实现施工 4D 模拟
5	3ds max	图片的渲染与效果模型的制作
6	SketchUp	三维模型搭建
7	Tekle Structures	钢结构模型深化及出图
8	MagiCAD	机电模型深化及出图
9	Fuzor	VR 漫游模拟软件
10	Lumion	环境及样板房模拟展示
11	Photoshop	图片的处理与编辑
12	VideoStudioX9	视频文件的编辑、合成等

3. 平台配置

（1）广联达 BIM5D 项目信息化管理平台；

（2）预制构件管理平台。

4. 标准保障

（1）模型格式统一；

（2）单位和坐标一致；

（3）模型色彩标准；

（4）阶段专业建模深度共识；

（5）建模依据同源。

5. 制度保障

会议制度保障　　　　　　　　　　　　　　　　　　　　　表3

时间（待定）	会议名称	主题/目的	参加单位
项目初期	软件平台培训	对各方使用软件及平台进行培训	BIM参与各方
每周一次	BIM例会	项目与BIM平台运行情况汇报	BIM参与各方
每月一次	BIM工作定期汇报会	向业主汇报本阶段的工作进展和需要决策的重大事项	业主、BIM咨询单位
不定期召开	专题会议	就特定工作专题进行协调	视工作专题需要由相关方参与

三、技术应用实施过程

1. 设计阶段应用

（1）场地分析：根据现有资料，如地勘报告、现有规划文件、建设地块信息等，建立相应的场地模型，借助软件模拟分析场地数据，如坡度、方向、高程、纵横断面、等高线等。

（2）设计方案比选：根据前期设计模型或二维设计图，建立建筑信息模型，模型包含方案的完整设计信息，检查多个备选方案模型的可行性、功能性、美观性等方面，并进行比选，形成相应的比选报告，选择最优的设计方案。

（3）专业模型构建：根据已有数据，分别采用建筑、结构的专业样板文件，根据设计方案模型建立相应的建筑信息模型，为保证后期建筑、结构模型的准确整合，对模型进行校验。

（4）建筑结构平面、立面、剖面检查：建筑结构平面、立面、剖面检查的主要目的是通过剖切建筑和结构专业整合模型，检查建筑和结构的构件在平面、立面、剖面位置是否一致，以消除设计中出现的建筑、结构不统一的错误。

（5）碰撞检测及三维管线综合：整合土建及机电模型形成整合的建筑信息模型。设定冲突检测及管线综合的基本原则，使用BIM软件等手段，检查发现建筑信息模型中的冲突和碰撞。编写冲突检测及管线综合优化报告，提交给建设单位确认后调整模型。

（6）竖向净空优化：在不发生碰撞的基础上，利用BIM软件等手段，调整各专业的管线排布模型，最大化提升净空高度。

（7）虚拟仿真漫游：将建筑信息模型导入具有虚拟动画制作功能的BIM软件，根据建筑项目实际场景的情况，赋予模型相应的材质。

2. 施工阶段应用

(1) 施工深化设计

将施工操作规范与施工工艺融入施工作业模型,使施工图满足施工作业的需求。施工单位依据设计单位提供的施工图与设计阶段建筑信息模型,根据自身施工特点及现场情况,完善或重新建立可表示工程实体即施工作业对象和结果的模型(见图3)。

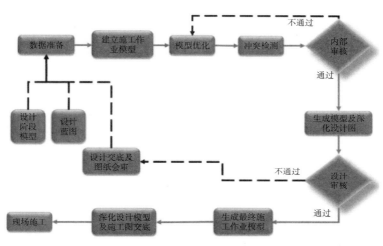

图 3　施工深化设计流程

(2) 施工方案模拟

结合工程项目的施工工艺流程,对施工作业模型进行施工模拟、优化,选择最优施工方案,生成模拟演示视频并提交施工部门审核(见图4)。施工阶段行车路线规划方案,原设计并未考虑要有额外的施工荷载,所以在施工的过程中,原有设计的梁板柱的承载力不够会造成结构的破坏,需要根据现场堆场和施工需求,来确定承载力缺失范围和附带影响区域。在塔吊布置方案优化时,本项目原计划应用14台塔吊,后经优化后运用12台塔吊就已满足现场施工需求。

(3) 构件预制加工

运用BIM技术提高构件预制加工能力,将有利于降低成本、提高工作效率、提升建筑质量等。施工作业模型按照厂家产品库进行分段处理,并复核是否与现场情况一致。预制构件的"身份证",可通过RFID芯片或二维码技术实现。考虑到动迁安置房多采用标准化程度高的预制构件,选用灵活度高、成本较低的二维码技术。在建造过程中,通过扫描识别预制构件二维码实时追踪和反馈构件状态信息。

(4) 进度管理

现场每周根据工地施工进度创建周任务,并实时监测完成进度。通过BIM5D平台,

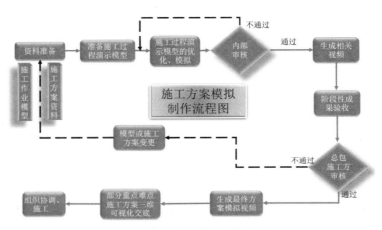

图 4　施工方案模拟制作流程

将进度计划和 BIM 模型相关联，我们能够看到各时间段的实体工况，并且进度计划和清单相关联，还能看到资金资源曲线。这样，若进度出现滞后现象，项目部便可及时发现问题关键点，并采取专项措施保证施工进度。

在施工现场，手机记录数据成了主流模式。现场的每个区域、每个楼层、每个工序的工种类别、各工种的人员数量，每天材料出入库情况，现场各分包使用机械数量及台班数等数据，都可以随时拿出手机记录，与项目管理平台同步。以前每天要写的施工日志，现在随时随地的记录就能完成，此外，后续隐蔽工程验收、索赔佐证、实际进度比对等也有据可依了。

（5）质量安全管理

基于 BIM 技术的质量与安全管理是通过现场施工情况与模型的比对，提高质量检查的效率与准确性，并有效控制危险源，进而实现项目质量、安全可控的目标。通过 BIM 模型可视化的特性对施工人员进行可视化交底从而识别危险源，避免由于理解偏差造成的施工质量与安全问题（见图 5）。过这种方式，解放了管理人员的时间及空间，平台利用规定整改时限，明确整改责任人等方式，使得现场管理效率得到显著提升。

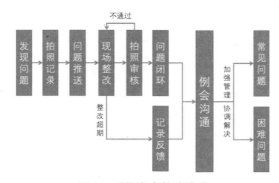

图 5　质量安全整改流程

四、技术应用总结

1. 应用效果总结

应用效果总结　　　　　　　　　　　　　　　　　　　　　表4

应用内容	应用效果
提高施工质量	使用BIM最直观的可视化技术,利用三维模型在施工前期阶段就可以进行碰撞检查、施工模拟、可视化交底。减少在施工阶段存在的错误损失和返工的可能性。由于本项目建筑面积较大,同时使用装配式结构体系。BIM技术的应用可在早期阶段发现问题及时进行前置处理,确保工程施工质量
提升设计质量	本项目由各专业工程师使用BIM技术进行组建模型,可以提升设计人员对BIM技术理念的了解。为后续BIM技术的应用和推广取得正向积极作用,并且在协作平台内组建虚拟模型可以使设计师之间了解互相的设计意图,预见设计难点提前优化设计方案,从而进一步使设计质量等到提升
强化施工安全管理	本项目利用5D平台手机端在现场实时发布安全隐患,指定相应单位责任人及时整改,加强安全整改效率。通过平台大数据模块,对所有安全问题进行整合分析,曝露安全管理薄弱点,为加强现场安全管理指明方向
节省施工成本和工期	按本项目每处碰撞减少费用为500元算,预计消除碰撞2000处。则可直接减少100万元的不必要开支。本项目预制构件类型预计300多种,预制构件数量15215个,按常规损耗率1.5%计,构件损耗约229个,每个构件按市场价5000元计,预计造成直接经济损失114.5万元,通过PC构件数字化深化确保构件从生产至安装就位,避免构件现场修补甚至返厂带来质量及工期上的间接经济损失
促进交流协作	通过协同管理,改善目前业主项目管理工作界面复杂,与项目参与方信息不对称、建设进度管控困难等一系列问题,为业主多方位、多角度、多层次的项目管理服务提供较好的管理工具,从而提高业主建设管理水平

综合效益:

(1)加快5%～10%的施工周期;

(2)减少20%～25%的各专业协调时间;

(3)减少50%～70%的信息请求;

(4)减少10%～20%的预制构件损耗;

(5)提前发现解决70%～80%图纸问题;

(6)改善项目产出和团队合作效率;

(7)减少设计变更,进一步减少返工的风险;

(8)预见设计难点提前优化设计方案。

2. 应用方法总结

(1)通过本工程BIM技术的落地实施应用,总结形成了一套较为完善的BIM技术在PC保障房项目的实施路线:编写BIM实施策划、选择BIM应用点、制作PC预安装模拟方案、编制BIM技术落地实施专项方案并报公司审批、BIM模型搭建、模型应用、总结反馈。

（2）根据本工程的 BIM 应用实施经验，完善了公司在 PC 项目中 BIM 管理，包括但不限于 PC 项目管理方案、BIM 例会制度、质量安全现场巡检等。

（3）BIM 人才培养总结：集团掌握基础 BIM 技术能力的 60 余人，获取图学学会 BIM 证书的人已过半，培养了一支优秀的"BIM+PC 管理"团队，为公司在其他项目应用 BIM+PC 模型模式起到示范作用。

五、下一步规划

（1）模型建立与完善：模型持续完善，为构建竣工模型做好数据积累。

（2）平台深入应用：基于 BIM 平台的技术模块，提升专项方案的交底效果，提高方案的可分享性，增强方案的落地执行性。

（3）BIM 观摩基地：打造马桥镇 BIM 观摩示范基地，促进 BIM 技术在马桥镇的推广交流和深化应用。

专家评语

吕振　广联达新建造研究院特聘专家

亮点：本项目为装配式住宅项目，项目采用 BIM 技术进行从设计—深化—施工—管理的一体化应用，对装配式建筑在施工阶段的应用进行了详细的阐述，包括 BIM 技术在装配式构件加工，进度管理等方面的应用，对于同类型装配式项目的数字化转型有良好的借鉴意义。

不足：项目施工过程构件施工繁琐，因此采取了数字化技术进行辅助，也取得了良好的效益，项目对于装配式构件在施工全过程的管控可以进行更详细的描述，从生产到运输再到吊装等环节，项目是如何采用数字化技术进行管控的。

综合评价及建议：本项目作为装配式建筑数字化应用的典范，通过 BIM 提升了项目精细化管理水平，是一个优秀的应用案例。

黄山川　广联达新建造研究院特聘专家

本项目装配率在 40% 以上，从设计阶段到施工阶段均进行了 BIM 技术应用实践，应用方面较多，应用流程完善，且具有全面的标准和保障措施，为其他项目提供了一定借鉴意义。建议对于项目应用较好的某一应用点，深挖其应用价值、问题和解决方案，为项目和企业的长远发展提供更深远的价值。

穆洪星　广联达副总裁兼上海智建美住科技有限责任公司总经理

上海建工五建集团，是上海建工集团股份有限公司旗下的骨干子公司，始终把科技创新作为发展的不竭动力。本项目作为上海建工五建集团的标杆项目，贯穿设计—施工的一体化应用，从多个应用层面解析，BIM 应用过程和经验，并切实取得了可视的综合效益，在 BIM 落地实施路线、公司在 PC 项目中 BIM 管理和 BIM 人才培养方面，总结了诸多经验，为施工企业装配式项目的 BIM 应用提供了范例。

上海家树公司宝山区美罗家园大型居住社区项目

> 公司简介：上海家树建筑工程有限公司源自浙江绍兴、长在上海闵行，是一家具有建筑、装饰、市政与境外经营资质的民营建筑施工总承包一级企业。2007年起公司年年名列上海市建筑施工企业综合实力三十强，荣获2010、2012年度全国优秀施工企业称号，2014年跻身中国承包商80强。多年来先后获得"鲁班奖"、"詹天佑金奖"、"全国文明工地"、"国家优质工程"等殊荣，捧得50多项"白玉兰"、"杨子杯"等省（市）级优质工程奖项。

一、项目概况

1. 项目简介

宝山区美罗家园大型居住社区0218-02地块租赁房项目（见图1），是上海市第一批全自持租赁用地项目，宝山区第一个全自持租赁营地项目，集团第一个"长租社区"定位项目。该项目坐落于上海市宝山区罗店镇美丹路、罗店路、沙场湾路、美健路"合围"的地块内，共由6栋住宅楼、1栋配电房、1栋垃圾压缩站、一个地下"回"字型

图1 宝山区美罗家园大型居住社区0218-02地块租赁房项目效果图

双层地库组成，总建筑面积99212.51m²，预制装配式面积60256.33m²。本项目由上海中集菁鹰置业有限公司投资开发，由深圳华阳国际工程设计股份有限公司设计总负责，由上海民防建筑研究设计院有限公司负责人防设计，上海勘察设计研究院（集团）有限公司负责地基勘察及基坑围护深化设计，由上海家树建筑工程有限公司承建，由上海同建工程建设监理咨询有限责任公司负责监理。

2. 项目创新性

深度学习"工业化智慧建造新体系"，"7+7"的创优定位。为确保工程质量，提高经济效率，引入BIM技术推动设计-加工-施工-管理一体化应用模式，建立设计图纸深化、施工技术模拟、BIM5D现场应用制定流程，为后续BIM应用积累经验。

3. 项目难点

（1）本项目占地面积25007.7m²，基坑开挖面积约21960m²，基坑开挖完成已无施工操作场地，特别是第一道栈桥拆除以后，地下一层大面积施工时材料的加工、制作和运输、顶板混凝土的浇筑施工，都带来较大的困难。

（2）工程量大，工期紧：地下一层土方开挖总方量约12.6万m³，地下二层开挖总方量约3万m³；混凝土浇筑方量约2.9万m³，钢筋绑扎约3877t，电渣压力焊接头约6363个，机械连接接头约2767个，模板支设面积约69114m²，脚手架排架搭设面积约27673m²。±0.000要在6.15封顶，2019年2月21日才能开挖地下一层土方。

（3）地下二层与地下一层的搭接施工：根据围护设计、结构设计要求和地下室施工工况，地下二层顶板施工完成后，需将地下室外墙回填完成，才能与地下一层底板搭接封闭，然后才能拆除第一道栈桥支撑。

（4）本工程设计单位众多、地域分散、沟通协调不便，各单位工作及专业界面交叉、提资繁复，保证图纸完整性和正确性难度大。

4. 应用目标

（1）运用BIM前期模拟合理规划场地，优化资源配置，结构合理分区，充分利用周边行车道路。

（2）运用BIM技术辅助质量安全管理闭环、BIM提量指导现场施工、施工进度管控，解决材料的一次摊销量大，连续施工等资源的调配等问题。

（3）运用BIM深化设计解决铝模、爬架各类碰撞问题、机电点位遗漏问题，通过构件跟踪解决从生产到灌浆整个流程质量管控。

（4）采用BIM技术辅助深化设计零变更应用、专项方案的模拟仿真，提前预控，指导现场实际操作，减少返工。

（5）培养企业自己的 BIM 人才，包括土建、机电各专业建模人员以及 BIM5D 施工过程管控人员。

5. 应用内容

通过 BIM 团队入驻项目现场，建立 BIM 深化设计流程，解决各专业间碰撞检查，通过 BIM 模型快速建立与设计端沟通桥梁，加快施工端前期熟图能力。通过各阶段图纸深化工作前置，减少施工过程中设计变更发生。

二、技术应用整体方案

1. 组织架构与分工

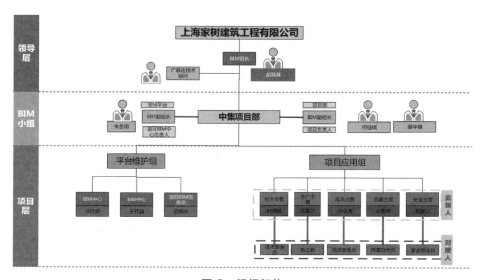

图 2　组织架构

2. 软硬件配置

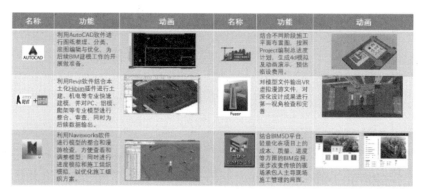

图 3　软件配置

3. 标准保障

以模型标准、族库标准、管控要点等要求，快速建立与设计图纸对应的模型样板，通过模型样板建立各专业的项目设计模型，针对重点核查区域除需按照分项要求核查，核查区域内所包含构件，确保构件信息完全符合设计及甲方意图，提高建模精度。

三、技术应用实施过程

1. 人员技术培训

（1）内部培训：2019年7月，20位技术、成本岗位参加宝山中集举行BIM软件基础知识操作培训，快速、提高、熟悉软件技能，通过基本建模过程，培训结束后，参训人员提交心得小结，查漏补缺，加深理解。

（2）外部培训：2019年3月，4位管理人员参加广联达组织BIM5D及相关软件的培训，学习场地布置、网络计划、流水段划分、施工模拟及质安管理，为BIM5D深入应用创造条件。

（3）启动会：2019年3月，公司技术团队与宝山中集团队共20名管理者，在中集会议室集结，正式开启BIM应用征程，明确职责分工，确定采用BIM技术全过程应用管控，做好零返工，零风险。5月6日，通过近一个月BIM5D试运行，对应用情况进行总结，下阶段BIM应用方案进行部署，关键岗位进行书面交底，确保基础数据能为中层管理层及公司高层提供快速有效决策依据的信息化工作模式。

2. 技术应用过程

（1）场地布置：本工程场地紧凑，合理布局动态的施工现场是一大难点，施工前通过BIM技术进行虚拟建造，优化布置办公区域和施工场区，模拟布置加工场地和材料堆放场地、主要施工机械定位等，也有进行动态分析充分合理地利用场地空间，减少场地狭小等原因而产生的二次搬运费用。

（2）全专业碰撞检查：通过收集和校核，各专业BIM模型完成汇总整合，利用突出检测工具进行突出检查，找出这碰撞点的位置和信息，例如：基坑支护和地库基础，土建及围护设计之间碰撞检查。同时为满足工程的竣工要求，利用BIM技术对各个专业管线的净高进行分析，为现场安装提供数据支持，提高施工效率。

（3）管线综合优化：通过对基于BIM技术的机电模型进行深化设计，包括深化机电施工图纸、对建筑的重要部位和公共区域进行净高空间分析等，通过三维剖面、模型演示的手段与业主和设计进行沟通，有效提高了施工图纸深化设计效率和沟通效率，实现了最大限度优化管线排布、层高的优化及施工预留孔洞的留置。

(4）设计施工动画模拟：我们通过将 BIM 模型与时间维度结合，进行 4D 施工模拟，直观地显示施工进度，以便检查施工计划制定中的矛盾和不合理之处。及时纠正提高施工计划的精准性，优化调整人员、材料、机械的使用，提高施工生产效率。

（5）生产上会：项目管理人员通过 BIM5D 平台，下达计划任务并随时掌握项目进度、人员、质量、安全、物资信息，基于手机 APP 采集到现场数据，反馈任务实际完成情况。确保生产数据全过程自动留痕，并形成积累和统计，从而一键输出汇报文件，节约生产例会准备时间，直接进行生产进度汇报，提升生产例会效率和质量，实现生产例会的数字化呈现（见图 4），减少项目管理人员日常重复汇报记录工作，增强项目生产数据积累能力。

图 4　BIM5D 计划进度管理

（6）可视化交底：我们对支模架等的施工工艺节点进行大样深化和模拟，通过手机二维码扫描，做到真正意义上的可视化交底，模型指导施工，减少以往技术交底不清，工人施工理解错误的情况。

（7）劳动管理：工人进场报到时，劳务管理人员通过手持设备自动读取人员身份信息，相关信息自动同步至系统，劳务人员全部实名制管理，管理更加规范，人员通过专业人脸识别门禁设备与管理平台结合的方式，系统自动统计考勤，避免无关人进入施工现场，使出勤管理更规范。

（8）质量安全：现场安全巡检采用云＋手机移动端的模式，及时发现现场隐患，手机上直接拍照并选择系统内置的管理库，指定整改人，发送给劳务班组整改，做到有问题及时整改不拖欠。当问题解决后可关闭该流程，形成一个质量安全闭合路径。这样可以很好地做到责任到人、有据可查，确保工程的质量安全。

（9）构件跟踪：在施工现场，采用物料跟踪技术采用 PC 端设定跟踪阶段、编制进度计划、二维码张贴、手机端采集构件状态，Web 端统计实时工程量。主要解决四个方面问题：一是多个环节了解难，全线进度管理难；二是二次搬运代价大，机械和工作面不清晰；三是多方协调成本高，即时信息掌握难；四是构件散落统计难，状态不清统计难等问题。

四、技术应用总结

应用效果总结   表1

阶段	应用点	应用成果
基础应用阶段	图纸审查	通过模型的建立和模型的检查碰撞发现土建图纸问题712个,机电问题455个,并提前和设计院沟通、升版施工图。减少因图纸模糊不清等造成返工费用造价约20万元,节省工期约10天
	模型提量	通过模型的快速提量,提高了项目部技术人员工作效率的计划报量的准确度
	可视化交底	三维模型的可视化特性,大大提高了交底的效率,减少沟通交流存在的理解误区
	方案模拟	通过对施工现场样板工地的参数化设计,合理的优化,常规施工方案对比分析,提前预控成本分析
创新应用阶段	BIM5D集成应用	5D平台PC端的各专业模型的整合,资料的统一管理,现场质量安全的动态管理,现场施工进度的管理与预警,资源的三算对比,工程量的提取,施工进度模拟等应用点,提高了项目部管理人员的工作效率,提高了施工质量,加快了现场生产进度
	深化设计	PC专业的深化设计,及时有效地解决了各专业间碰撞问题87个。指导现场施工,防渗漏、免抹灰方面应用可以节省造价,PC吊装工期同比缩短约1天/层

五、下一步规划

1. 模型建立与完善:建立室内内装模型、园林模型,完善二次结构砌体排砖管理应用。

2. 平台深入应用:基于协筑平台的计划管控管理;完成结构部分三量对比,和甲方、分包各单位的结算工作。

3. 实测数据上墙:结合实测标准,将施工现场实测实量采集的数据与模型进行关联,生成二维码并对应部位进行粘贴。

4. 小组成员自身建设:组织参观学习其他公司BIM实施项目,参加各类BIM软件专业技能培训。

专家评语

姚斌　重庆大江建设工程集团有限公司总经理

综合评价：该案例是 BIM 技术施工应用型案例，内容完善，图文并茂，特别是对技术应用过程的描述，描述得当，使人一目了然；并用详细的数字表述，如"图纸问题 712 个、机电问题 455 个、节省工期约 10 天、碰撞问题 87 个、缩短约 1 天/层"等，更加真实有效；这是很不错的实践结合紧、使用深度深的应用型案例。

建议：项目难点可以归纳得更精准，才能更好地体现出使用 BIM 的必要性。

刘玉涛　中天建设集团有限公司总工程师

亮点：宝山区美罗家园大型居住社区 0218-02 地块租赁房项目 BIM 技术应用主要聚焦于深化设计和施工管理，对项目的重难点进行了事先识别，确立了较为清晰的应用目标和应用内容，对施工现场的实际需求进行了精准把握和分析。

项目重视 BIM 人才队伍建设和制度建设，应用组织架构与分工明确，这是 BIM 技术应用的前提和保证。利用 BIM 专业软件和 BIM5D 平台，项目开展了场地布置、全专业碰撞检查、管线综合等 10 个方面的 BIM 技术应用，项目组对部分应用进行了量化分析，结合现阶段应用情况对下一步工作进行了规划。

总体来说应用内容的选择与实际结合紧密，对传统过程中存在问题的解决提供了一定技术支持。

不足：针对项目的重难点，后续 BIM 应用中没有针对性的对重难点进行解决方案的叙述，各项应用内容对过程和关键点可以有更为具体的描述和体现，比如三维场布的应用中，场布的优化布置具体在哪些方面，机械布置优化、堆场优化还是临时道路优化？目前的描述显得相对空泛和抽象。

综合评价或建议：项目的 BIM 技术应用目标清晰，实施内容虽然较为常见和普通，但相对来说也更为成熟，符合常规住宅工程的实际。技术应用过程以及技术应用效果的介绍应该紧紧围绕应用目标展开，这也是评价 BIM 技术应用成功与否的主要参照指标。建议对管线综合等技术类应用进行基本原则的梳理，针对质量安全等管理类应用的数据结果，分析相关原因并将结果进行考核运用，使问题得以减少和不再反复。

吕振　广联达新建造研究院特聘专家

亮点：本项目作为大型居住社区项目，工期紧任务重，适合作为数字化转型试点项目，项目在数字化应用前期进行了非常详细的规划，设定应用目标、组织架构及各项保障制度，项目围绕管线综合、施工模拟、质量安全管理、劳务管理等开展了深入的应用，融合了 BIM 及智慧工地等技术对项目进行管控，对项目数字化转型提供了借鉴。

不足：项目具备良好的创新意识，将项目管理与信息化技术进行融合，推动项目管理转型升级，但是项目在进行总结时，可以从多个维度进行阐述，从推进方法、人才培养等方面都可以进行细致的总结。

综合评价及建议：该项目围绕工程难点做了大量的数字化工作，最后也取得了良好的管理和经济效果，是一个优秀的数字化案例。

云南工程建设总承包公司昆明滇池国际会展中心项目

> 企业简介：云南工程建设总承包股份有限公司始建于1953年，是云南建投集团所属全资控股子公司，云南省首家建筑工程施工总承包特级资质企业，作为云南建投集团工程建设的主力军，公司以"总承包"、"走出去"、"综合管控"三大核心竞争力为导向，2017年实现签订合同额和完成营业收入双超"百亿"。公司视质量为企业的生命，坚持"强化精细管控，打造过程精品"的质量理念，荣获中国建筑工程鲁班奖7项，国家优质工程奖13项，云南省优质工程奖108项。

一、项目概况

1. 项目简介

建设单位：云南新世纪滇池国际文化旅游会展管理有限公司

设计单位：成都基准方中建筑设计有限公司

施工单位：云南工程建设总承包股份有限公司

监理单位：昆明建设咨询监理有限公司

昆明滇池国际会展中心8号地块项目施工总承包（一标段），位于云南环湖东路与飞虎大道交叉口东南角，总建筑面积约28万m^2，建筑高度129.65m，楼层（单层）面积约10万m^2，建筑结构形式以剪力墙为主，建筑功能定位高档住宅（见图1）。

图1 昆明滇池国际会展中心8号地块项目效果图

2. 项目难点

（1）专业分包多，工序交叉多；

（2）底部加强区采用钢结构，多处节点施工复杂，H型钢柱、柱箍钢筋施工难度大，工人功效低；

（3）外墙为全玻璃幕墙，需要运用BIM优化预埋件位置尺寸；

（4）模板量大多样，需要优化现场材料管理，减少项目现场模板材料浪费；

（5）人、材、机投入大，加工场地和材料堆场占地大；

（6）项目采用桩筏基础，地处滇池旁边，桩长60m，旋挖桩基的施工难度大。

3. 应用目标

（1）业务目标：通过管理和工具的结合，完成数据平台搭建、数据集成，提高数据运用深度、数据化运用能力和运用效率，实现项目精细化管控，降低管理成本（人、机、料），实现项目高效、节约、精细的过程管理。

（2）创优目标：为项目创省优、省标化工地及国家级奖项，提供系列数字化解决方案，提升项目信息化水平，实现项目数字化建造、精细化管控，更好地助推项目创优目标高质量的实现。

（3）人才培养目标：通过BIM+智慧工地的建设，全员参与数字化信息化工地管理实践中，通过实践培养一批拥有数字化思维、掌握数字化建设工具实践能力的应用型管理人才。

4. 应用内容

图2 数字工地应用内容

二、技术应用整体方案

1. 组织架构与分工

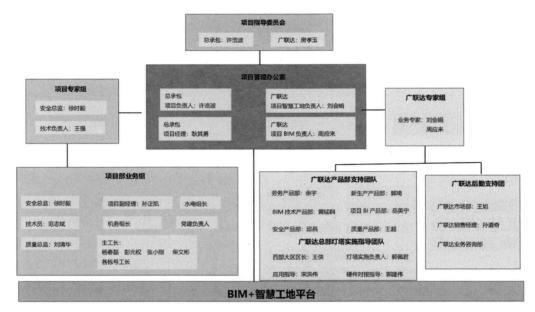

图3　组织架构图

2. 软硬件配置

软件配置　　　　　　　　　　　　　　　表1

序号	产品范围	功能范围
1	智慧工地平台	项目进度、质量、安全、劳务人员管理、视频监控、物料验收、环境监测、塔吊监测等业务
2	质量安全巡检系统	质量安全隐患分布、责任工程师负责区域质量安全问题分析
3	劳务实名制管理系统	人员实名制进场务工与闸机结合、现场人员工种分布与智能安全帽结合，监控出勤率信息以及劳务用工安全风险防范等
4	物料验收管理系统	材料现场验收，通过软硬结合避免称重不规范行为
5	VR系统	安全教育体验馆，动态实景交底，现场观摩体验
6	BIM5D平台	通过平台轻量化转换，将BIM真正应用到施工一线，资料管理、生产进度管理、桩基跟踪管理等
7	环境监测平台	噪声、扬尘监测
8	视频监控平台	现场视监控
9	塔吊监测平台	塔吊吊重数据检查，吊钩可视化管理
10	施工三维场地布置软件	现场场地模拟布置

三、技术应用实施过程

1. 劳务管理

项目引进现场劳务实名制系统，对现场作业工人进行考勤管理、工资管理，与劳务单位按照工程计量（计件、计时）结算。劳务单位与工人真实的结算支付数据得以真实地收集，实现数字化管控。目前仅是探索阶段，项目只追求数据相对真实合理，实现工程款支付和工人工资发放的一个监管参考。

2. 施工模拟

运用 BIM 模型与计划进度挂接（见图 4），进行施工建设模拟施工，并以此评估并优化施工过程，以便快速、低费用地评价不同的施工方案、工期安排、材料需求规划等，主要目的是评价施工的合理性。借助 BIM 模型，进行方案三维可视化方案交底、安全技术交底，提升交底效率，增强工人理解能力。

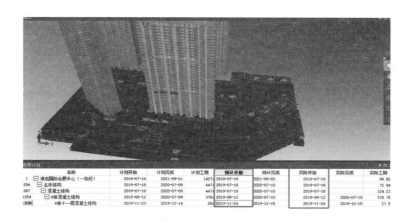

图 4　BIM 模拟与计划挂接

3. 图纸优化

把建模过程中发现的图模不一致、冲突、碰撞等问题，整理编辑生成问题报告，项目共发现图纸错误 289 处，通过可视化的图纸会审快速解决问题。借助模型进行优化管线及设备排布，最大程度地提高和满足建筑使用空间。利用 BIM 钢构建模软件，快速建立钢结构 BIM 模型，进一步优化钢结构不合理，提前做出施工方案，及时与设计确认，并反馈给钢结构加工厂家。

4. 质量安全管理

通过安全管理系统、质量管理系统（见图 5），结合项目现场管理制度，对项目现

图 5　质量安全管理系统

场安全、质量问题形成闭环管理。质量、安全巡检过程中形成的工程资料实现无纸化办公，从原有线下管控转到线上管理，工程竣工后，可交付完整工程资料。此外，通过实测实量系统与智能硬件设备连接、质量验收资料与 BIM 模型挂接，项目的工程量和质量验收已经逐渐由施工现场管理主导，转向线上数字化管理主导。

四、技术应用总结

1. BIM 技术应用在图纸优化、施工组织方案、进度计划、现场布置、材料计划管理、安全质量巡检、安全质量技术培训交底、生产例会、可视化等方面优势明显，但实现质量管控数字化方面，还不够完美、高效，数据收集应用指导提高现场质量针对性不强，效率不高，要重点加强。

2. 现场管理人员意识有待进一步提高，加强对 BIM 知识的学习和能力掌握，要根据岗位需求学习，快学快用。

3. 数据采集的真实性、准确性、及时性、完整性还不够，需通过长期加强 BIM 应用管理考核，督促养成使用好习惯，成为工作必需品。

4. 对数据应用指导现场实践，及时预警纠偏，提高精准管理的应用不够（如进度已滞后，门禁通道显示相关工种在作业区域人数不够，不能及时掌握应用；实测实量显示出现的质量松懈趋势不能及时发现纠正）。

5. 成本管理还比较粗，只能作为控制参考，与企业级的应用，不能数据互通（难点、痛点），仅物资采购计划管理主材量差控制方面发挥较大作用。

6. 工人工资数据采集不够，便捷和信息化程度不高，可借鉴手机支付方式实现工资采集。

五、下一步规划

观念转变：BIM只是工具，关键在于如何应用，应根据项目的定位，科学合理地选择BIM工具组合，不能盲目追求"大而全"，而是追求管理的"精而深"，目的就是要围绕提升项目信息化、精细化管控水平，实现最优、高效、节约的管理，实现项目效益最大化。要建立"用数据说话，用数据决策，用数据管理，用数据创新"的管理机制，实现基于数据的科学决策和精细管理。

专家评语

黄如福　中国施工企业管理协会信息化专家委员会主任委员，中国建筑科学研究院教授研究员

本系统利用 BIM 模型，在图纸审查与优化，模拟施工过程、优化施工方案和技术交底，制订工期计划以及形成材料需求方案等方面，做了比较有价值的工作；通过现场质量、安全巡检实录数据，"拉通"了形成工程资料和无纸化办公的通道。

本系统具有一定的使用价值。建议在如何获得现场真实、实时数据上，更进一步地下功夫，尤其是劳务活动、质量、安全和材料等方面。

马西锋　河南科建建设工程有限公司副总经理，高级工程师

不足：应用目标的设定及应用内容应以解决项目难点为主，该项目应用目标的设定和应用内容针对性不强，应用深度尚有提升空间。

建议：建立底部加强区采用 H 型钢柱、柱箍钢筋节点模型并进行优化，利用 BIM 技术实现可视化技术交底，指导钢筋加工及安装，解决型钢与柱箍筋复杂节点的施工难题；利用 BIM 技术进行幕墙深化设计，优化预埋件位置并指导施工；利用 BIM 进行创优策划相关工作，结合项目平台做好质量管理工作，实现创优目标。

吕振　广联达新建造研究院特聘专家

亮点：昆明国际会展中心 8 号地块项目是超高层住宅项目，具备很典型的示范价值。整体应用过程中，对项目难点分析到位，信息化应用策划细致，应用内容描述详尽、应用总结思考具有深度；对数字化技术与项目管理的结合有借鉴价值。

不足：项目难点中提到了超高层建筑节点施工复杂、全玻璃幕墙预留预埋协同难、模板量大多样、桩基旋挖施工难度大；数字化转型应用中对上述难点的具体表述有涉及，但针对上述困难与数字化转型的联系和具体实现路径的阐述受制于篇幅没有细化表达。

综合评价或建议：会展中心 8 号地块项目是非常难得的超高层住宅项目的数字化实践典范，尤其难得的是针对数字化实践的基础：数据的采集过程做了较多思考，对数据应用于现场管理以及数据颗粒度和管理颗粒度之间的关系做了深入阐述。

中铁二十局新建区省庄花园项目

> 企业简介：中铁二十局集团第四工程有限公司，是世界500强企业中国铁建股份有限公司的三级子公司。公司机关位于美丽的山东青岛。公司具有铁路、公路两个工程施工总承包一级资质和桥梁、隧道、公路路基、铁路铺轨架梁、建筑装修装饰五个专业承包一级资质，以及独立对外承包工程经营资格共计13个资质。企业经营范围涉及工程施工、工程检测、铁路运输、铁路铺轨架梁、城市驻车、资本运作、装配式建筑及海外业务等多个领域。

一、项目概况

1. 项目简介

建设单位：南昌市新建区城市投资发展有限公司

监理单位：江西中昌工程咨询监理有限公司

EPC总牵头单位：中铁二十局集团有限公司

新建区省庄花园项目位于江西省南昌市新建区，总建筑面积约98.8万 m^2。本工程主要由住宅楼、地下室、创业大厦、商业（住宅商业网点、商业连廊）、公厕、物业用房、社区用房、养老服务设施用房、农贸市场、小学、幼儿园等部分组成（见图1），共分A、

图1 新建区省庄花园项目效果图

B、C、D 四个区地块，配套设置有城市道路雨、污水管道，照明、电力、弱电及相应的交通设施。该项目是南昌市一次性开工规模最大的民生工程，对于提高南昌城市品质、改善村民居住条件方面意义重大。

2. 项目创新性

公司重点试点项目，南昌市一次性开工规模最大的民生工程，项目首次尝试数字化的进度管理，重点侧重进度数字化，对业内初期进行进度管理的项目有借鉴意义。

3. 项目难点

（1）项目体量大，相应导致进度控制难、工期较为紧张、过程资料控制难。

（2）建筑类型多，A、B、C、D 四个地块全部设有地下停车场，地下室管综复杂，建模难度大。

（3）项目首次尝试数字化的进度管理，在思想观念、管理水平和技术能力上存在短板。

4. 应用目标

（1）项目业务管理目标：增强项目生产、质量、安全数据积累能力和分析能力，项目管理团队能够利用数据进行项目管理；各部门、岗位间实现信息共享，得到标准化的生产管理流程，能使岗位级人员感受到更高的工作效率。

（2）项目创优目标：组织 1 次及以上省级项目观摩，争获国家级 BIM 大赛奖项。

（3）项目人才培养目标：促进项目全体人员对于新技术的了解及认知，为公司培养一批岗位级应用人才和管理人才。

（4）项目方法总结目标：通过试点应用，验证、优化、总结出一套数字化的应用流程、推进方法和管理制度，并使其能够在集团其他项目进行复制推广。

二、技术应用整体方案

1. 组织架构与分工
2. 软硬件配置
3. 制度保障

项目应用汇报制度　　　　　　　　　　　　　　　　　表1

检视动作	责任人	执行人	时间
项目周例会	项目总工	生产经理	每周五
项目周汇报 PPT	项目总工	系统维护员	每周五

续表

检视动作	责任人	执行人	时间
项目 BIM 应用汇报	项目经理	项目总工	每月
项目 BIM 应用制度执行检视	项目经理	项目总工	每月

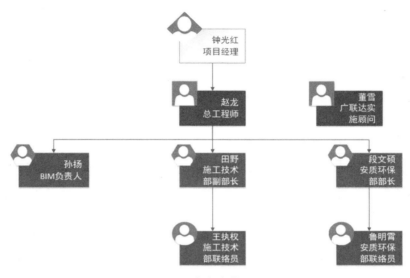

图 2　组织架构图

图 3　软件配置

三、技术应用实施阶段

1. 人员技术培训

BIM 工作室为保证 BIM 应用的顺利进行，针对人员分工，组织制定了不同层级的培训。

第一层级：BIM 工作室人员，先后进行土建、机电两个专业的专业培训，掌握了 BIM 的建模技术；通过广联达公司的培训，掌握了 BIM 5D 平台的搭建和应用。

第二层级：项目主要管理人员，通过内部讲座和实战训练，使管理人员掌握 BIM 5D 平台电脑端和手机端的使用方法，熟练处理日常工作流程。

2. 技术应用过程

（1）进度管理：项目管理人员通过 BIM5D 平台，下达计划任务并随时掌握项目进度、人员、质量、安全、物资信息，基于手机 APP 采集到现场数据，反馈任务实际完成情况。确保生产数据全过程自动留痕，并形成积累和统计，实时把控现场进度情况，节约生产例会准备时间，直接进行生产进度汇报，提升生产例会效率和质量，实现生产例会的数字化呈现，减少项目管理人员日常重复汇报记录工作，增强项目生产数据积累能力，加强现场进度把控力度。

（2）人、材、机统计：项目人员通过 APP 每天及时对现场人、材、机进行统计上传，网页端可进行台班数量的自动汇总，提高数据汇总效率，项目领导可把控项目物资数量及不同区域物资使用情况，从而辅助商务部门对作业时间及材料设备的统计，商务部门可随时调阅进行合同条款的管控。提高项目精细化管理程度，提高数据汇总工作效率，加强部门联系，打破信息孤岛，降低沟通成本。通过分析场内劳动力分布和工种配置，项目部合理组织施工，以专业班组为单位，实现流水化作业，避免窝工，提高了工作效率。

（3）物资提量：通过 BIM5D 预算模型进行工程量进行多维度提取（见图 4），与 Revit 模型量、实际浇筑量进行三算对比，分析工程量偏差原因，提高项目精细化管理程度，为商务部门提供更加细致准确的数据。例如省庄花园幼儿园工程，通过物资提量，得到混凝土方量约 1600m^3，砌体约 1000m^3，通过测算，下浮 3% 进行物资控制，主体施工完成后，各项指标都得到有效控制。

图 4　物资提量

（4）质量安全问题巡检：BIM5D 手机端操作便于快速记录问题，替代原有纸和笔的记录方式；责任明确，避免后期扯皮；可追溯、可统计、可衡量；可看到实时动态。问题一键录入，且根据图纸明确楼层部位，不用多次告知或遗忘部位。实现 PDCA 问题闭环管理。设定日常检查巡视点，每日巡查，规范工作内容，便于新员工更快投入工作。质安管理很好地做到责任到人、有据可查，确保工程的质量安全。至今为止上传 300 余条问题，通过数据分析，管理纠偏，使常见问题发生概率下降。

四、技术应用总结

1. 人、材、机管理：通过 BIM5D 移动端平台定期上传人、材、机统计数据，可以积累各专业施工班组的劳动力数量，为编制企业工期定额、掌握劳务分包成本、判定劳务人员专业素养提供数据支撑。为企业合理调配材料、资金等相关资源提供了及时的信息，使公司对项目工期进度的管控力度得到很大的提高。

2. 质量安全管理：利用 BIM5D 平台发布问题，能够做到有效的 PDCA 闭环管理，数据可追溯，发送问题更加明确具体，有针对性地解决问题，责任到人，完善了原有管理制度，提高了管理水平，一定程度上改善了质量安全问题解决的效率。

3. 管理效益：省庄花园项目通过对不同岗位开展的多次培训，BIM 工作室全体人员掌握了 BIM 建模、平台搭建、日常运维等多项技能，项目主要管理人员也掌握了 BIM 5D 平台手机端和网页端的操作方法。通过周例会考核和管理流程的反馈机制，将 PDCA 管理管理理念融入项目的管理中，提高了管理效率。BIM 工作室通过模型的创建，共查找出各类问题共计 429 处，通过技术核定单方式发送到设计单位，在施工前解决了相关错误，避免因图纸问题造成的返工和工期损失，节约成本约 30 万元，节约工期 20 天。

4. 社会效益：省庄花园项目作为南昌市一次性开工规模最大的民生工程，对于提高南昌城市品质、改善村民居住条件方面意义重大，省市县三级政府对项目高度关注，建设单位新建城投集团也对项目 BIM 技术应用提出要求。BIM 基数作为项目管理中的创新版块，提高了企业在当地政府中的形象，对于项目申报南昌市"滕王阁杯"、江西省"杜鹃花杯"、两项建筑大奖意义重大。

五、下一步规划

持续使用：现有使用情况良好的应用点持续使用，积累数据为后续总结归纳打基础。注重过程积累，及时反馈问题。

归纳总结：根据使用情况归纳总结出一套完整的 BIM 解决方案并形成文件。配合公司即将推广其他项目，整理出一套行之有效的方案，为公司信息化提供案例支持。

探索应用：通过结合现场管理流程，间接实现流程替代，减少一线管理层及项目领导层的日常工作强度，为项目管理提效；同时通过生产上大屏展示的形式减少会议资料准备时间，责任到人，优化进度管理流程，实现精度精细化管理，同时在项目施工总进度计划的要求前提下及时了解现场劳动力及进度情况，确保项目工期能顺利完成。

专家评语

黄如福　中国施工企业管理协会信息化专家委员会主任委员，中国建筑科学研究院教授研究员

本系统结合 BIM5D 模型，应用移动技术，项目管理人员可对现场人、材、机的统计数据，以及质量安全巡检记录数据等上传、自动汇总、生成施工日志，解决了管理人员与现场沟通，以及问题追溯。通过 BIM5D 模型进行物资提量，结合预算模型，可以有效地预控材料用量。

本系统具有进一步推广应用的价值，建议进一步总结和完善。

马西锋　河南科建建设工程有限公司副总经理，高级工程师

不足：BIM5D 平台安全管理应用情况不够深入。主要表现为安全问题分类不科学，可见项目安全管理标准未健全；安全隐患检查工作执行力度和安全问题按时整改力度不足；本案例罗列相应制度尚不足以保障 BIM5D 平台的良好运行。

建议：建立健全 BIM5D 平台质量、安全问题分类标准，提升项目标准化管理水平；制订符合项目管理特性和自身情况的制度，明确各管理岗位职责，责任到人，奖惩分明；加强 BIM 技术在项目施工技术及质量创优方面的应用，以实现项目质量创优目标。

吕振　广联达新建造研究院特聘专家

亮点：该项目是集住宅、学校、商业等建筑一体的大型民生工程，针对这种大型项目非常适合开展数字化技术进行项目的协同管理，项目成立专门 BIM 工作室，从进度、质安、材料、技术等方面进行应用，并且取得了切实的管理和经济效益，可供其他同类型项目参考借鉴。

不足：项目针对数字化应用制定了具体的目标及管理制度，在各业务板块都有开展相关应用，但是在应用内容、应用价值等方面的阐述还不够细致，可以结合项目原有业务讲解数字化转型之后发生的变化和价值。

综合评价及建议：项目作为一个大体量的住宅项目，很好地阐述了应用数字化技术对于项目管理的价值，具备较好的学习价值。

第七章
商业综合类

本篇亮点
- 北京首开龙湖盈泰置业公司北京房山综合性用地项目
- 中煤第七十二工程公司吾悦广场项目
- 贵州桥梁建设集团天合中心项目
- 武汉建工集团金银湖大厦建设项目
- 天元集团青岛绿地海外滩项目

北京首开龙湖盈泰置业公司北京房山综合性用地项目

> 企业简介：北京首开龙湖盈泰置业有限公司是2017年1月6日在北京市房山区注册成立的其他有限责任公司，注册地址位于北京市房山区康泽路3号院11号楼7层1单元707。经营范围是：房地产开发；销售商品房、日用杂品；家居装饰及设计；货物进出口（国营贸易管理货物除外）、技术进出口、代理进出口；物业管理；机动车公共停车场的经营管理；出租商业用房。

一、项目概况

1. 项目简介

北京市房山区长阳镇 FS00-LX10-0042 等地块综合性商业金融服务业及公交场站设施用地项目（见图1），属于房山新城良乡组团范围内，北侧与文昌东路隔河相望；南临良乡东路，中建一局043、044地块；西临长于大街；东临水碾屯西里小区；紧邻良乡大学城北地铁站。建设规模为 97507.55m²。

建设单位：北京首开龙湖盈泰置业有限公司

设计单位：中国电子工程设计院有限公司

勘察单位：中航勘察设计研究院有限公司

图1 项目效果图

监理单位：北京金海城工程管理有限公司

总承包单位：北京城建北方集团有限公司

2. 项目难点

（1）本工程属于大型公建项目、结构构件设计较为复杂、机电综合管线种类较多。

（2）本工程施工场地狭隘，建筑红线紧邻外围市政施工道路，施工现场无法形成环路，极大制约了施工部署。

（3）结构构件混凝土强度等级种类较多，不利于施工管理。

（4）生活区设置在施工场地外围约 2km 处，施工人员进出施工场地管理困难。

（5）本工程属于群塔作业，场内塔吊交叉作业多且与相邻地块塔吊同时存在交叉作业，群塔施工管理困难。

3. 应用目标

实施目标：本工程在施工过程中，应用 BIM 技术 + 物联网智能管理，利用 BIM+ 智慧工地管理系统完成施工现场进度、人力、材料、机械以及质量、安全、劳务管理。借助信息化手段提高施工管理水平，减少返工和变更造成的浪费，保障工程项目的顺利完工。

质量目标：创北京市结构长城杯金质奖

安全文明施工要求：创北京市绿色安全样板工地

二、技术应用整体方案

1. 组织架构与分工

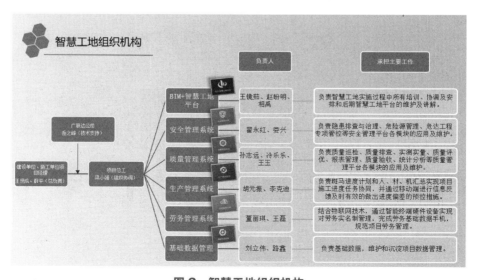

图 2 智慧工地组织机构

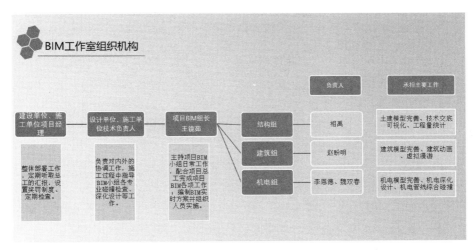

图 3 BIM 工作室组织机构

2. 软件配置

软件配置 表1

类别	用途	软件
建模类	土建建模	Autodesk Revit
	机电建模	Autodesk Revit
应用类	模型整合及应用	Navisworks Manage
	安全、环境、劳务、生产管理	广联达 BIM+ 智慧工地平台
岗位级 BIM 应用	进度计划	斑马进度计划
	模架应用	广联达模架软件
	场布设置	广联达场地布置软件
	实体内部检查	Navisworks Manage
	钢筋翻样	易筋翻样
效果	漫游动画效果	3D max

三、技术应用实施过程

项目实施计划 表2

进度计划	应用内容
2018 年 09 月 13 日 ~ 2019 年 01 月 10 日	建立土建、机电模型、三维场布模型、智慧平台的初步使用
2019 年 01 月 10 日 ~ 2019 年 01 月 25 日	碰撞检查
2018 年 12 月 25 日 ~ 2019 年 01 月 15 日	进行图纸会审问题汇总
2018 年 12 月 28 日、2019 年 1 月 2 日、2019 年 1 月 17 日等	图纸会审
跟随施工进度	实施完善模型信息

续表

进度计划	应用内容
跟随施工进度	实时提取工程量跟踪现场数据
跟随施工进度	可视化交底
2018年11月17日～2020年08月31日	智慧工地应用
2019年06月13日～2020年08月31日	智慧工地生产系统、BIM5D应用
2019年08月20日～2020年08月31日	二次结构、装修阶段深化设计
2020年08月31日	BIM验收日期

1. BIM 基础应用

（1）建立各专业模型，场地布置与钢筋翻样

结构、建筑、机电模型采用 Revit 软件搭建，后期利用链接方式合模。场地模型采用广联达 BIM 场地布置软件搭设，通过三维模拟布置，达到施工现场布置的合理性。由于施工场地过于狭小，材料机械众多，合理布置此阶段施工现场是一大难点，BIM 技术人员将施工现场所有物体进行虚拟建造，通过漫游和模拟安拆时间来优化平面布置方案，保证现场运输道路畅通、方便施工人员的管理，有效避免二次搬运及事故的发生。施工队伍使用 e 筋软件进行钢筋翻样，项目部商务成本部运用广联达钢筋算量软件搭建，两款软件共同应用，精确提料。

（2）模型整合与分析

项目主要进行机电综合优化及碰撞检查和图纸会审。施工前通过检查碰撞，发现土建专业与机电各专业间需要优化碰撞问题。采用 Navisworks 进行碰撞检查，并生成报告，由碰撞点整理出图纸会审记录，本项目前期检查并解决各专业碰撞有 4103 个。

（3）可视化交底

可视化交底主要以二维码交底和三维交底两种形式构成。

二维码交底：建立重点部位施工工艺模型，制作施工仿真动画、PPT、纸质交底附图等多种方式进行交底。将技术方案、交底文件生成二维码链接，以展板、手册、智慧工地平台等多种方式实现数据共享，便于现场作业人员查阅。

三维交底：基于模型前提下，总包方运用 BIM 技术，建立 BIM 模型，并提供给分包方便于分包快速理解图纸设计意图，再进行深化设计，较于传统模式提高工作效率，保证方案最终合理性。

2. BIM 创新应用

（1）电气异形构件预制加工

电缆桥架异形件应用 BIM 技术建模交付厂家进行定尺预制加工（见图 4）。二维图纸在异形结构部分图纸多数给出的是各个断面、不同的平面和细部大样图，这种传

统的设计图纸表达方式对于异形结构的外形与节点表达并不完善,需要 BIM 辅助异形结构模板设计、加工、安装。从预制化的方案到现场施工,我们遵循严格的工作程序,同时,每一个步骤都实行检查监督制度,确保预制装配工作顺利实施。

图 4　BIM 构件预制加工

（2）利用 BIM 设计项目小创新引用

为方便施工管理和创建绿色安全样板工地项目应用 BIM 设计了可周转混凝土泵管支座（见图 5）、盘条钢筋调直固定架、外架钢板网连接件加强装置。

图 5　可周转混凝土泵管支座

（3）Dynamo 可视化编程布置幕墙

幕墙绘制并布置中,遇到重复放置族、异形幕墙等问题。本项目应用 Dynamo 编程幕墙解决,该程序不仅提高了幕墙的精确性且大幅度提升了 BIM 人员的工作效率。

（4）基于楼控系统 + BIM 技术的运维应用

智能楼宇与 BIM 技术作为独立专业,目前应用均相对成熟,但如何将智能楼宇与 BIM 模型结合,发挥出建筑信息与建筑运营信息间的交互与集成,为楼宇的后期维护使用提供更大价值,本项目将由业主方牵头进行探索性应用。

3. BIM 示范应用——BIM+ 智慧工地应用

本工程采用 BIM +智慧平台进行智慧工地的管理,通过智慧平台集成劳务管理、塔吊管理、质量安全管理、斑马进度管理、生产管理、现场环境管理、视频监控管理、可视化模型管理以及项目文化内容管理综合应用。

（1）安全管理系统

施工安全管理系统，以移动端执法为手段，以海量数据清单和学习资料为数据基础，以危险源的辨识与监控、安全隐患的排查与治理、危大工程的识别与管控为主要业务，支持全员参与安全管理工作，对施工生产中的人、物、环境的行为与状态进行具体的管理与控制，通过"事前预防"、"事中管控"的方式杜绝事故的发生，为施工现场的安全管理提供完整的解决方案。目前安全巡检累计记录 723 条，平均每日录入 4 条。危险源管理 8 个，危大工程管理 2 个，已形成常态化管理。

（2）质量管理系统

质量系统管理包括质量巡检、质量排查、实测实量、质量评优、报表管理、质量验收、统计分析。本项目在质量巡检中做到每天至少两个人分上午下午、南区北区进行巡检拍照上传，智慧工地质量巡检系统手机端记录质量问题，并利用平面模型将问题进行直接定位，并记录该问题的状态，将该问题上传云端。利用网页直接去查看质量问题的统计记录，并可在质量例会当中直接用来讨论分析，节约了记录时间与沟通时间、成本，提高了工作质量和效率。目前质量巡检累计记录 751 条，平均每日录入 4 条。已形成常态化管理。

（3）劳务管理系统

结合物联网技术，通过智能终端硬件设备实现对劳务实名制管理，完成劳务基础数据收集，规范项目劳务管理；通过劳务数据动态实时反馈，硬件+软件的结合实现劳务人员考勤、劳务作业人员名册、黑名单、安全教育及考核、工人住宿等管理。目前登记在册人员 1081 人，在岗作业人员 450 人，作业人员大型安全培训 60 余次。已形成常态化管理。

（4）塔吊防碰撞系统管理

项目部安全管理人员通过地面监控软件，可以实时查看现场塔吊的作业情况。在驾驶室通过监控设备的显示屏，可以实时了解到塔吊的运行状态，与交叉作业塔吊位置关系，第一时间做出操作判断，提高效率，降低风险。如果塔吊在运行过程中发生超限、超载、超力矩、碰撞、进入限行区等违章或潜在危险时，监控系统会自动预警、报警甚至截断塔吊进行危险操作方向的电源，预防超载、超限、碰撞等安全事故的发生。

四、技术应用总结

1. 经济效益

（1）直接经济效益

使机械、物料和劳动力资源得到更合理的利用，使进度计划达到最优化，提高产品质量和成材率提高建设能力；节省生产和非生产劳动力、降低成本、减少消耗、减少生产与非生产性费用支出，使物资储备和制品数量保持在最优的水平上。经过初步统计和估算，本工程实施上述推广项目，降低成本的2%。

（2）间接经济效益

整个智慧平台通过各个专业系统的管理，便于项目管理层掌控整个项目的各种现状，提高管理效率。系统收集了项目施工过程中大量的数据、影像资料，为项目的管理积累经验,对新项目的策划提供依据。各项目数据汇总到公司,公司通过大数据分析，找出项目安全、质量管理的通病，进度管理的技巧，提炼项目管理的共同点，便于公司对项目管控并提供帮助。

2. 社会效益

项目组织多次BIM+智慧工地观摩活动，既推广科技进步建设速度，深化全体管理人员的科技意识，又提高了北京城建北方集团的社会知名度。

专家评语

刘玉涛　中天建设集团有限公司总工程师

亮点：本项目属于大型公建项目、结构构件设计较为复杂、机电综合管线种类较多，同时施工场地狭隘对场地布置要求较高，针对以上项目特点，开展了相关 BIM 技术应用，在基础性 BIM 技术应用之外，令人印象深刻的是项目开展了异形构件的预制加工、Dynamo 可视化编程、楼控系统 +BIM 技术等方面的应用和探索，在 BIM+ 智慧工地应用方面涉及了安全、质量、劳务等 6 个方面，取得了较好的经济、社会效益。

本项目在应用之初建立了较为完善的组织体系、管理制度和应用标准，这些基础性工作为后续诸多技术应用特别是管理类应用的顺利实施打下了较好基础。

不足：本项目 BIM 技术应用未能紧扣项目难点展开，比如难点 3 "结构构件混凝土强度等级种类较多，不利于施工管理"，既然在前期分析出项目面临这个问题，采取一个什么样的解决方案，BIM 技术扮演一个什么角色在后续描述中未有所体现，部分应用特别是管理方面的应用流于形式，未能明确点出传统管理本身存在什么问题，利用 BIM 技术又解决了什么问题，需要注意哪些方面才能让技术顺利实施。避免陷入空洞的叙述，无法给人较强的信服力。

综合评价或建议：本项目积极开展了 BIM 技术应用，特别是几项创新应用贴合工程实际，让人眼前一亮，根据实施计划施工各阶段均有深化设计工作，但未在应用内容中体现，智慧工地各项应用描述不够具象，也缺乏相关数据、图片等成果支持，其可信度和实用性方面缺少可信度，可以增加关键数据或者应用场景的描述。

姚斌　重庆大江建设工程集团有限公司总经理

综合评价：

1. 该案例详细列出应用实施计划，做到心中有数，为其他计划实施的项目提供可参考的时间标准；

2. 在 BIM 创新使用中，图文并茂，让人实实在在地看出了使用效果；

建议：可以有针对性地提炼项目难点、对照应用目标，为后续的技术应用总结提供有力的说明证据。

吕振　广联达新建造研究院特聘专家

亮点：项目充分利用 BIM 技术，在机电深化设计、可视化交底、施工现场进度、质量、安全管理等方面采用了大量基础应用，取得了良好的效果；在围绕深化设计的预制加工、幕墙深化设计、运维应用等方面有较大的亮点；整体上具备数字化转型的范本价值和推广意义。

不足：数字化转型依赖信息化技术，而信息化技术最终需要服务于项目管理业务，该项目难点非常具体，如：场地狭窄、混凝土强度种类多、生活区距离远、群塔作业存在管理风险等方面的问题，后续的应用中提到了部分解决方案，应该更加聚焦项目难点展开数字化应用。

综合评价或建议：项目作为一个典型的公建项目，很好地展示了数字化转型如何支撑项目管理能力提升的路径，同时在幕墙、运维等领域有很深入的尝试，具备公建项目数字化转型的范本价值。

中煤第七十二工程公司吾悦广场项目

> 企业简介：中煤第七十二工程有限公司成立于1957年，隶属于中国中煤能源集团公司的国有建筑施工企业。凭借雄厚的实力、严格的管理，公司连续17年被安徽省评为"最佳经济效益企业"，连续11年被安徽省工商行政管理局授予"守合同重信用企业"，连续八年被国家工商总局评为"全国重合同守信用企业"，先后七次被淮北市、宿州市授予"先进企业"、"文明单位"称号。

一、项目概况

1. 项目简介

宿州新城吾悦广场工程项目（见图1）坐落于汴河路与人民路交叉口，由宿州新城亿博房地产开发有限公司投资建设，安徽三友建筑工程项目管理有限责任公司负责监理，设计单位是安徽省建筑设计研究总院股份有限公司，中煤第七十二工程有限公司承建。本工程为大型商业综合体建筑，该商业广场建筑面积18.5万 m²，地上11.5

图1 宿州新城吾悦广场工程项目效果图

万 m²，地下室 7 万 m²，工程抗震等级为三级，设防烈度为 6 度，基础形式为筏板基础，主体为框架结构；工程总造价 3.05 亿元。

2. 项目创新性

施工企业的大数据正逐渐成为一种重要的生产要素，本工程项目整合分析了企业、项目、从业人员和信用信息等相关数据，盘活公司内部及外部海量的数据资产，充分挖掘大数据的价值，打破信息孤岛，并利用物联网、移动终端等新技术收集数据，最终为企业生产提供智慧决策依据。

3. 项目难点

本项目工程面积大，单层跨度高且没有标准层，层数较少，木制及钢制周转材料周转率底，一次性投入量大，高峰期钢管约达到 6000t，模板约 60000m²。项目专业化标准高，建筑功能系统众多，专业碰撞、工序交叉等矛盾集中，总包施工组织繁杂，协调分包管理工作量巨大。

4. 应用目标

争创安徽省安全生产标准化示范工地，安徽省科技示范工程及安徽省质量最高奖项"黄山杯"。

5. 应用内容

（1）建立实体模型，施工可视化把握节点。

（2）利用 BIM 技术对现场布置进行策划，提高沟通效率。

（3）复杂节点及工艺进行可视化交底，准确提取工程量。

（4）VR 体验与实体模型整合，亲身体验现场可能遇到的各种危险场景，让教育与培训更加深刻。

（5）进度精细化管理，实行一个三级管控体系，进行施工进度预警，及时实施纠偏措施，保证项目进度。

（6）信息自动归集，包括进度、成本、质量安全、劳动力统计等数据。

（7）生产上会，快速投屏，无需准备，直接上会。

（8）资料协同管理，项目 BIM 小组负责建立资料检查的模板，并且根据项目进展上传对应的项目资料。项目技术交底、图纸会审、项目例会等结束后，及时把相关文件扫描成电子文档并上传，项目人员可通过手机端随时随地查看项目相关资料。

二、技术应用整体方案

1. 组织架构与分工

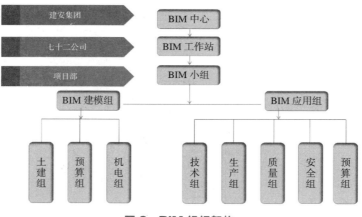

图 2　BIM 组织架构

2. 软硬件配置

BIM 土建算量软件（提取工程量）、模板脚手架软件（提取工程量及可视化交底）、云翻样和云计价（成本核算与分析）、5D 平台（信息集成及时熟悉规范标准）、称重系统（把控材料）、考勤系统（人脸识别门禁，管控进度与分工）。

3. 制度保障

项目部依据标准制定了相应的建模流程，实施流程等。公司成立督导小组并对现场应用制定考核办法和考核表，坚持按月考核，项目部也响应公司要求成立信息化小组，设立组织机构，并制定了推进计划。

三、技术应用实施过程

1. 人员技术培训

项目部前期就人员建模难、应用难等问题，邀请广联达公司进行培训，通过专业老师建模辅导，使项目部 BIM 小组成员熟练使用相关建模软件，将模型问题解决后，广联达实施更专业的人员讲解，使项目部人员更加了解软件的使用及意义，也能使软件功能更切合项目部的实际生产工作。在日常使用中，针对软硬件出现的疑难问题，项目部通过线上线下的方式及时联系广联达实施人员，使问题及时解决，真正做到了有问题不过夜、有问题必解决的服务承诺。

2. 技术应用过程

（1）劳务实名制管理系统

现场劳务人数的监控，通过项目部落实现场安保制度，实现现场封闭（见图3），本项目劳务人员刷卡进出，无卡人员进行登记，由场内人员引导进入。劳务工种匹配，为确保施工顺利进行，施工现场各工种之间密切配合，相互协调。如配合得当，则能将给个工种之间交叉施工造成互相影响降到最低，而减少返工的几率，同时还能节省大量的施工材料。

图3　劳务实名制管理流程

（2）物料管理：过磅系统与监控留存

通过软硬件结合的方式，全面监控称重过程，如：①红外对射，避免不规范上磅；②车辆皮重监控，预设额定皮重合理波动范围，超限警示；③同一车辆未出场不准再次称毛，避免一车多计。摄像头全方位监控，过磅监控车前/后/斗、磅房，卸料时监控料场。过磅人员只需待在磅房就可以实现一人收料，提高过磅效率，地磅对接，避免手工失误；实称实入库，保证材料真实到场。即时拍留存原始信息，以备核查。

运用大数据技术，纵向抽取、转换和装载业务数据、行为数据和基础数据等至数据库，进而横向通过数据模型，结合业务分析、充足和挖掘，最后将成果呈现给管理者，为管理者的决策过程提供数据支持，实现信息的有效增值。

（3）质量管理

施工现场大量质量安全相关数据的获取与积累，以及先进的大数据分析技术等，为施工质量安全管理提供了新的思考方向，即由"经验驱动的管理"转向"数据驱动的管理"。在实际项目工作中，通过现代化手段和大数据应用，可以将现场质量巡检与验收的数据实时记录并分析，当现场发生质量安全问题时，在广联达施工质量管理系统中及时添加记录，并描述问题。当施工质量问题的条数有一定积累时，可以根据施工质量问题所涉及的专业和内容，对问题进行分类和汇总，这样分析得出的结论，可以作为项目管理人员提升工程施工质量的重要参考和决策依据（见图4）。

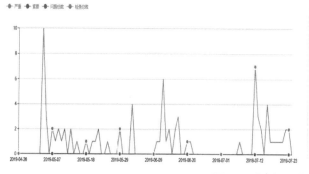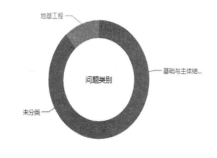

图 4 质量问题管理

（4）安全管理

安全管理要素的有效预警与管控，需要大量现场相关数据的支持，包括工人不安全行为记录，人的行为特征与特征数据，工人现场空间数据，工人安全记录数据，工人作业环境数据，设计规范、建筑或临时结构应力应变和位移数据，以及施工事故相关的其他数据。通过 BIM 技术，检查整改复查流程，隐患自动流转通知责任人，严重/紧要隐患自动通知领导，第一时间消除严重隐患完成 PDCA 管理闭环，过程清晰、责任明确。通知人查看等管理过程在系统留痕，方便用于数据统计分析，也方便需要时追源问责，所有表单自动生成，一键导出打印，照片留存系统。通过对现场安全隐患数据的分类汇总，形成现场高频隐患库。针对安全隐患问题进行专项整治，防微杜渐，以达到减少安全事故发生的目的。

四、应用总结

（1）通过引入 BIM、信息化管理手段在岗位以及项目级的落地应用，促进项目全体人员对于新技术的了解及认识，积累项目管理经验，探索基于 BIM 数字化模式下的项目管理思路，并为集团公司培养输出一批新技术、管理人才。

（2）本项目通过对盘螺钢筋的称重与供应商随车料单的对比结算节约了 22597kg，金额节约了 111400 多元；混凝土通过称重发现 80 多次车辆没有卸载完，强制要求司机自动倒回卸载完成。

（3）将各家安全区域落实到人，及时发现安全隐患重难点。项目部通过加强对细部做法和工程质量通病防治的培训、每周开展质量安全竞赛等。

（4）项目部高峰期人员超 4000 人，管理人员近百名，类似于小型社区管理，人员流动较为频繁，项目严格推行劳务实名制系统，集成各类智能终端设备对建设项目现场劳务工人实现高效管理，减少项目用工风险，提审劳务管理质量，积累劳务用工数据及工时工效数据，为企业后续项目劳务测算提供了充分的数据支持。

五、下一步规划

目前,基于作战指挥中心部署的智慧工地+BIM平台,宿州吾悦广场项目已逐步形成了智慧工地+BIM的雏形。但是,智慧工地+BIM的建设工作不是一蹴而就的,虽然目前项目部能将重要的项目管理数据进行记录、存储和集成,但距离挖掘数据分析的效益,利用大数据辅助决策还有一定差距。对于建筑施工行业来说,大数据并不遥远,它就在每个从业者的手边,就在每个企业的数据库里,只要采集、存储、清洗、挖掘,就能发挥他们真正的价值,提高整个行业数据的流通与互动,实现精细化管理和生产,进而实现绿色建造和生态建造的过程,大大推动建筑业的信息化进程和水平,让工程人扬眉吐气、引领潮流。

不积跬步无以至千里、不积小流无以成江海,七十二公司在智慧工地+BIM方面每一次的创新和突破,终会如百川汇海,与全国同行一起翻开建筑业的崭新一面。

专家评语

刘玉涛　中天建设集团有限公司总工程师

亮点：宿州新城吾悦广场工程项目为大型商业综合体建筑，项目的 BIM 技术应用把重点放在施工现场基础数据的收集、整理和分析上，充分利用物联网、移动终端等技术收集数据，为生产提供智慧决策依据。主要应用体现在劳务实名制管理、物料管理、质量管理、安全管理等 4 个方面，对应用方法进行了一定总结，提出了各业务部门对相关模块应用的要求，在思想上统一了 BIM 技术应用是全员工作而不仅仅是技术部门的工作，大大促进了各项应用的推进。

各项应用基于现场实际需求出发，以信息化手段为载体，加强管理的精细化程度，在一些应用场景方面发挥了较好作用。

不足：本项目计划应用内容罗列了 8 条，而介绍中仅有 4 部分内容，并且所介绍内容与计划应用内容也不完全一致，现阶段 BIM 技术应用一般可以分为技术和管理两方面的应用，而且在技术方面的应用一般来说更为成熟，但本项目在此方面未作任何阐述，对其中应用效果分析中的部分数据也存有疑问。

综合评价或建议：本项目 BIM 技术应用的目标定位比较高，希望通过各个应用模块收集各类基础管理数据，利用数据的分析结果对各项决策提供准确的技术支撑，这种精细化管理的应用场景应该是 BIM 技术应用的方向，也是 BIM 技术能体现其价值的最好载体，但就如文中所说，现阶段各方面还不够成熟，需要工程人继续努力。

姚斌　重庆大江建设工程集团有限公司总经理

综合评价：该案例为大型公建在项目施工阶段的实施案例，框架内容基本完善；应用效果总结列出真实案例，数据详实，效果明显。

建议：在应用点的数量和完整性可以再多下功夫；可以考虑增加这种大型公建应该用到的机电安装碰撞检查及模拟建造等方面的运用。

吕振　广联达新建造研究院特聘专家

亮点：该项目作为大型商业综合体非常适合于数字化技术引入，总包单位在项目创新方面也积极地思考了大数据作为生产要素的重要性，同时积极引入物联网、移动终端等新技术、新应用支撑数据的采集和使用，都对项目数字化转型和智慧化管理提供了很好的思路。

不足：数字化转型过程中核心要素是数据，数据的核心是标准。项目在应用过程中提出了标准保障，制定了统一命名、分类等相关要求，都是非常好的尝试；但是在数据标准如何推广、数据标准和作业过程、管理过程的联系可以加大阐述，为更多项目提供参考。

综合评价及建议：项目在应用效果总结方面，能够将实际应用价值进行量化总结，对数字化技术应用和业务管理难点进行对应性阐述，可以进行借鉴。

贵州桥梁建设集团天合中心项目

> 企业简介：贵州桥梁建设集团有限责任公司（以下简称"贵州桥梁"）始建于1959年11月，是贵州省首家拥有国家公路工程施工总承包特级资质的大型国有企业，注册资本25亿元，总资产345亿元，年生产能力达150亿元以上。拥有公路工程施工总承包特级、建筑工程施工总承包一级、市政工程总承包二级、起重设备安装工程承包二级、地质灾害治理施工甲级等资质。

一、项目概况

1. 项目简介

项目总用地面积56850m^2，其中市政道路绿化用地18225m^2，总建筑面积256888.57m^2，是一个集5A甲级写字楼、五星级大酒店、酒店式公寓、层高5.5mLOFT公寓及体验式商业娱乐为一体的商业综合体（见图1）。项目总投资约12亿元，建设工期3.5年。

图1 天合中心项目效果图

2. 项目难点

工程体量大，施工工期短，涉及专业多，工序交叉协调难度大，本工程机电各专业管线分布密集、数量庞大、走向错综复杂、空间排布紧凑，尤其在地下室管线集中区域，过程中专业交叉点多，施工协调难度大。物资采购过程复杂，资源管理难度大，机电各专业材料设备品种多、数量大，施工周期短进场时间集中，投入的劳动力、施工机械设备数量多，需合理分配人、机、料等进场批次与顺序。

3. 应用目标

（1）创优目标：项目施工过程中全面推进信息化技术应用，保证完整性、系统性及创新性，确保"黄果树杯"优质工程奖、贵州省建筑安全文明施工样板工地、贵州省建筑工程优质质量结构工程杯竞赛奖，争创龙图杯二等奖。

（2）业务目标：

1）利用BIM技术优化设计，规避施工风险，从而减少返工，达到节约成本的目的，并逐步提高各部门间信息提取和共享的效率，打破部门信息壁垒，优化流程，提高效率；

2）通过智慧工地和BIM的结合，增强数据积累能力与分析能力，利用项目大数据辅助项目管理，从而达到精细化管理的目的。

（3）人才目标：通过引入数字化、信息化管理手段在岗位以及项目级的落地应用，促进项目全体人员对于新技术的了解及认识，积累项目管理经验，探索基于数字化模式下的项目管理新思路，并为公司培养输出一批新技术应用型管理人才。

（4）方法总结目标：通过天合中心项目BIM应用，验证并优化总结出上述业务目标的应用流程、推进方法、岗位职责和检视制度等，最终输出可以在公司其他项目进行复制推广的方法论和配套推广文件。

4. 应用内容

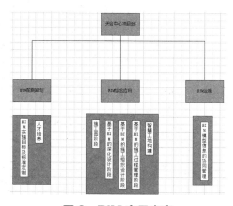

图2　BIM应用内容

二、技术应用整体方案

1. 组织架构与分工

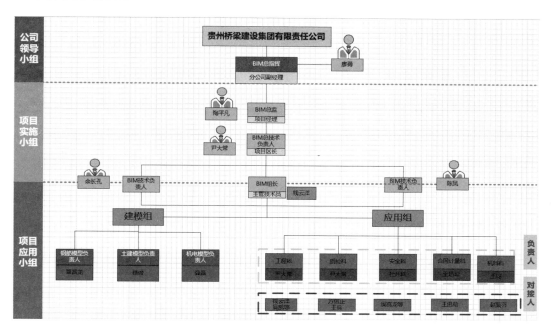

图 3　组织架构图

2. 软硬件配置

软件配置　　　　　　　　　　　　　　　　　　　　　　　　　　　表1

序号	软件名称	软件用途
1	T20 天正建筑	图纸处理及 BIM 出图标注
2	Autodesk Revit 2018	建筑、结构、机电专业三维设计软件；暖通、给排水、电气管线综合碰撞检查
3	Navisworks Manage 2018	三维设计数据集成，软硬空间碰撞检测，项目施工进度模拟展示
4	广联达施工场地布置软件	现场三维模拟，辅助施工部署，场地规划
5	广联达 BIM 模板脚手架设计软件	模板、脚手架设计
6	广联达 BIM 土建/钢筋算量软件	土建工程、钢筋工程量预算软件
7	广联达 BIM 5D 平台	BIM 集成协同工作平台
8	Fuzor 2018	三维可视化交底、施工模拟
9	Lumion 6.0	施工动画制作、效果图渲染

三、技术应用实施过程

1. 施工图阶段

（1）施工图纸会审与管理

通过 BIM 云平台，进行项目图纸的三维可视化，技术人员通过三维与二维图纸结合的方式进行，极大提高了技术员的读图识图能力、项目图纸沟通效率，设计变更的文件也通过 BIM 平台进行保存，资料实时共享。

（2）各专业模型创建与深化

由 BIM 项目负责人创建样板文件，各专业协同工作，分别由专职建模工程师构建土建、机电等各专业模型。最后，由 BIM 项目负责人进行模型整合及模型更新维护，根据 BIM 模型输出相关成果。

2. BIM 深化设计阶段

在深化设计阶段，BIM 技术主要应用于二次结构深化、净高优化、预留孔洞、管线综合等方面（见图 4）。

利用 BIM 软件创建砌块排布综合模型，完成砌块优化组合方案，并计算砌块实际用量。结合现场实际情况、施工工艺需对设计方案进行完善。通过 BIM 多专业集成应用，查找楼层之间净高不足之处，避免工期延误，大幅度减少返工，改善工程质量。在结构施工前，利用 BIM 技术准确定位混凝土的预留孔洞位置，对班组进行可视化交底，避免二次打洞，破坏结构，提高结构施工质量。集成各专业的 BIM 模型进行碰撞检查，发现碰撞点后，在安装模型中，通过三维模型调整，再次综合模型，并可导出二维平面图，生成剖面图，指导现场施工。

图 4　BIM 深化设计

3. 施工组织设计阶段

在施工组织设计阶段，主要应用于场地布置、模板脚手架搭建施工方案模拟、三维可视化交底、进度计划与模型关联等方面。

（1）施工场地平面布置：利用 BIM 技术三维反映施工场地布置，便于讨论和修改，检验施工场地布置的合理性，根据施工现场情况优化场布置。

（2）模板脚手架搭建施工方案模拟：利用 BIM 多维度可视化的特点，对重要施工方案进行模拟。项目各方可利用 BIM 模型进行讨论，调整方案，BIM 模型快速相应调整，最终确定最优的施工方案。

（3）进度计划与模型关联：通过将 BIM 与施工进度计划相链接，将空间信息与时间信息整合在一个可视的 4D（三维模型+时间维度）模型中，直观、精确地反映整个建筑的施工过程。4D 施工模拟技术可以在项目建造过程中合理制定施工计划、精确掌握施工进度、优化使用施工资源以及科学地进行场地布置，对整个工程的施工进度、资源和质量进行统一管理和控制，以缩短工期、降低成本、提高质量。

4. BIM 施工过程管理阶段

BIM 施工过程管理阶段，主要应用于现场质量安全应用、资料协调管理、现场精细化管理、智慧工地平台应用、数字工地、智慧劳务管理等方面（见图 5）。

（1）现场质量安全应用：从企业层面，制定企业质量巡检标准，巡检时参照统一标准执行，企业统一口径汇总，提高巡检质量，提升巡检效率，便于从企业层面快速定位集中爆发的质量问题类别，快速统计企业每期巡检完成情况，便于决策层对巡检

图 5　天合中心项目数字工地平台

工作进行考核。

（2）智慧工地平台应用：传统管理模式下，领导对项目的管理是很难达到直观高效的，不能及时了解项目的进展；通过智慧工地平台呈现项目概况及人员、进度、质量、安全等关键指标，对问题指标进行红色预警。

（3）BIM模型信息协同：将智慧工地平台和BIM技术的结合应用，使项目的进展进一步的进行了共享，信息实时更新打破了传统的项目管理模式，解决了项目信息不能及时共享的问题，各个部门配合更高效地完成工作内容。

四、技术应用总结

1. BIM应用总结

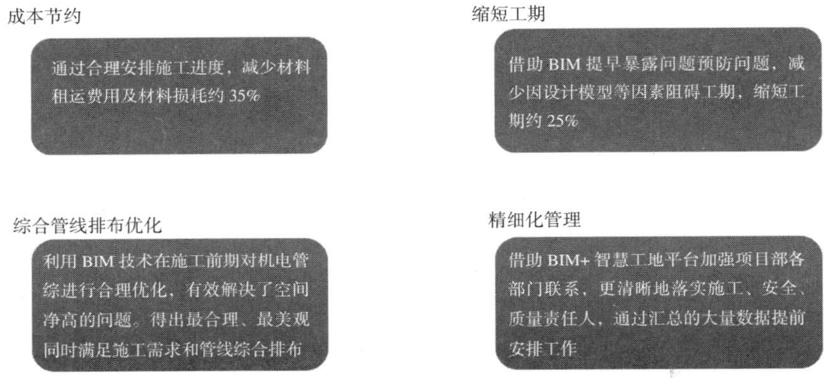

成本节约
通过合理安排施工进度，减少材料租运费用及材料损耗约35%

缩短工期
借助BIM提早暴露问题预防问题，减少因设计模型等因素阻碍工期，缩短工期约25%

综合管线排布优化
利用BIM技术在施工前期对机电管综进行合理优化，有效解决了空间净高的问题。得出最合理、最美观同时满足施工需求和管线综合排布

精细化管理
借助BIM+智慧工地平台加强项目部各部门联系，更清晰地落实施工、安全、质量责任人，通过汇总的大量数据提前安排工作

图6　BIM应用效果总结

2. BIM应用效益

BIM应用效益　　　　　　　　　　　　　　　表2

序号	类别	内容
1	图纸错误	通过REVIT建模发现图纸较难发现的问题和错误： （1）共计20处异形柱平面尺寸、配筋与详图不符； （2）大部分结构柱图与梁图、板图里柱对不上； （3）发现结构楼板共计12处洞口未按建筑图纸留置； （4）地下室及地下车共计20处标高有误； （5）地下室车道结构梁共计6处梁冲突，地下车无法通行； （6）机电管线穿梁共计10处
2	各专业协调管理	通过三维模拟，使各专业之间沟通顺畅、工序安排合理、施工方案合理
3	三维演示	为业主提供三维演示，便于业主对后期装修、安装等作出正确决策
4	施工方案、技术交底模拟	实现了以数字多媒体手段进行施工方案、技术交底、操作培训的目的，提高质量、安全管理能力
5	Fuzor应用	现场进行可视化交底，更便于质量管控
6	质量与安全	显著提高施工过程中质量、安全的管理效率，为本工程申报"黄果树杯"创造了有利条件

五、下一步工作计划

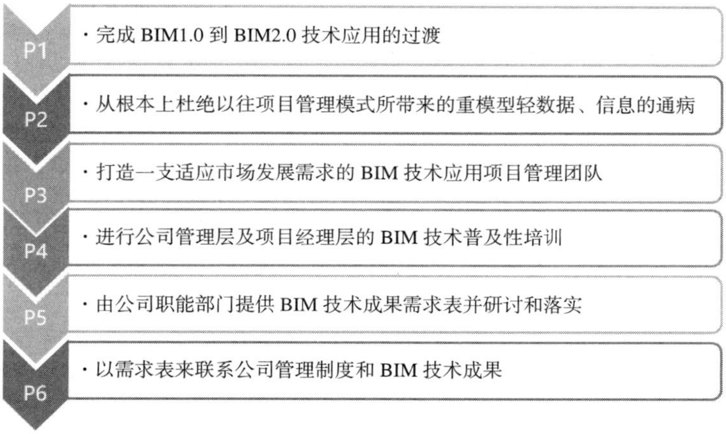

- P1 · 完成 BIM1.0 到 BIM2.0 技术应用的过渡
- P2 · 从根本上杜绝以往项目管理模式所带来的重模型轻数据、信息的通病
- P3 · 打造一支适应市场发展需求的 BIM 技术应用项目管理团队
- P4 · 进行公司管理层及项目经理层的 BIM 技术普及性培训
- P5 · 由公司职能部门提供 BIM 技术成果需求表并研讨和落实
- P6 · 以需求表来联系公司管理制度和 BIM 技术成果

图 7 下一步工作计划

专家评语

黄如福 中国施工企业管理协会信息化专家委员会主任委员，中国建筑科学研究院教授研究员

本系统涉及建设工程项目的、施工图纸会审与管理、深化设计、场地布置、模板脚手架搭建、施工方案模拟、施工方案三维可视化交底，以及质量安全管理、资料协调管理、现场人员、劳务管理、智能设备应用等。

本系统在材料成本管理，制订进度计划、缩短工期，以及图纸会审与管理等方面，成效比较突出。建议在BIM建模和现场数据的相互结合与应用方面，进行更深入的研究和应用。

马西锋 河南科建建设工程有限公司副总经理，高级工程师

亮点：BIM技术应用情况符合设定的业务目标；该项目管理思路清晰，制定的相关标准和制度可以支撑项目管理平台运行。

不足：人才培养目标实现情况未见表述；施工过程管理阶段，平台生产管理模块价值未能体现出来。

建议：建议项目加强平台生产进度管理方面的应用，合理地进行资源调配及工期管理。

吕振 广联达新建造研究院特聘专家

亮点：总包单位作为建筑工程一级资质企业，承接大体量商业综合体工程，利用数字化技术取得了非常良好的效果。围绕项目难点在深化设计、施工组织、施工过程管理方面做了扎实的基础性工作，可用于其他项目学习参考。

不足：总包单位借助该项目，真正实现了数字化技术引入、数字化团队建设的工作，围绕项目不同阶段的应用也提出了具体的内容；但是在施工图阶段、深化设计阶段、施工组织阶段、施工过程管理阶段之间如何实现数据的互联互通可以做细化的介绍，便于实现全生命周期管理。

综合评价及建议：项目大量采用了创新的数字化技术，对项目不同阶段均进行了不同程度的数字化应用，具备较好的学习价值。

武汉建工集团金银湖大厦建设项目

> 企业简介：武汉建工集团股份有限公司是湖北省综合实力最强的建安施工企业之一，具有房屋建筑工程施工总承包特级资质，公司拥有的专业技术人员占总人数的 80% 以上，并有享受各级政府专项津贴的各类专家和学科带头人，荣获全国"十五"建筑业技术创新企业、全国用户满意企业、首届武汉最具影响的十大创新企业、全国建设系统先进单位、中国优秀诚信企业、全国用户满意施工企业、创鲁班奖特别荣誉企业、全国五一劳动奖状。

一、项目概况

1. 项目简介

金银湖大厦建设项目（见图1）位于武汉市东西湖区金银湖南三街与金银湖路交叉口东北角，是由武汉建工集团股份有限公司承建的集办公与商业为一体的综合性大型公共建筑。项目总建筑面积 179868.3m^2，地下室3层，主要功能为车库及超市。地上塔楼46层，结构形式为劲性框架—核心筒结构，建筑高度199.6m，主要功能为1～37层为办公，38～46层为酒店，避难层设在20层、24层、35层；地上裙楼3～6层，结构形式为框架结构，建筑高度31.7m，主要功能为商业综合体。

2. 项目难点

（1）项目规模大，工程量繁多，劳务分包及专业分包众多，人员管理难度大。

（2）项目工期紧张，加之建设期间恰逢军运会，进度管控压力大。

（3）项目质量要求高（质量目标为争创国家级奖项），且结构形式多样，交叉作业部位较多，施工难度大，对施工质量管理提出了高要求。

（4）施工场地狭小，施工环境特殊，不安全因素较多，绿色施工和安全文明施工管理难度大。

3. 应用目标

（1）提升管理效率：拟通过 BIM+ 智慧工地管理平台实现全面全方位人员管理、

图1 金银湖大厦建设项目效果图

劳务实名制管理,通过云平台实现信息共享、业务互通,提高管理效率。

(2)精细化进度管控:拟通过斑马进度和BIM5D平台的进度管理模块对"人、机、料、法、环"等各生产要素的实时、全面、智能的监控和管理,实现进度精细化管控和进度风险预警。

(3)打造高效管理模式:拟通过BIM+智慧工地的质量巡检系统、安全巡检系统,全面提高施工现场的质量、安全问题整改效率,规避质量、安全风险,保障质量、安全文明施工目标顺利实现。

(4)智能化在线监控与预警:拟通过BIM+智慧工地的智能在线监控平台,对施工现场重大危险因素进行实时监控分析,对安全隐患及时预警,实现安全管理自动监控与预警。

(5)总结BIM+智慧工地应用成果:在安全、质量方面打通项目与公司两级管理模式,创"湖北省建筑工程安全文明施工现场",争创"AAA级安全文明标准化工地"以及"全国绿色施工示范工地",保证楚天杯,争创鲁班奖。申报实用新型专利8~10个,省级工法1~2篇、论文5篇、1项国家级QC成果。

二、技术应用整体方案

1. 组织架构与分工

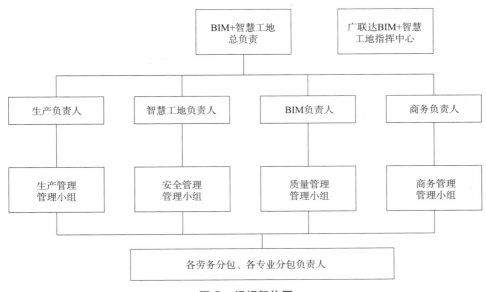

图2　组织架构图

2. 软硬件配置

项目搭建BIM+智慧工地管理平台三级构架。

一级构架为集团公司领导使用的指挥部管理平台，实现项目总体目标执行可视化，全局把控项目的进度、质量、安全、成本等管理目标；

二级构架为项目部主要管理人员使用的单项目管理平台，实现项目管理范围内的生产、质量、安全、成本、经营管理目标从整体到局部、从总体到阶段性展现与分析，便于项目主要管理人员进行规划、决策；

三级构架为现场一线人员使用的终端应用工具，实现现场实际作业活动的反馈与跟踪记录，现场质量、安全问题巡检与上传。

三、技术应用实施过程

1. 劳务实名制管理

由于施工现场施工单位多，各劳务单位人员组成复杂，施工作业人员流动性大，导致以传统方式进行劳务实名制管理十分困难。为此引进劳务实名制管理系统，分包单位进场前，在实名制管理平台上创建相关分包单位企业信息，当分包单位人员进场时使用身份证进行登记，现场采集面部照片存至信息档案，施工作业人员按要求登记后便可以通过闸机上方人脸识别装置进出施工作业现场。

2. 进度管控系统

本项目进度管控主要采用 BIM5D 平台 + 斑马进度组成的综合管控系统。

（1）进度管控：本工程项目工期紧张，且由于天气、军运会等政策影响，导致工期管控难度大，为顺利实现预期的进度目标，就必须制定出科学、合理、可实施的总进度计划。本项目利用斑马进度软件进行总进度计划的制定，并在网络横道图、双代号网络图、网络时标图中分别对总进度计划进行调整，确保总进度计划在穿插施工时的逻辑关系、资源状况等达到合理可实施。并找出关键线路，为进度管控的决策提供依据。

（2）任务派分及跟踪：将总进度计划分解成为月进度计划、周进度计划，并在 BIM5D 平台中根据流水段进行周计划录入，建立基于流水段的现场任务精细管理。推送任务至相关流水段的施工人员，进行任务分派，将施工任务与施工工艺相互关联，工长或技术员、质检员在现场跟踪中可以查看任务的相关工艺要求，并进行快速进行生产任务安排。工长在生产进度列表中总览派分给自己的全部流水段，也可以查看该流水段的全部施工任务，填报任务起止时间、进度详情等。

3. 质量巡检系统

为实现项目既定的高质量目标，项目应用了 BIM+ 智慧工地管理平台中的质量巡检系统。之前，质检员在现场的巡检都是手工完成，记录、拍照，回到办公室做成表单再交给整改队伍，整改完成后再去现场复查，流程繁琐，效率低，而且人员为了减少麻烦，往往都是口头沟通，出了问题找不到责任人，公司也无法积累数据。现在使用移动技术、云平台技术，现场发现质量问题，直接用手机拍照上传，选择系统内置的质量隐患问题，编辑整改内容，指定整改人，发给相关责任人整改，信息及时传递，数据实时积累，未整改情况也能及时发现并采取有效措施。系统会对上传的数据进行整理汇总，在手机端可查看质量问题整改情况，以及最近的问题趋势，据此采取针对性的质量管控（见图 3）。

4. 安全巡检系统

为提升项目安全管理效率，项目部应用了 BIM+ 智慧工地安全巡检系统，取代了传统的手工管理模式。现场发现安全隐患，直接用手机拍照，选择系统内置的安全隐患库，编辑整改内容并指定整改人，发送给对应的劳务队整改。通过系统对各类数据进行汇总，并根据隐患级别和隐患类型进行分类整理，管理层能分清安全管理工作的

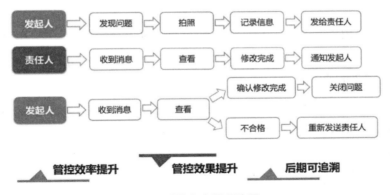

图 3　质量安全管理流程

轻重缓急，明确工作的侧重点，有效地掌控现场安全状况。

5. 智能安全帽系统

项目部采用最新型智能安全帽，结合智能安全帽系统进行全方位保护。每天劳务人员和管理人员通过考勤点或关键进出通道口设置的"工地宝"，主动感应安全帽芯片发出的信号，记录时间和位置；通过4G上传云端，经过云端服务器处理，得出人员的位置和分布区域信息，绘制全天移动轨迹。在进行安全教育的同时，采用专用手持设备，进行身份证扫描，简选工人工种、队伍等信息，同时进行证书扫描或人员拍照留存等；发放安全帽的同时，关联人员ID和安全帽芯片，真正实现人、证、图像、安全帽统一（见图4）。

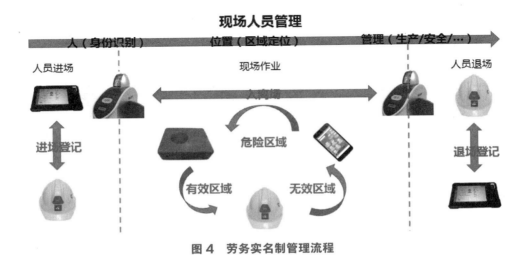

图 4　劳务实名制管理流程

四、技术应用总结

（1）建模阶段：建立金银湖大厦建设项目建筑信息模型（BIM）作业指导手册，实现了规范化 Revit 建模，避免了 BIM 模型因建模规则不统一造成模型不匹配、模型与 BIM5D 平台不兼容等问题。

（2）优化了部门与部门之间的工作流程，所有施工信息集成在 BIM+ 智慧工地的模型中，信息实时共享，实现了可视化、信息化管理。

（3）总结形成了一套标准化管理办法，借助 BIM+ 智慧工地平台和有能力的管理人员，可以完全贴合项目常态化管理工作。

（4）人才培养：BIM 中心不同岗位人员专攻本岗位服务内容，实现了专业人才从事专业工作，目前已有建模员、BIM5D 运维员、效果动画制作员、VR 维护员、场地布置专员等各个岗位。BIM 中心人员定期分享总结，提高了个人的讲解能力，将个人发现的问题在分享总结时集思广益，共同解决工作过程中发现的难点。

（5）经济效益：经过与本公司其他同类型项目对比，截至目前本项目零工使用量节约了 20% 左右，因政策、天气等原因造成停工 30 天，通过 BIM+ 智慧工地的使用以及工期优化，本项目可按时竣工。

专家评语

黄如福　中国施工企业管理协会信息化专家委员会主任委员，中国建筑科学研究院教授研究员

（1）在劳务实名管理上，实现了全方位、全程动态人员管理，以及信息共享、业务互通，提高了工作效率。

（2）通过BIM与质量安全巡检系统的综合应用，规范了质量与安全管理，实现了管理方式数据化、手段智能化，提高了质量安全整改效率和管理水平。

（3）应用斑马进度和BIM5D平台，可实时记录、跟踪、反馈和监控各进度任务的实际进度和生产要素。

本系统在项目作业人员管理上水平较高，实用性好，结合BIM技术，在质量安全管理规范化方面，进行了较深入的探索和应用，效果比较好。建议在获取项目现场数据与BIM建模方面，做更进一步努力。

马西锋　河南科建建设工程有限公司副总经理，高级工程师

亮点：本工程能够根据工程重难点及拟解决的关键问题拟定应用目标，平台应用效果显著。

建议：建议加强BIM技术在解决劲性框架—核心筒结构施工过程中复杂节点优化应用，以提高复杂节点施工质量及效率；建议加强BIM技术在质量创优策划及实施阶段的应用，助力质量创优目标的实现。

吕振　广联达新建造研究院特聘专家

亮点：该项目作为大型商业综合体，建设工期受制于军运会极度紧张，如何利用数字化技术改进管理、节约工期是第一要务；项目在应用过程中非常密切的抓住这个主要矛盾开展了一系列有成效的工作。项目在劳务实名制管理、进度计划管理、质量管理、安全管理等方面有数字化应用的典型示范。

不足：项目介绍了质量、安全管理如何实现了企业、项目的两层管理模式，在应用中可以加强说明，两级联动管理对具体管控有较大意义；组织设计中有商务人员参与到业务应用过程中，但是在应用成果上总结不足。

综合评价及建议：该项目围绕工程难点做了一系列的数字化工作，最终应用成果也较好地反馈了在工程难点上达成的效果，是一个优秀的数字化案例。

天元集团青岛绿地海外滩项目

> **企业简介**：天元建设集团有限公司是伴随着新中国的诞生而成立的大型综合性企业集团，AAA特级信用企业，具有年完成施工产值1000亿元、承建8000万平方米工程的总承包能力。所承建工程荣获64项"鲁班奖"、"国家优质工程金奖"、"詹天佑奖"等三大建筑工程综合质量奖，37项"中国安装之星"、"全国建筑工程装饰奖"、"中国钢结构金奖"等建筑工程专项质量奖，以及117项"泰山杯"、"扬子杯"、"天府杯"、"长城杯"、"海河杯"、"安济杯"、"白玉兰奖"等省级工程质量奖。

一、项目概况

1. 项目简介

绿地海外滩项目（见图1）位于青岛市市北区由绿地控股集团青岛置业有限公司投资兴建，由天元集团青岛二公司施工，监理单位为青岛万通建设监理有限责任公司，总建筑面积154968.4m^2，结构形式T1、T4楼为框架-核心筒结构，R1、R3（1～4#）、R4楼、地下车库为框架结构，主要用途为商业，二期为超高层项目，为市重点工程。

2. 项目创新性

近年来，由于建筑业市场竞争越来越严酷，为了减短施工周期，避免过程中施工工序穿插混乱和现场物料浪费等，本项目采用BIM+智慧工地的施工现场进度管理技术，通过现场管理终端整合BIM土建机电模型、工人进出场管理、材料管理、生产管理、质安管理等，控制突破了以往传统施工由于施工前无法直观地规避一些生产问题，造成的工期延误、成本增加等问题。

3. 应用目标

利用BIM+智慧工地平台管理现场，实现项目精细化管理。利用BIM的进度动态优化技术，对项目施工进度进行动态模拟确定最优进度计划，利用BIM技术进行现场实际施工进度与施工模拟进度对比，预警进度偏差，及时调整进度计划，规避进度风险，利用BIM技术多维度提取材料计划，为物资采购、限额领料，辅助项目材料精细化管

图 1　绿地海外滩项目效果图

控。利用智慧工地平台管控现场大宗材料，控制成本，实现精细化管理，利用智慧工地质安管理系统预防和管理现场的质安隐患，实现"两不让"：不让危险源转化成隐患，不让隐患转化成事故。

二、技术应用整体方案

1. 组织架构与分工

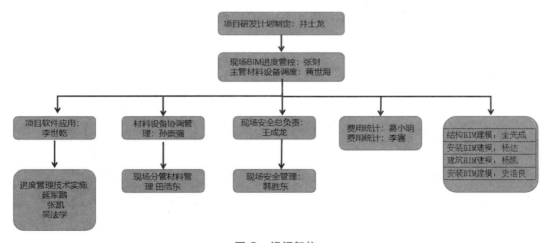

图 2　组织架构

2. 软硬件配置

软硬件配置　　　　　　　　　　　　　　　　　　　　　　表 1

序号	软件配置
1	广联达 BIMVR 平台 V1.0
2	广联达 BIM 施工现场布置软件 V7.5
3	广联达斑马网络计划管控版软件 V2.6
4	广联达梦龙施工安全管理系统 V2.5
5	广联达梦龙施工质量管理系统 V2.5
6	广联达 BIM5D 项目版系统 V4.0
7	REVIT 软件
8	3Dmax 软件
9	广联达数字劳务信息管理系统
10	广联达数字劳物料信息管理系统
11	AutoCad2014
12	门禁人脸识别系统
13	VR 体验系统和设备

3. 标准制度保障

《建筑信息模型应用统一标准》、《建筑信息模型施工应用标准》、《建筑信息模型分类和编码标准》、《制造工业工程设计信息模型应用标准》、《建筑信息模型设计交付标准》、《建筑工程设计信息模型制图标准》、《建筑工程信息模型存储标准》，此外，项目部制定了检视制度和奖惩制度等，以保障施工。

三、技术应用实施过程

1. 项目研究内容

（1）基于 BIM+ 智慧工地的进度优化研究

BIM 的施工现场进度管理技术，第一步是编制严谨、合理、具有实际指导意义的施工方案。利用 BIM 技术对施工方案及图纸中的主要施工方法、工艺流程、施工段划分、材料要求、进度计划等文字叙述，转换成三维立体模型，预演模拟施工场景，直观展现施工进度情况，对进度存在不合理的方案，进行提前调整、优化，形成最优进度计划实施方案，保障项目工期目标顺利完成。

（2）基于 BIM+ 智慧工地进行现场实际进度与模型计划对比研究

在实际施工中，现场技术人员将现场实际施工进度，利用现场管理软件上传，系统自动将实际进度与原进度计划进行对比，对比实际进度和计划进度，预警进度偏差，及时调整网络进度计划。同时，将合同资料、材料计划、施工方案等任务按时间节点编制到网络进度计划中，避免个别环节脱节影响工期，保证各部门进度有效协同。

（3）基于 BIM+ 智慧工地的物资管控技术的研究

利用 BIM 模型按照已划分好的施工段、进度计划等多维度，提取混凝土、钢筋、预制构件及各种周转材料用量，进行物资需求模拟，编制材料采购计划，为物资采购、限额领料等精细化管理提供准确数据支撑，根据现场管理软件，将计划材料用量与现场剩余材料量对比，时时预控避免因材料供应不及时导致延误工期进度，也避免进场材料过多占用大笔资金的情况发生。

（4）基于 BIM+ 智慧工地的 BIM5D 管理平台的多岗位协同，信息共享研究

通过 BIM5D+ 智慧工地管理平台实现现场成本、质量、安全和进度协同管理。BIM5D 管理平台是通过 PC 端、网页端、手机端和 BIM 云空间三端一云的形式进行现场协同管理。通过 PC 端进行模型的集成和流水段的划分，各岗位通过手机端进行现场数据的采集，通过 BIM 云进行数据的自动汇总分析。领导通过手机端和网页端进行数据的查看和下载。BIM 模型的轻量化处理各岗位人员可以直接通过手机端和网页端进行模型的浏览。

（5）基于 BIM+ 智慧工地的地磅系统

利用物料验收系统，软件与硬件结合、借助互联网手段实现物料现场验收环节全方位管控，堵塞物料验收环节管理漏洞。自动读取地磅及电子秤仪表数据，不允许手工修改；称重验收过程通过拍摄验收现场视频及图片，全程监控；超负差、非正常情况及时处理，对账结算依据，合理诉求有保障。提前将混凝土容重输入系统，搅拌车载货及空车过完地磅后自动计算方量可以与计划方量对比，且过磅时的照片影像资料票据全部储存便于后期查找，并且可以按照多维度统计分析，帮助项目管控成本。

（6）基于 BIM+ 智慧工地的质量安全管理

质量和管理系统实现软件+硬件（手机、电脑）的结合，解决从办公室到现场的管理问题，建立安全隐患库以及规范库，手机 APP 实现检查—处罚—整改—回复—分析的 PDCA 的管理流程（见图 3），集成实测实量设备，让质量管理更简单、便捷、直观。采用质安系统进行质量安全管理，利用手机端 APP 记录问题，对问题流程实现自动跟踪提醒，减少问题漏项，提高整改效率。管理流程实现闭环，实现管理留痕，减少问题发生频度。利用大数据分析出项目质量安全问题的分布趋势和类别以及主要问题的集中点，为项目下一步措施提供数据支持。

图 3　质量安全移动端管理

四、技术应用总结

项目部对建设部四新技术的合理应用，解决本工程材料供应不及时、对现场实际情况掌握不清、现场材料存放过多、资金大量闲置、工期滞后等问题，降低施工成本。施工进度比预期加快完成约 20%，成本节约占总造价的 5% 左右。本项目对于 BIM+ 智慧工地的施工现场进度管理技术的应用，有效地保证工程施工进度，节约工程造价，缩短施工工期。通过引入 BIM 技术、信息化管理手段在岗位以及项目级的落地应用，促进项目全体人员对于新技术的了解及认识，积累项目管理经验，探索基于 BIM+ 智慧工地数字化模式下的项目管理思路，并为公司培养输出一批新技术、管理人才。本工程作为 BIM+ 智慧工地试点应用工程，在应用过程中，不断验证并优化总结出各应用点的应用流程、推进方法和制度，最终得以在公司所有项目进行复制推广。

五、下一步规划

1. 形成基于 BIM+ 智慧工地的项目施工现场进度管控技术实施方案，发表相关技术成果论文一篇；

2. 总结技术研究过程中技术创新应用，形成 QC 应用成果一篇；

3. 编制研发项目 BIM+ 智慧工地推广应用实施细则和指导手册，在集团公司范围内推广应用。

专家评语

黄如福 中国施工企业管理协会信息化专家委员会主任委员，中国建筑科学研究院教授研究员

（1）利用BIM技术，实现了动态模拟、优选进度计划和进度管理。

（2）从BIM模型中，多维度提取材料需要量和使用计划，实现了采购、验收、使用等材料成本的精细化管控。

（3）质量安全管理系统，在预防和管理现场工程质量和安全隐患方面，实现了不让危险源转化成隐患，不让隐患转化成事故，保证了项目质量和安全。

（4）劳务实名制管理系统，涉及劳务人员进场、住宿、工作考勤、教育及考核、劣迹记录、工资支付等，功能齐全。

希望结合BIM特点，进行全面系统的总结，让BIM技术在项目管理上，尤其是在质量、安全管理上，更实用、更方便好用。

马西锋 河南科建建设工程有限公司副总经理，高级工程师

亮点：该项目BIM+智慧工地平台在生产进度及资源管理方面应用较深入，应用效果明显。

不足：BIM+智慧工地平台在质量管理、安全管理方面的应用效果不明显，目标完成情况未见表述。

建议：发挥平台在质量管理、安全管理方面优势，做好项目质量、安全管理工作；挖掘平台数据价值，为项目管理及企业管理决策提供数据支持。

吕振 广联达新建造研究院特聘专家

亮点：该项目为超高层商业综合体项目，项目采取了BIM+智慧工地技术进行融合应用，对项目进行精细化管控。项目制定了明确的数字化推动小组及一系列标准制度保障，项目在进度管控、物资管控、机电管控等方面进行了深入应用，同时将数字化与项目业务管理进行了深度融合，为其他项目数字化应用提供了很好的思路。

不足：项目介绍了BIM及智慧工地技术是如何融入项目管理过程中的经验，具有良好的借鉴意义，但是在进行应用总结的时候，内容还不够详细，可以从社会、经济、人才等方面进行总结。

综合评价及建议：项目作为超高层项目及重点项目，大量应用数字化技术进行项目管控，是一个非常优秀的应用案例。

第八章
医院综合类

本篇亮点
- 中建八局中国医学科学院北京协和医院转化医学综合楼项目
- 厦门特房建设工程集团马銮湾医院项目
- 河北建设集团新建石家庄市儿童医院（市妇幼保健院）项目
- 江苏南通二建集团南通市中央创新区医学综合体项目

中建八局中国医学科学院北京协和医院转化医学综合楼项目

> **企业简介：** 中国建筑第八工程局有限公司（以下简称中建八局）是世界500强企业——中国建筑股份有限公司的全资子公司，以承建"高、大、精、尖、新"工程著称于世，在国内外建造了一大批地标性建筑精品，是中国承建机场航站楼、会展博览、体育场馆、医疗卫生、高档酒店、文化旅游等项目最多的企业，被誉为"南征北战的铁军，重点建设的先锋"。先后荣获"全国文明单位"、"全国五一劳动奖状"、"全国质量奖"、"全国优秀施工企业"、"全国用户满意企业"、"全国企业文化建设先进单位"、"全国模范职工之家"等多项国家级殊荣。

一、项目概况

1. 项目简介

中国医学科学院北京协和医院转化医学综合楼项目（见图1），由中国建筑设计研究院设计，中国建筑第八工程局有限公司总承包施工。项目地处首都长安街附近核心区域，位于北京市东城区帅府园1号北京协和医院东院区，本工程为科研建筑，地下

图1　中国医学科学院北京协和医院转化医学综合楼项目效果图

5层，地上10层，总用地面积8600m²，总建筑面积55437m²。该项目是"十三五"规划的全国五个转化医学楼中首个正式实施项目，将建设成为国家级、国际化、高水平的北京地区转化医学研究中心，充分发挥北京协和医院作为全国疑难重症治疗指导中心和拥有最丰富病例资源的诸多优势，为推动转化医学研究做出应有的贡献，为首都及全国人民带来更好的医疗服务。

2. 项目创新性

转化医学综合楼复杂性极高，还要兼顾设计高要求，项目基于BIM+智慧工地技术，在首都核心区域进行精益建造中的应用，将建筑新技术、新工艺、新成果应用到工程建设中，以实现工程建设的精细化管理。

3. 项目难点

（1）地处核心区域

本工程地处首都核心地带，位于北京市协和医院东院，东侧紧邻东单北大街，距基坑边缘仅1.5m，南侧紧邻护士楼，距基坑边缘仅4.8m，西侧紧邻内科楼，距基坑边缘仅4m，北侧紧邻门诊楼。现场施工场地十分狭小，内部无环形道路。工程材料仅能在夜间运输，现场无加工场地及材料堆放场地。

（2）专业繁杂

本工程为转化医学综合楼，填补国内医疗领域在转化医学方面的空白，共计5大系统15个平台，涉及转化医学类医疗科研建筑所需的各类专业，包括气动物流、防护屏蔽、净化工程等14项专业，种类繁杂。

（3）施工精度高

转化医学综合楼为医疗科研建筑，内含较多大型医疗设备、实验室、医用机房，其中，2个回旋加速室、7个直线加速室、大型合成热室等大型机房均设置在地下，部分墙体达到2800mm，精密的医学设备对结构及预留预埋精度要求极高，误差需控制在毫米级。

（4）工艺复杂

作为协和医院的重点工程，医院精装修的良好效果与整体造型的美观意义重大，施工的细部做法需高标准、严要求，以保障达到既定的装修要求，为后续医患双方提供良好的就医环境。

4. 应用目标

针对医疗建筑设计与施工的特点及本工程特殊的地理位置，计划应用BIM+智慧工地技术，解决现场施工组织、工期管控、专业繁杂、施工精度高、工艺复杂等问题，助力项目精细化管理和绿色施工。同时,公司希望通过此次实践,形成一套系统的、符合企业发展方向的、可复制的 BIM 实施标准,为公司其他工程项目提供示范经验,并借此机会,提高各部门人员的 BIM 技术应用能力,培养一批新型技术人才和管理人才,为公司及 BIM 行业的发展做出贡献。

5. 应用内容

(1)设计方案优化;
(2)狭小场地施工部署与规划;
(3)转化医学多专业管线空间策划;
(4)医学加速室机房规划与模拟;
(5)幕墙样板深度应用;
(6)沉浸式体验;
(7)智慧工地建设。

二、技术应用整体方案

1. 组织架构与分工

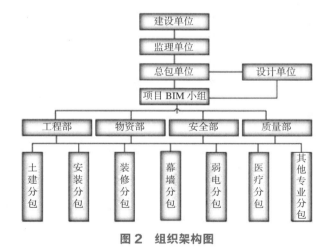

图 2　组织架构图

2. 软硬件配置

软件配置　　　　　　　　　　　　　　　　　　　表 1

北京协和医院转化医学综合楼项目 BIM 技术应用软件配备					
序号	名称	版本	单机/协同	用途
1	REVIT	2016	单机	工程建模,复杂节点深化
2	Navisworks	2016	单机	多专业模型整合、碰撞检查、进度模拟

续表

北京协和医院转化医学综合楼项目 BIM 技术应用软件配备				
序号	名称	版本	单机/协同	用途
3	3Dsmax	2016	单机	渲染效果动画制作、3D 打印、平面布置
4	AutoCAD	2014	单机	出图及图纸审核
5	C8BIM	1.7.0	协同	BIM 协同工作平台
6	BIMVRCAVE	—	协同	VR 沉浸式体验平台

硬件配置　　　　　　　　　　　　　　　　　　表 2

北京协和医院转化医学综合楼项目 BIM 技术应用硬件配备			
序号	硬件设备名称	型号配置	用途
1	台式机 3 台	CPU:9700K 显卡：P2000	模型建立，应用点制作
2	BIM 云处理中心	—	模型建立
3	LED 四面屏幕	P2.5 LED 屏幕 46.98m^2	沉浸式体验方案比选，可视化交底
4	CAVE 播放设备	—	方案播放设备
5	VR 安全体验设备	HTC VIVE	VR 安全教育

3. 标准保障

为配合业主方打造世界一流的智慧医院，同时解决施工现场实际问题，在施工初期，项目制定了《北京协和医院转化医学综合楼项目 BIM 实施策划方案》，主要包括人员架构、建模标准、技术流程、软硬件计划、例会制度、建模计划等。尤其针对本工程特点，对狭小场地、复杂专业、医学加速室、装配式幕墙等内容进行专项实施策划。

三、技术应用实施过程

1. 设计方案优化

（1）地下室灯光照明分析：依照电力照明系统设计，项目采用 BIM 技术辅助进行灯光分析，主要分析地下车库照明系统的灯光布置，选择最优布置方案，节约成本。

（2）核医学药物运输路线模拟：为实现全院物资运输及仓储的智能化、无人化管理，保证核医学药物运输的安全，通过智能导航车解决院内运输任务。项目应用 BIM 技术模拟机器人运输路线，解决道路狭窄及门洞尺寸空间障碍。

（3）精装方案虚拟样板：项目致力于打造经久耐用、温馨愉悦、更换灵活、空间融合、采光通风的精装修设计。项目利用沉浸式体验系统，打造虚拟样板，模拟实际材质、光照体验，方便业主、设计院、施工总包确定实施方案。

2. 施工部署与规划

（1）狭小场地的空间布局：本项目地理位置特殊，场地空间狭小，以往这种情况都会采用 2D 场地平面布置，但是本项目利用 BIM 的技术优势，采用 3D 场地布置方法，对施工人员、材料、机械、专用定制塔吊等关键因素进行了排布，直观地利用每一寸可使用的空间，极大地提高了项目的整体运转效率。同时，通过 3D 的实景呈现，我方与甲方充分沟通后，在不影响施工的情况下，在既有建筑旁设置 3 个生活办公区，进一步提高空间利用率（见图 3）。

（2）既有建筑保护与防扰民措施：由于现场涉及夜间施工，众多材料需夜间进场，故对施工场区进行灯照策划。通过 BIM 进行施工模拟，在基坑周边及塔吊周围，布置 14 个 500W 的 LED 射灯。射灯的数量、瓦数和每个灯所处的位置，都是经过多次模拟后的最优方案，既保证施工正常进行的基本光照条件，又尽可能避免影响医院内人员的夜间休息，在照明方面实现科学化、标准化。

（3）施工进度模拟与主材进场数量控制：本工程因场地有限，无材料堆场，钢筋为场外加工后运输至现场，实用实销，无法大量存放。在这种情况下，结合进度模拟 +BIM 模型 + 钢筋翻样，合理地进行采购、加工、人员配备，做到材料进场与进度的无缝衔接。

图 3　三维场布图

3. 多专业管线的空间策划

（1）确定各专业管线排布原则：转化医学对气动物流、医学气体、净化工程等专业要求高，部分走道管线数量达到 30 根，管线空间排布难度极大。针对本项目特点，综合利用 BIM 技术，提前策划排布原则，提高管线排布工作效率。

（2）深化设计与方案交底：通过 BIM 技术进行管线综合排布后，与设计院紧密沟通，下发综合排布、各专业排布、预留洞口图纸，指导现场施工。根据管线综合排布深化图纸，与管理人员及分包单位交流，增强对排布方案、施工顺序及图纸的理解，提高现场施工效率，有效解决了在有限空间中管线施工难的问题。

4. 医学加速室机房规划与模拟

（1）依据设备型号机房深化设计：依据核医学放射防护要求及设备厂商安装经验，与业主方、设计院协调对机房深化设计，对土建结构及预留预埋进行优化调整，出具医学设备机房深化设计图纸。

（2）机房构造与可视化交底：加速器室预留预埋管线构造利用BIM技术进行建模，调整钢筋与管线排布，使作业人员对医学机房施工方案更加了解，提高结构施工及预留预埋准确率。

（3）复核现场实际数据：机房施工完成后，通过放样机器人及三维扫描仪对管线预留预埋位置精度进行复核（见图4），并将相关数据反馈设计方及医学设备方，提前多方核对，避免安装过程中返工。

（4）医学设备后期吊装：加速器室大型设备运输要求高，部分房间含辐射需铅砖封堵，已施工结构严禁修改。利用BIM技术，结合设备尺寸、安装要求，对运输过程所需的空间、操作过程进行模拟，提前留好作业空间、规划路线，确保安装顺利。

图4　放样机器人/三维扫描仪

5. 幕墙样板深度应用

本工程幕墙体系为仿古拼花石材幕墙，外观造型较为特殊，节点效果需专家论证。工程采用BIM技术建模，并对外墙配色、拼花效果进行渲染，完成后由领导及专家进行审核确认。幕墙连接体系采用钢结构龙骨，采用BIM建模的方式对其结构形式与节点连接方法进行分析，调整完成确定尺寸后，安排工厂进行下单加工。将 BIM 模型通过 AUTOXR 软件与 AR 桌面设备完美融合，方便快捷地展现技术质量样板方案，方便施工人员更直观理解样板细节。

6. 沉浸式体验

在施工项目中打造沉浸式体验馆（见图 5），让每一位体验人员身临其境，对工程模型、管线排布、工艺样板、精装修效果等内容有更加深刻的理解，项目工期异常紧张，沉浸式体验馆的建成，方便过程中进行技术交底、方案比选，加快交流进度，保证质量一次成优。

图 5　沉浸式体验图

7. 智慧工地建设

（1）智慧工地平台搭建：为实现科技建造、绿色施工，工程引入"智慧工地平台"。通过智慧工地平台展示，从多个终端集成施工现场实时情况、项目概况、工期进度和主要节点、公司党建活动等关键信息，让所有参建人员对项目整体情况更加了解，同时，对工程建设过程留存影像资料。

（2）劳务管理：工程引进劳务实名制系统，方便项目对入场工人数量及信息的实施掌控。同时，通过健康筛查机器人对现场管理及施工人员进行健康筛查及管理，可对入场工人的身体状态有更清楚的了解，保证参建人员拥有良好的身体状态，健康工作。运用安全 VR 设备对新入场工人对施工现场常见的安全隐患进行沉浸式体验教育，提高其对规范施工操作的重视，避免安全事故的发生。

（3）绿色施工管理

本项目采用了 2 台无附着定制塔吊，两塔之间、塔吊与既有建筑之间距离非常近，易发生碰撞危险，通过塔吊监控系统系统实现塔机的安全监控、吊钩可视化、运行记录、声光报警的远程监控，使得塔机安全监控成为开放的实时动态监控。此外，项目还引进了实验室温湿度监测系统、喷淋系统、雾炮自动控制系统等，用于绿色施工管理，避免安全事故的发生。

四、技术应用总结

1. 解决项目在特殊环境下施工的众多问题

借助 BIM 技术，结合智慧工地系统，对项目解决在首都核心区狭小场地施工过程中的困难起到显著作用，通过对场地动态布置、噪声管理、进度控制、物资精算运输等方面的精细化管理，确保了本工程顺利施工的同时，医院及周边正常运转，降低影响。

2. 形成了一套复杂医院工程的 BIM 实施标准

通过本工程 BIM 技术应用的实施过程，形成了一份针对复杂医院及科研建筑工程的 BIM 技术应用实施标准及专项方案，对类似工程的实施起到很好的示范作用。

3. 人才培养

通过项目全员参与的 BIM 技术应用推广以及每月的专业技能培训，提升了项目管理人员对 BIM 技术的认识与技能水平，为 BIM 技术行业的发展做出贡献。

专家评语

姚斌　重庆大江建设工程集团有限公司总经理

综合评价：该项目虽小，但技术应用深度深，能很好地和施工现场相结合；技术应用总结合理，有效，是小型公建运用之典范案例，值得好好学习。

建议：智慧工地的运用可以更深入些。

刘玉涛　中天建设集团有限公司总工程师

亮点：本项目对工程难点进行了分析，并根据工程难点针对性地进行了BIM技术应用，这从逻辑上解答了为什么应用BIM技术的问题，说明了在开展技术应用之前，根据工程项目的特点进行应用内容的针对性分析是工作顺利开展所必不可少的。

本项目BIM技术应用包括设计方案优化、施工方案仿真、深化设计以及智慧工地建设等内容，选择的各项应用与工程实际结合紧密，目标明确，利用BIM技术较好地解决了项目存在的一些难题，展现的素材相对较为充分，具有较高的可信度。

通过项目的实施得出了医院类项目的BIM实施标准以及一支专业的技术应用队伍，这是项目实施后留下的一笔宝贵财富。

不足：中建八局作为行业先进，医院项目又具有足够的工程特点和技术难度，因此，在较为成熟的BIM技术应用基础上，中建八局应该有更深和更广的应用内容，特别是在精细化管理和运维管理方面探索BIM技术蕴含的更为丰富的价值。

综合评价或建议：本项目的BIM技术应用贴合工程实际，对项目需求和重难点把握清晰准确，利用BIM技术解决了特殊环境下的众多问题，把技术应用落到了实处，总体来说BIM应用实在有效。但是相对于项目特点和企业地位，应该可以做更多的探索应用。

冯俊国　广联达新建造研究院特聘专家

本项目综合要求都比较苛刻，从周边场地要求，建设本体要求，都需要体现各参与方的核心能力，利用BIM+虚拟技术，从设计优化、规划模拟、沉浸式体验多方面优化，使项目建设能够顺利达到建设目标，通过智慧工地平台实现对全项目各类管理数据的高效集成，提升管理效能，检视执行效果，对项目成功起到保障作用。

厦门特房建设工程集团马銮湾医院项目

> 企业简介：厦门特房建设工程集团有限公司（原福建省第四建建筑工程有限公司）系厦门经济特区房地产开发集团有限公司全资子公司，福建省龙头企业，是一家具有建设工程施工总承包特级及人防工程（甲级）、建筑工程（甲级）、市政公用、钢结构、建筑装修、地基基础、电子与智能化、防水防腐保温、消防设施、机电安装等多项专业承包资质的企业。

一、项目概况

1. 项目简介

马銮湾医院项目（见图1）位于福建省厦门市海沧马銮湾新城西部东瑶村。项目总用地面积160.3亩，总建筑面积307960m²，总投资概算约为213603万元。建设单位为万城城建开发（厦门）有限公司，设计单位为中元（厦门）工程设计研究院有限公司，施工单位为厦门特房建设工程集团有限公司。

图1 马銮湾医院项目

2. 项目创新性及难点

项目工期为3年，建成后将成为拥有全国数量最多的直线加速器的三级综合性医院，造型设计亮点为位于屋面及入口大门的大跨度空间曲面钢结构，受到当地政府及外界的关注度高。同时，医院项目涉及的专业多，共同参与的分包多，项目整体横纵向管理难度大。

3. 应用目标

"零缺陷管理"、"精细化管理"、"软环境建设"是近年来国际上提出的三项管理标准。作为国有施工单位，为了加强企业自身竞争力，适应当前建筑施工新环境，应以提升企业对项目监管能力、提升项目精细化进度管控能力为目标，提高项目建设信息传递的准确性、有效性，建立高效软环境平台，将基于BIM的项目建设过程精细化信息管理模式融入项目工作流程中，从而达到零缺陷管理的目的。

（1）实现方法总结：验证并优化总结出业务目标的应用流程、推进方法、岗位职责和检视制度等，最终输出可以在公司其他项目进行复制推广方法论和配套推广文件。

（2）实现人才培养：为公司培养输出一批BIM技术、BIM管理人才，作为公司下一步BIM平台全面推广的储备人才。

（3）实现创新目标：在施工过程中全面推进BIM技术运用，保证运用的完整性、系统性及创新性，组织至少1次省级项目观摩，争获国家级BIM大赛奖项。

4. 应用内容

根据应用目标和项目组织架构，确立针对各组工作重点的信息化管理应用内容。

（1）技术管理（技术组）：施工进度计划排布、图纸及变更管理、复杂节点BIM轻量化交底、方案交底及运用二维码技术现场复核。

（2）生产管理（生产组）：生产进度管控、战略地图、施工影像资料管理、劳动力统计、施工日志。

（3）数据分析（公司及项目领导）：计划与实际生产进度对比、生产周、月、季度例会汇报。

（4）质量管理（质检组）：实测实量、问题整改进度跟踪（特别是上级检查部门明确的整改问题的整改管控）。

（5）安全管理（安全组）：安全问题整改管控。

二、技术应用整体方案

1. 组织架构与分工

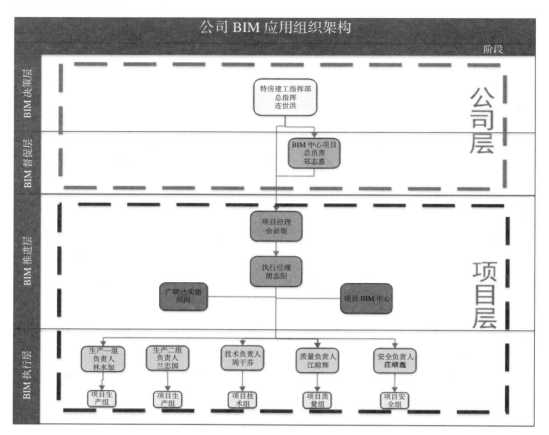

图 2　组织架构图

2. 制度保障

特房建设工程集团有限公司总经理作为公司 BIM 领导小组组长，BIM 中心主任为副组长；公司 BIM 领导小组定期对试点项目 BIM 应用情况按制度和评分标准打分，汇报公司主要领导并全员公示。

三、技术应用实施过程

根据建设过程精细化信息管理目标和规划，公司于各项目成立基于 BIM 的建设过程精细化信息管理小组，规范建设过程精细化信息管理模式在项目部的落地，通过平台技术端进行项目创建、资料管理、应用监管和数据管理。

1. 推进节奏及关键里程碑

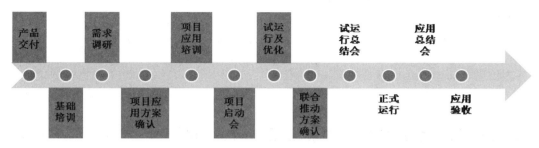

图 3　关键里程碑

2. 项目各组开展平台应用具体内容及职责

1）BIM 管理小组：首先于 BIM5D 平台云端（见图 4）创建新开工的项目，录入项目信息，其中包括工程项目所在地工程区域、项目详细地址、合同开工日期和合同完工日期等。其次，于技术端上传/更新 BIM 集成模型，并依照项目实际施工分区对 BIM 模型进行流水段划分、清单关联、工程计划关联、图纸规范文件更新上传等。最后录入应用人员信息，设置对应的职责岗位。

图 4　企业级整体施工过程信息看板

2）技术组：工作开展前期，根据实际工程进度计划，在平台 WEB 端上将工作计划细则与已经关联的 BIM 集成模型相对应，周计划任务应对应至具体责任人、参与人。工作开展过程中，技术组需要在各工序时间节点审查平台数据，比对实际施工进度与计划进度，分析进度滞后原因，调整原进度计划或者解决导致滞后的关键问题。

医院功能性空间结构形式复杂，运用信息化平台整合的优势，对复杂节点 BIM 轻量化交底、方案交底及运用二维码技术现场复核。

3）生产组：主要信息录入主要分为两个部分，其一是施工进度信息录入，各施工分区负责人在平台手机端查阅各自负责区域的月、周进度计划，根据工作计划内容开展工作。在相应任务下录入工作开始时间、结束时间以及进度形象照片，如若未能按照原计划时间完成工作，需写明原因；其二是每日对所负责区域各班组上工人数进行统计并录入（见图5）。

图5 实际进度填报列表

4）质检组、安全组：各组负责人通过在日常质量安全巡检时发现问题，以照片和文字描述的方式记录在平台相应版块，明确问题整改负责人与整改期限。相应问题整改负责人将收到来自平台的整改通知，待整改部位照片上传后，完成问题闭合。

5）预算组：提供合同预算及成本预算文件，利用软件进行三算对比、工料机分析等。可根据施工分区划分的流水段提取主材工程量，用于物资管控。

6）监督审查方：监督审查方由公司分管领导、BIM中心、各项目业主、监理及项目经理组成，每周对平台数据整合的进度、质量、安全、劳动力等分析报表数据或者作战地图进行审查，将审查报告作为项目例会点评及各项工作决策依据，并结合应用考核办法对各负责人进行奖惩，以确保建设过程精细化信息管理模式良性推行。

四、技术应用总结

通过不断地摸索和努力，基于BIM的项目建设过程精细化信息管理平台已在马銮湾医院成功推行，公司已逐步形成并完善项目三级数据管控。项目建设过信息的填报与检查逐步固化：创建新开工的项目，在平台上传项目BIM模型及项目基本信息，通过系统录入总进度计划,按月、周在总进度计划中进行细化分解,并填报实际进度、质量安全问题、劳动力数量等信息。管理人员通过BIM5D平台可以及时了解项目进度及相关数据信息。平台的数据整合自动形成的报表用于领导日常决策、项目例会点评等。项目管理人员统一用BIM5D工艺库功能查阅电子版图纸、工程图集,提高了工作效率。

五、下一步规划

坚持建设过程精细化信息管理总体目标,全面推行精细化管理是对涉及工程的各种因素实施全过程、无缝隙的管理,形成一环扣一环的管理链,严格遵守技术规范和操作规程,优化各工序施工工艺,克服各个细节质量缺陷,形成整体工程高质量。结合实际管理需求,从其建设工作分成管理思维系统化、实际工作明细化、工作业务优化三个主要规划提升内容。

专家评语

姚斌　重庆大江建设工程集团有限公司总经理

综合评价：框架基本完整，详细列出推进节奏及关键里程碑，并对项目各组开展平台应用具体内容及职责进行图文并茂的描述，为准备实施的项目提供可参考的资料；创新式地提出了"监督审查方"，并对其职责进行了描述，使应用的推荐更加精准有效。

建议：应用目标可以更清晰些，实施过程也可以做到更聚焦。

刘玉涛　中天建设集团有限公司总工程师

亮点：本项目的 BIM 技术应用侧重在过程管理，包括技术管理、生产管理、数据分析、质量管理以及安全管理等 5 方面内容，主要依托的技术手段是 BIM5D 平台，通过各个业务岗位的应用，实现管理流程的信息化。应用目标中提出要实现实施方法的总结，包括业务目标的应用流程、推进方法、岗位职责和检视制度等，应该说是一个比较好的思路，只有方法实现标准化才有大量复制推广的基础。

通过项目的实践，项目建设过程的信息化管理思维应该说有了一定进展，公司层面也逐步建立起项目三级数据管控，部分数据的分析结果给科学决策提供了有力支撑。

不足：本项目的 BIM 技术应用侧重在过程管理，包括技术管理、生产管理、数据分析、质量管理以及安全管理等 5 方面内容，主要依托的技术手段是 BIM5D 平台，通过各个业务岗位的应用，实现管理流程的信息化。实际上从介绍中可以看出，除了可视化以外，BIM5D 平台的运用与 BIM 模型并没有太大的关联性。

综合评价或建议：医院项目在建筑、结构、机电等专业上具有其固有的一些特点，比如功能空间施工复杂、机电管线布置困难等，BIM 技术应用首先应该在这些方面发挥其技术特点，解决实际施工中存在的工程难点，通过 BIM5D 平台实现精细化管理当然值得尝试和推进，但管理涉及人、材、机、责、权、利各方面，仅靠一个平台就想解决存在的问题是不切实际的，应该加强对实施过程中仍存在的问题进行总结分析，以便在下一次应用中加以改进和注意。

冯俊国　广联达新建造研究院特聘专家

本项目建筑体量较大，相关管理团队在组建过程中就考虑信息化技术的应用，各个职能小组进行分工应用，完成数据采集、分析、管控深层次应用，各参与方在技术手段的支撑下，实现项目的高效管理，整体协作效率得以提升，培养了能够利用新技术创新管理新模式的管理团队。

河北建设集团新建石家庄市儿童医院（市妇幼保健院）项目

> 企业简介：河北建设集团前身为两支中央部属企业，1997年正式组建河北建设集团有限公司，2017年更名为河北建设集团股份有限公司，注册资金13亿元，中国企业500强（366位），中国承包商80强（20位），2017年12月15日在香港H股主板成功上市。

一、项目概况

1. 项目简介

　　建设单位：石家庄市政府投资项目代建中心

　　设计单位：中土大地国际建筑设计有限公司

　　监理单位：河北冀科工程项目管理有限公司

　　施工单位：河北建设集团股份有限公司

新建石家庄市儿童医院（市妇幼保健院）项目位于石家庄市桥西区友谊大街与汇丰路交叉口西北角。有儿童病房楼、妇产病房楼、综合门诊医技楼三个建筑单元（见图1），占地面积55.81亩，以框架剪力墙结构为主，其建筑面积128000m^2，其中地上建筑面积84000m^2，地下建筑面积44000m^2。本项目工期为2019年7月15日至2020年12月30日，该工程被定为一类民生工程，自开工建设以来受到市政府领导的高度关注，书记、市长、副市长多次来现场指导工作。

2. 项目创新性

　　工程本身造型独特、新颖，采用新型材料和工艺，应用组合式方圆扣进行柱模板安装，方便迅速；外架采用钢板网有效提高抑尘率和降噪率，且整体美观；应用BIM+智慧工地，有效指导项目管理施工。

3. 项目难点

　　（1）工期紧任务重：合同工期540天，开工后要求工期压缩至330天；工程风险大，同时提高质量和安全施工的风险。

　　（2）单层面积大，一次性投入多；地下室44000m^2，投入周转材料很大，比正常施

图 1　新建石家庄市儿童医院（市妇幼保健院）项目

工多投入一倍。塔吊、汽车泵均增加很大投入；人工费单价增加百分之三十。外形相对复杂，施工困难。

（3）专业分包多，施工队伍多，交叉作业多，协调困难。有代建中心招标队伍，有医院招标队伍，预计有 20 个以上专业分包。另外，还有很多材料设备需要招标供货厂家。各种材料的品牌、规格、颜色等方面的确认较多。

（4）二次结构、内外装修工程大都在冬期施工，扬尘管控对工期的影响，对材料生产厂家的影响都很大，存在不确定性。

（5）施工作业面狭窄，去除工程建筑面积，基本没有可利用空地，现场布置非常困难。

（6）本项目为医院工程，管道错综复杂，对管道排线布置有很大挑战，管道一旦打架，就会出现返工，不仅影响工期，还增加成本。

（7）本项目努力争创省优质工程，如何在这么短的工期内保证施工质量，这是一个巨大挑战。

（8）政府投资项目，变更、签证困难，尽量减少出现工程变更。

4. 应用目标

在工期严重压缩的情况下对项目管理将会是非常大的考验，质量、安全、劳务、进度、多专业协调等是项目所面临的难题，我公司采用"BIM+智慧工地"管理系统对整个项目进项全局管控，预计缩短工期 30%、安装专业施工工期缩短 50%；节约内装修费 20%、节约材料费 20%。要将 BIM+智慧工地管理技术进行总结，形成一套可推广应用的工法、可借鉴参考的论文、可以共享应用的专利，培养一批 BIM+ 智慧工地技术应用管理人才，努力将本项目打造成为河北省内 BIM+ 智慧工地示范工地，增强集团社会影响力。

5. 应用内容

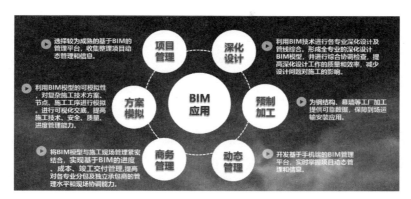

图 2　应用内容

二、技术应用整体方案

1. 组织架构与分工

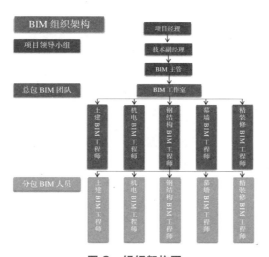

图 3　组织架构图

2. 软硬件配置

软硬件配置　　　　　　　　　　　　　　　　　　　表 1

序号	名称	作用
1	台式电脑	BIM 建模
2	数字化管理平台	BIM+ 智慧工地应用平台

续表

序号	名称	作用
3	模板脚手架软件	方案验算
4	场地建模软件	场地建模
5	门禁系统	劳务实名制管理
6	VR 系统	安全管理
7	塔吊监控系统	塔吊及现场安全监控
8	无人机	航拍、影像传输、施工监测

3. 标准保障

《建筑信息模型应用统一标准》GB/T 51212—2016

《建筑信息模型施工应用标准》QBJM—01—2019

《河北建设集团 BIM 技术应用管理办法》

《河北建设集团股份有限公司 BIM 应用和管理工作 7 项强条》

4. 制度保障

图 4 各类制度保障

三、技术应用实施过程

1. 基础可视化应用

在工程开工前期建立 BIM 模型，BIM 具有可视化特点，可以将建筑及其附属物的大小、位置、颜色等通过三维建模形象展示出来，再加上 VR 技术，可以身临其境提前观看建成后的状态。基于 BIM 技术的管线综合技术可将建筑、结构、机电等专业模型整合，可很方便地进行深化设计，再根据建筑专业要求及净高要求将综合模型导入相关软件进行机电专业和建筑、结构专业的碰撞检查，根据碰撞报告结果对管线进行调整、避让建筑结构。

2. 三维场布

项目开工前,项目部采用场地布置软件根据图纸、结合现场勘查情况,进度的总体安排,按照文明施工、安全生产的要求,考虑施工区域的划分、施工通道的布置、现场临时水电的布置、现场生产设施、现场办公及生活区等内容,预先模拟布置调整,经过几轮评审后,最终确定了最优的场地布置模型(见图6),形成了一套完整的物料供应体系,极大地提高了物料供应效率,避免了不必要的二次搬运造成的人力、财力的浪费,提高了工作效率,节约了工期。

3. 机电管综

基于BIM技术的管线综合技术可将建筑、结构、机电等专业模型整合,可很方便地进行深化设计,再根据建筑专业要求及净高要求将综合模型导入相关软件进行机电专业和建筑、结构专业的碰撞检查(见图5),根据碰撞报告结果对管线进行调整,避让建筑结构。通过对设备和管线进行综合布置并调整,从而在工程开始施工前发现问题,通过深化设计及设计优化,使问题在施工前得以解决。

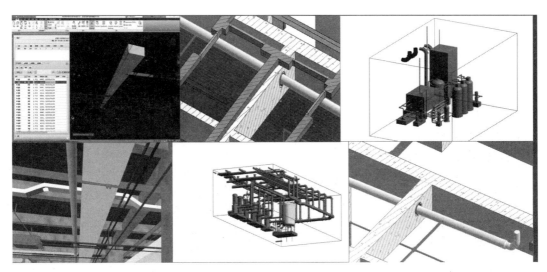

图 5 机电 BIM 模型深化设计

4. BIMVR

利用 VR 技术,将 BIM 模型导入 VR 设备中,进行安全技术交底。VR 体验相比传统场景更加真实,激发了工人参加安全教育的兴趣,工人对安全事故体验感更强,安全教育效果更明显。体验者进入虚拟环境可对细部节点、优秀做法进行学习,获取相关数据信息,进一步优化施工方案,提高工人的安全防范水平和应对能力。虚拟环境中的模型样板房均由软件绘制,避免了材料、人工的浪费,软件产品可以循环利用,减少建筑垃圾,符合绿色施工的环保理念,且虚拟场景建设不受场地限制,模拟真实场景下的安全事故和险情,有效解决了工人安全意识薄弱的问题。

5. 数字化硬件

将现场多种监测仪器、无线传感器通过物联网技术串联起来,采用主动或被动触发方式及时发现工程及周边建筑物、管线隐患,实现从被动整改到主动监管。例如:在塔机上安装控制主机、高度传感器、力矩传感器、回转传感器、幅度传感器、风速仪及显示屏,操作人员通过显示屏能直接观察到塔机工作状态,从而协助司机进行现场操作,杜绝超重吊、隔物吊和盲吊。24h 的 PM2.5、PM10 监测,监测数值与雾炮、塔吊喷淋联动,超过规定值时,塔吊喷淋与雾炮喷淋自动开启。洗车池连上光感设备,当车辆进出场地时,洗车设备自动开启。

6. 质安管理

采用云+手机移动端的模式,取代了传统的手工管理模式,现场发现安全隐患,直接用手机拍照,编辑整改内容并指定整改人,发送给对应的劳务队整改。系统会对上传的数据进行汇总(见图 6),并根据隐患级别和隐患类型进行分类整理,让管理者分清安全管理工作的轻重缓急,明确工作的侧重点,有效地掌控现场安全状况。有效地将现场问题量化,解决了问题不确定、责任不明确、整改不到位等常规现象。

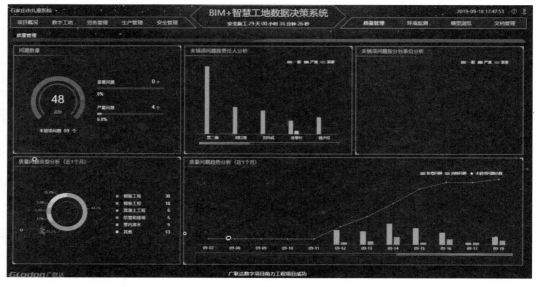

图 6 质量安全看板

四、技术应用总结

1. 应用成果总结

新建石家庄市儿童医院项目基于BIM+智慧工地系统精细化管理的成功应用，通过使用智慧工地系统，实现不同时间段内一系列流程的迅速反应、实施、决策等，实现了管理升级，自开工以来缩短工期较计划相比近2个月。有效解决了临时设施在场地狭窄满足环境、职业健康与安全文明施工要求的前提下尽可能减少废弃地和死角，临时设施占地面积有效利用率大于90%，未出现一例质量、安全事故。

我项目部成功举办2019年9月25日河北省（首届）建筑业数字化建设峰会BIM+智慧工地观摩会，极大提高了集团的社会知名度与影响力。通过应用BIM+智慧工地技术，培养出一批现代化技术管理人才。

在应用"BIM+智慧工地"管理平台之后，我公司总结编写出可应用借鉴推广的企业级工法、企业级论文，申请专利两项已受理，目前我公司河南某大型装配式项目经过考察我项目部"BIM+智慧工地"应用情况，现已使用项目数字管理平台对工程进行指导施工。

2. 应用方法总结

我公司推行BIM应用和管理工作7项强条：

1. 各分、子公司BIM技术应用由各单位总工程师负责，应设立BIM工作站。
2. 相关项目部要成立本项目BIM技术小组，明确责任人。
3. 各分、子公司每年应组织BIM技术培训工作，提升公司和个人BIM技术应用能力。
4. 各分、子公司积极开展BIM技术研究和应用，在以下项目设计、施工中必须推广应用BIM技术：

（1）以国有资金投资为主的大中型建筑、申报绿色建筑的公共建筑和绿色生态示范小区；

（2）预控国优的工程；

（3）绿色施工科技示范工程；

（4）装配式建筑；

（5）有应用要求的其他项目。

5. 策划与实施：

（1）项目开工前，进行BIM应用方案策划，填写《××项目BIM技术应用策划书》报BIM技术中心建立档案。

（2）开工后，BIM技术中心对登记的项目实施过程提供技术指导。

（3）项目部在每年12月10日前报年度BIM应用总结材料。

6. BIM 技术中心对公司 BIM 技术应用项目实行应用成果总结验收管理，各分、子公司 BIM 工作站应督促所属各项目及时总结应用成果，填报"建筑工程 BIM 技术应用成果总结"，同时提交 BIM 模型源文件、分类族库文件、影像资料及效果、效益证明材料等。

7. 各分（子）公司 BIM 技术应用情况纳入各单位目标管理经营责任书进行考核。

专家评语

黄如福 中国施工企业管理协会信息化专家委员会主任委员，中国建筑科学研究院教授研究员

利用 BIM 技术，研发的基础工程可视化，三维场地布置，机电管网深化设计和安全技术交底（BIMVR）系统；采用云 + 手机移动端，研发的质量安全管理系统；以及劳务管理系统和智能设备（数字化硬件）应用系统，为项目管理智慧化，做了有益的工作。

建议结合项目现场需求和 BIM 的特点，进一步完善"智慧工地"。

马西锋 河南科建建设工程有限公司副总经理，高级工程师

不足：

（1）应用目标"预计缩短工期 30%、安装专业施工工期缩短 50%；节约内装修费 20%、节约材料费 20%"，目标设定不合理，工期缩短 30% 必定会造成成本增加，内装修费节约 20% 难以实现，节约材料费 20% 也不符合工程建设常规，在采用常规施工管理模式且保证工程质量前提下，实现目标难；

（2）应用目标中工期目标和材料节约目标是重点，但未见 BIM+ 智慧工地平台在生产进度管理及材料管理方面的应用。

建议：

（1）修订应用目标，提高目标可执行性；

（2）加强 BIM+ 智慧工地生产模块及材料、设备管理方面的应用，做好工期及生产资源管理工作。

冯俊国 广联达新建造研究院特聘专家

本项目属于民生项目，建筑本体设计造型新颖，对施工建造过程要求较高，工期紧张，项目在建造过程中应用技术内容和技术点较全面，从岗位提效，单业务综合管理到全项目智慧工地平台建设，涵盖全面，值得推荐。

江苏南通二建集团南通市中央创新区医学综合体项目

> 企业简介：江苏南通二建集团始建于20世纪50年代，市场遍及全国28个省、自治区、直辖市的100多座大中城市以及美国、加拿大、以色列等多个国家和地区，先后创鲁班奖、国优奖、詹天佑奖52项，铸就了一大批经典建筑、精品工程。荣获"中国驰名商标"、连续荣膺"全国优秀施工企业"、"全国建筑先进企业"，9次荣列江苏省建筑百强综合实力考核第一名，连续6次排名中国建筑竞争力百强企业前20名，连续15次进入中国企业500强、中国民营企业百强、中国承包商80强。

一、项目概况

1. 项目简介

南通市中央创新区医学综合体项目，地下2层，地上塔楼13层，裙房3层，建筑总高度59.0m；总建筑面积364509.72m^2，其中地上建筑面积220259.85m^2，地下建筑面积144249.87m^2，人防建筑面积为79833m^2。根据建筑使用功能，把综合楼地上部分分为塔楼（T1、T2、T3、T4）、裙房和连廊雨篷等6个独立结构单体（见图1）。主体结构包括钢筋混凝土框架剪力墙结构、装配式结构、劲性混凝土结构，外墙材料为金属幕墙和石材幕墙体系。

2. 项目创新性

本项目亮点将BIM技术融入智慧工地数字平台，运用数字化手段增强管理效益。

3. 项目难点

本工程工期短，总工期为960天，必须在2021年7月1日确保医院正式运营，向建党100周年献礼。质量要求高，合同约定确保鲁班奖。规模大，单栋地下室建筑面积14万m^2，单栋地上建筑面积22万m^2。医院的专业工程多，专业分包多达20家。总承包管理协调难度大。

图 1 南通市中央创新区医学综合体项目效果图

4. 应用目标

针对本项目难点通过"BIM+ 智慧工地"的各项数字化应用,确保合同目标的实现。最终培养出全员参与数字平台质量、安全、成本控制的新管理模式。实现项目责任成本降低 5% 的新目标。通过本工程的磨合,在新承接工项目后的所有管理人员能主动实施数字平台管理。

5. 应用内容

(1)开工之初,落实应用劳务管理系统、扬尘监控系统、视频监控系统、水电监控系统。通过以上技术的应用,规范了农民工实名制用工管理,避免薪资纠纷、规避了扬尘超标引起的企业不良信用记录、对整个项目 360°无死角监控,减少财产损失和事件的可追溯性,促使项目所有人员节约用水、用电。

(2)正式开工后,落实应用 BIM+ 智慧工地平台(质量管理系统、安全管理系统、BIM+ 技术管理系统、生产管理系统等)。通过以上技术的应用解决了质量管理过程中发现问题及时上传和系统做数据分析减少通病的发生,安全管理系统可以对危大工程进行平台可视化管理减少隐患的发生,减少由于设计变更、方案信息传递不及时而产生施工遗漏造成返工。

二、技术应用整体方案

1. 组织架构与分工

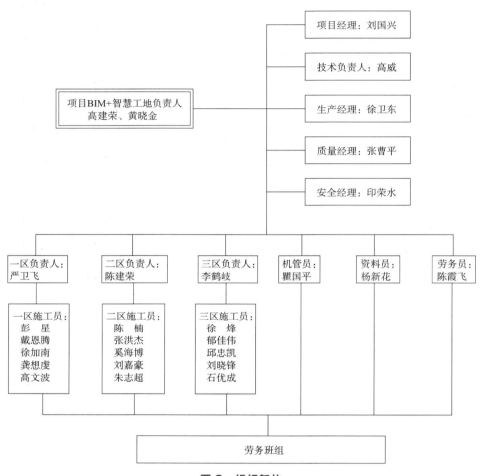

图 2　组织架构

2. 软硬件配置

软硬件配置表　　　　　　　　　　　　　　　　表 1

序号	配置项	品牌参数
1	智慧平台	广联达云管理平台
2	塔吊黑匣子 + 吊钩视频系统	品茗塔机监控管理系统 + 海智吊钩可视化系统
3	智能安全帽	广联达芯片识别安全帽
4	环境监测 + 扬尘喷淋联动系统	海智喷淋联动系统
5	高支模监测	联睿科高大支模自动化监测设备
6	卸料平台监测	宇科卸料平台报警系统
7	安全质量巡检 APP	广联达安全质量移动端巡检系统

续表

序号	配置项	品牌参数
8	BIM5D	广联达 BIM5D 标准版
9	劳务实名制管理系统	广联达实名制考勤系统（人脸识别）版
10	安全教育 BIM+VR	广联达 BIM 安全教育系统
11	LCD 拼接屏 / 会议室大屏	（自建）LG 4×4 块 55 英寸拼接液晶屏
12	视频监控系统	（自建）夜视枪机 46 组 + 高清夜视球机 8 组
13	智能水表、电表监测系统	萨达智能水电表

3. 标准保障

（1）《建筑信息模型应用统一标准》GB/T 51212—2016，2017 年 7 月 1 日起实施。

（2）《建筑信息模型施工应用标准》GB/T 51235—2017，2018 年 1 月 1 日起实施。

4. 制度保障

（1）奖惩制度：每月按安全隐患、质量整改、进度完成情况上传数量纳入月度绩效考核成绩。对于迟报、漏报、不报，本月考核不合格，同时处以责任人 500 元罚款并全场通报。

（2）沟通制度：项目经理组织学习"BIM+ 智慧工地"平台使用方法。确保各岗位人员对平台的充分理解。

三、技术应用实施过程

1. 人员技术培训

项目在智慧工地运用之前便由集团公司技术部门针对项目的实际情况制定了详细的智慧工地实施策划（三维策划展示动画），对涉及的相关智能设备进行了多方调研，经过软硬件实力的多次比较，最终确定了综合实力较强的广联达作为智慧平台进行项目智慧管理。

在智慧工地运作之初，项目部与广联达公司组成了联合打造小组，对各智慧工地施工分项进行软件和硬件的安装方案分解，广联达技术中心组织了多次软件管理应用实体教学，促进项目管理团队掌握各软硬件的参数性能及应用方法。经由小组成员对智慧工地实施策划的深入研究打造，各项应用均达到了预期的效果。

2. 技术应用过程

（1）BIM+ 技术管理系统应用

医院公用建筑工程由于功能改变多，结构复杂且施工图设计时间仅为 3 个月完成，造成整个工程变更极度频繁。项目采用了 BIM+ 技术管理系统，由项目技术总负责收集所有变更和所有方案及危大工程的三维交底文件上传至数字平台并发出通知。所有管理人员、班组长通过手机 APP 就能及时收到通知、通过与原图的链接查找到变更的具体位置与变更的内容。根据三维交底和施工方案指导现场施工，加快了信息的传递，避免施工遗漏造成返工。

（2）BIM+ 生产管理系统的应用

南通市中央创新区医学综合体是南通市 2019 年中心城市"十大推进重点项目"，列入每年的政府考核任务。为完成年底封顶的进度目标，项目部布置了标准层 10 天施工计划，区域各工种施工员对照 10 天计划，每天上传完成工作量的情况并拍照留存，系统与总计划自动分析形成对比，针对进度滞后的采取增加人员或延长工作时间进行弥补。

10 天工作计划中重要一环就是叠合板、叠合梁、预制楼梯的生产和到场管理。本工程不同类型叠合板 7900 块，不同类型叠合梁 2850 根。项目部派出驻厂质检员，根据项目 10 天的进度计划落实厂家生产和发货工作并利用智慧工地平台中草料二维码制作每块板、梁的二维码，二维码中包含生产日期、型号、生产构件图等信息，板梁混凝土浇筑时由驻厂质检员安放在混凝土内。叠合板、梁、楼梯到现场后验收只要扫描二维码，根据二维码信息，就可组织构件验收（见图 3）。

图 3　任务跟踪在线管理

（3）危大工程监测系统

1）直线加速器区域重晶石混凝土墙板、顶板厚 2.9m，重晶石混凝土密度为 3200kg/m³，顶板模板每平方受力为 10280kg/m²，总方量为 2540m³。以上不利因素对模板支撑的刚度、强度、稳定性提出了非常高的要求，虽然通过了专家论证采用 $\phi 48$

盘扣架，2.9m 厚顶板位置搭设间距为 300mm×600mm，但在混凝土浇筑过程中不知道杆件受力和变形的具体数据。所以我们在盘扣架上部装有高支模监测系统。如发生变形超过允许值，会提前预警。

2）大型机械安全管理系统。

人脸识别锁系统：为避免大型机械非定岗驾驶员操作，项目在各塔吊上安装了人脸识别锁系统，非本机人员无法启动，将定人、定机、定岗落到实处。

塔吊黑匣子防碰撞系统：重量和力矩监控，防止超限超载，群塔作业监控，防止碰撞，特定区域监控，防止坠物伤人。安装区域保护监控设备，设定塔吊作业区域，智能限制大臂禁入特定区域，实现区域保护。

塔吊吊钩视频监控：塔吊小车上安装了吊钩视频装置，在大臂根部设置充电桩，每天下班时小车收到底可进行充电，满足第二天上班使用；塔吊驾驶室吊钩实时显示屏，让塔吊驾驶员的视野得到拓展，防止盲区内因信号不明及指挥失误产生的安全事故。

远程行为监控视频系统：项目在塔吊驾驶室内安装了半球摄像头，用于监督驾驶员的非安全驾驶行为，专人负责巡查监督，不定时进行检查，如发现玩手机、非规范驾驶动作，均会做出相应处罚。

（4）实名制劳务系统

项目使用广联达实名制考勤管理系统，施工现场进行封闭式管理，入场实名制通道采用八通道翼闸脸纹识别技术，准确记录工人进出场考勤信息，工资直接通过银行专户发放到劳务人员银行卡中，杜绝欠薪和恶意讨薪的事件发生。

劳务人员进场四步走：身份信息登记—入场安全教育—身体基本状况检查—门禁系统录入。

农民工工资发放三步走：银行卡登记—实名制考勤—平台发放。

四、技术应用总结

1. 应用效果总结

经济效益：通过"BIM+智慧工地"的应用减少了由于信息沟通不流畅造成的返工、减少了质量通病产生修补，将施工中的安全隐患消除在萌芽状态，节省修补费用130万元。

社会效益：2019 年 6 月 26 日项目部成功举办了全国"新技术（工艺工法）与管理创新成果现场观摩会"。2019 年 7 月 10 日项目部成功举办了"江苏省建筑施工质量安全标准化绿色智慧工地现场观摩会"。2019 年 10 月 10 日项目部被评为"广联达 BIM+智慧工地应用示范项目和广联达 BIM+智慧工地观摩项目"。

管理效益：利平数字化平台真正实现了质量、安全、进度、成本的全员管理。

2. 应用方法总结

（1）提高项目全体管理人员的认识，充分了解数字平台的作用，使每个管理人员愿意主动去使用。

（2）制定奖惩措施：项目首次使用数据平台的，对于上传数据量符合要求的管理人员给予奖励和表扬。

五、下一步规划介绍

在下一个新承接项目中加强成本管理系统、物料管控系统应用。实现利用数字平台全员参与成本管控的新目标，告别传统事后算账的陋习。更好地使用劳务、安全、质量、生产管理系统和 BIM+ 技术管理系统，并把成功的使用经验、收获的成果在全集团推广。

专家评语

黄如福 中国施工企业管理协会信息化专家委员会主任委员，中国建筑科学研究院教授研究员

（1）智慧平台，将项目产生的数据汇集成数据中心，保证各应用模块之间数据的互联互通；将关键指标、数据以及分析结果，集中呈现给项目管理者；智能识别有关问题并发出预警。

（2）移动安全巡检、质量巡查，检查记录电子化，形成了责任明确的管理闭环。

（3）轻量化的BIM，为项目和企业提供数据支撑，在减少施工变更、缩短工期、控制成本、控制质量等方面应用效果良好。

（4）应用了大量的智能设备系统。

建议坚持数字化平台项目应用系统研发思路，真正实现智慧工地、全员管理。

马西锋 河南科建建设工程有限公司副总经理，高级工程师

不足：

（1）应用目标："针对本项目难点通过"BIM+智慧工地"的各项数字化应用，确保合同目标的实现"，其中质量目标——鲁班奖是难点之一，但本案例"三、技术应用实施过程"部分，未见对质量策划、质量策划方案实施、质量检查与验收等质量管理过程的描述；

（2）BIM+智慧工地平台安全管理模块功能非常完善，本案例中安全管理模块的安全隐患（问题）的排查、整改及风险防控方面的应用不够深入。

建议：

（1）发挥平台质量管理、安全管理模块的功能优势，做好项目施工过程中质量和安全管理工作，实现质量、安全数字化、在线化。

（2）建议充分应用BIM技术优势做好该项目的质量策划、可视化交底及实施过程指导工作。

（3）一般医学综合体类工程项目机电安装部分的管线综合施工难度较大，建议应用BIM技术进行设计深化、优化，以达到提高效率，节约成本的目标。

冯俊国 广联达新建造研究院特聘专家

本项目作为医院公共服务建筑，对建造要求较高，作为建党100周年献礼的重点项目，各方关注度较高，项目规模大，通过图纸技术协同实现了一图多用、一图到底的效果，通过电子图纸管理，将各类数据信息叠加到图纸上实现基于图纸协同的高效管理，规避建造过程中各方信息不畅的问题，同时积极应用新技术结合本工程特点从劳务管理、危大工程管控、生产协同管理方面深度应用，体现了项目管理团队对新技术应用的深度研究，结合项目特点进行管理改进，不断提升项目管理能力。

第九章
工业场馆类

本篇亮点
- 中建二局三建公司冬季运动管理中心综合训练馆项目
- 上海宝冶福欣节镍不锈钢统包项目
- 中国联通一带一路新疆数据中心项目

中建二局三建公司冬季运动管理中心综合训练馆项目

> 企业简介：中建二局第三建筑工程有限公司（原中国建筑二局第三建筑公司）是世界500强企业"中国建筑"旗下具有房屋建筑特级资质的企业。截至目前共完成各类大中型工业与民用建筑工程1600余项，公司先后获得"鲁班奖"12项、"詹天佑奖"3项、"国家优质工程"7项、"国家级工法"6项、"全国金牌科技示范工程"1项、"国家级科技进步奖"1项、"国家发明专利"25项、"省部级优质工程"300余项。

一、项目概况

1. 项目简介

　　建设单位：国家体育总局冬季运动管理中心
　　施工单位：中建二局第三建筑工程有限公司
　　监理单位：北京远达国际工程管理咨询有限公司
　　勘察单位：北京市勘察设计研究院有限公司
　　质量监督单位：北京市建设工程安全质量监督总站—重点工程监督一室

本工程位于北京市海淀区中关村南大街54号首体大院北院内，规划总用地15439m^2，规划总建筑面积33220m^2，建筑设施主要为冰上训练大厅及相关服务用房、科研教学用房、医疗康复用房、集体宿舍、餐厅、地下车库等附属配套设施（见图1）。训练馆基础采用梁板式筏板基础，主楼结构形式为框架剪力墙结构，局部冰场采用型钢混凝土柱加钢梁混合结构。建成后依托首都体育馆、原训练馆、首都滑冰馆等将承担我国2022年冬奥会冰壶、短道速滑、花样滑冰等多个项目的训练及管理工作。

2. 项目难点

（1）社会因素：冬奥项目，社会影响大，地理位置显要；各方领导检查多，安全文明施工要求高，项目管理及组织安排难度大；

（2）管理因素：施工质量精细化程度高，质量目标为长城杯、北京市安装工程优质奖、"鲁班奖"等，施工工期紧；

（3）现场因素：施工场地极为狭小，仅北侧及西侧可以行车，无堆料场地，施工

图 1　冬季运动管理中心综合训练馆项目

组织困难，降效严重；

（4）施工因素：奥运场馆对场所空调效能、设备参数偏差、施工质量要求高，系统采用全空气+除湿系统形式，空间空调效果的实现难度大，尤其冰面风速和温度值的控制困难。

3. 应用目标

（1）积极应用智慧工地平台，将现场施工、危险源等监控、劳务管理等纳入平台管理；

（2）通过 BIM5D 平台，深度应用场地布置、可视化交底、管线深化、复核计算、网络化实时管理，达到提高现场管理、节约项目成本的目的；

（3）争创北京市建筑长城杯、北京市安装工程优质奖、鲁班奖、北京市绿色安全样板工地、省部科技示范工程、BIM+智慧工地示范项目等创优。

二、BIM+ 智慧工地技术应用整体方案

1. 组织架构与分工

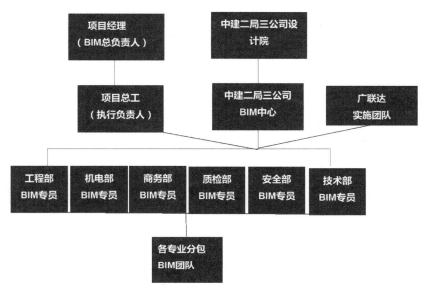

图 2　BIM 组织架构

2. 软硬件配置

软件配置表　　　　　　　　　　　　　　　　表 1

序号	软件名称、版本	单机 / 协同	功能
1	Autodesk Revit 2016	单机	全专业 BIM 模型的构建，对模型细部的修改与优化
2	Autodesk Navisworks 2016	单机	三维设计数据集成，软硬空间碰撞检测
3	Autodesk 3Ds Max 2018	单机	对施工工序进行工序推演，制作三维动画对施工方案流程进行演示
4	Lumion 8.0	单机	对模型进行三维浏览，制作全景照片导入至 720yun 平台
5	Fuzor 2018	单机	三维漫游，VR 沉浸式漫游
6	SketchUp 2017	单机	简单三维模型制作
7	Adobe Photoshop CC	单机	对效果图的后期处理优化
8	蜘蛛侠 – 鸿业机电安装	单机	机电深化设计软件
9	MagiCAD QS	单机	机电深化模型算量软件
10	广联达 BIM 5D 3.5	协同	全项目参与的 BIM 集成协同工作平台
11	智慧工地	协同	全项目参与的 BIM 集成协同工作平台

3. 标准保障

BIM+智慧工地项目实施服务五个阶段的标准方案　　　　　表2

序号	阶段	过程资料
1	项目准备与策划阶段	《项目实施策划书》《启动会会议纪要》
2	方案设计阶段	《项目应用方案》
3	上线试运行阶段	《培训策划》《培训总结》 《生产例会数据应用规范》 《工作确认单》
4	汇报应用阶段	《阶段汇报PPT》
5	项目最终验收	《知识移交清单》

4. 制度保障

（1）BIM深化研讨制度：BIM工程师采用局域网协同平台，统一标识内容和形式、排布原则、深化深度。

（2）BIM深化确认及互审制度：经过碰撞检测，召集甲方、监理、设计进行研讨，确定排布总体思路，设计师按要求完成深化设计，标注等细节问题交由其他BIM工程师互审，报设计确认。

（3）BIM深化变更签认制度：对功能、系统、空间等影响工作进度的变更要办理设计变更单。

（4）BIM深化交底制度：深化设计经设计确认，结合三维图对作业队伍进行交底。实现BIM可视化交底。

（5）BIM5D平台应用汇报例会制度：要求全体项目人员应用BIM5D平台管理，做到项目管理的及时性、可视性、控制性。特制定每周五下午3点召开BIM5D平台应用汇报会，由各专管部门负责人以PPT的形式汇报应用成果。

（6）BIM5D应用监督及奖惩制度：项目设专人监督BIM5D应用，由专人对模型进行维护，对应用认真、有价值体现的员工进行奖励，对不服从项目管理应用BIM的人进行处罚，每周例会奖励2名优秀员工，惩罚2名应用怠慢的员工，优秀者200元/周，怠慢者100元/周。

三、技术应用实施过程

1. 管综深化与三维交底

针对本机电工程通过工序推演、有序组织、各专业施工模拟等，已开展21次针对分项工程三维可视化交底,已完成117个分项工程的三维交底策划。对各楼层区域生成平面净空标高展示,并生成相应区域的走廊剖面,可清晰地对项目各区域净空有直观了解,为后续使用及精装提供便利条件。本工程管线复杂、专业分包多,采用BIM技术对全楼各层、机房、管井、电井等进行样板引路、可视化交底(见图3)。

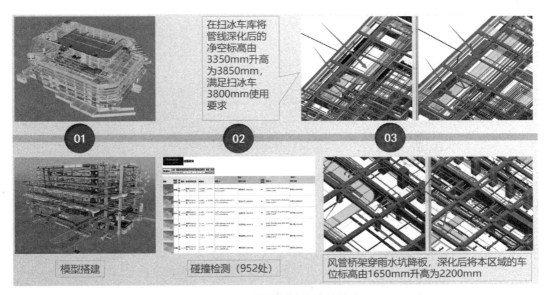

图3 BIM模型创建和碰撞检查

2. 生产与进度管理

利用BIM"新生产"管理系统,将三级计划通过BIM模型流水段进行数据串联,实现三级计划数据联动。生产经理将周计划通过网页云端派分到生产部门人员移动端,任务责任到人,工长利用移动端现场实时反馈各区域施工进度,实现进度数据逐级反馈,从而自动获取真实数据,可及时预警项目进度风险,把控项目进度。

通过进度计划与BIM模型的关联,进行机电安装进度模拟;并通过实际工期与计划工期的对比,以不同颜色对各项施工任务工期是否提前/延误进行表示。在B1层施工中出现风管管道安装进度比预期提前11天,风阀安装因材料到场滞后5天。

3. 管道、水力负荷计算

将模型机电管线设备赋予从设计方得到的参数特性,经过模型深化后,复核和计算深化后的管线模型,以检查深化模型从而实现设计功能、满足设计参数要求。在软件计算后,输出的校核计算书、产生的系统局部阻力管件明细表与原设计参数进行对比,根据计算结果赋回模型,以实现对模型的二次深化。

4. 冰场区域温度场、速度场计算

速度场模拟过程：空调机组 K-2-3；风量 10000m³/h，共计 56 个 160mm×160mm 风口，计算风口截面总计 $56 \times 0.16 \times 0.16 = 1.4336m^2$。根据公式 $L=3600FV$ 和施工验收规范，$L=1.2Q_{设计} \sim 0.8Q_{设计} = 12000 \sim 8000m^3/h$，所以风口出口平均风速最大为 $12000 \div (3600 \times 1.4336) = 2.33m/s$，风口出口平均风速最小为 $8000 \div (3600 \times 1.4336) = 1.55m/s$。在 BIM 空间模型中分别每个风口输入最大出风口速度和出口平均风速最小值，模拟冰面风速，对比设计对冰壶场地要求的参数值，如果模拟数值均在 1.0 以内，则设计参数取值合格，否则提示设计复核，避免了返工造成经济损失（见图 4）。

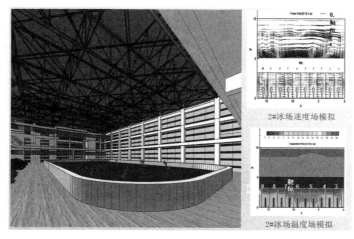

图 4　温度场模拟

（1）BIM+智慧工地数据决策系统：将 BIM5D、现场系统和硬件设备集成到一个统一的平台，将产生的数据汇总和建模形成数据中心。基于平台将各子应用系统的数据统一呈现，形成互联，项目关键指标通过直观的图表形式呈现，智能识别项目风险并预警，问题追根溯源，实现在线化、数字化、智能化，打造一个智能化"战地指挥中心"。

（2）智能安全帽人员考勤定位系统：通过安全帽内镶入智能芯片、工地宝，可将不同工种一天的行进路线、施工区域、作业时间直观反映在现场平面图上，同时进行分区域设置，警示重难点施工内容、危险施工区域等，实现对现场全面细致化的管理。同时可对人员考勤、劳务花名册、劳务实名制管理，及时掌握工人进出场情况。

（3）环境及视频监测系统：平台连接了烟感、喷淋、视频监控、气体检测（有毒有害）等数据可直接反映在智慧工地的平台上，实现了实时集中的对现场环境预警及各个角落安全、质量的牢牢监控预防。

（4）塔吊防碰撞系统、升降机、卸料平台监测系统：塔吊监控的数据自动采集到智慧工地平台，并提供设备使用频率的指标分析；吊钩图像始终可清晰地呈现在塔吊驾驶舱内的显示器上；升降机及卸料平台运行数据实时上传智慧工地平台。

（5）BIM+VR 虚拟现实体验系统及 VR 安全教育系统：将 Revit 模型导入到 VR 设备中，可根据图纸实际模型情况，进行实景漫游体验设计效果，理解设计意图，辅助后期装修决策，同时模拟现场可能会产生的安全事故，有针对性的亲临体验，提前预防。

四、BIM 应用效果总结

1. 综合管线优化

（1）地下二层东北侧制冷机房入管井主管调整北侧长管路改为北侧入井，节省 DN600 无缝钢管 24m。

（2）地下一层排烟兼排风排布最下层，减少排风支管共 150m^2，排烟口与排风口转换应用，节约 18 个 1200mm × 500mm 电动防火风口。

（3）地下一层西侧桥架移入管理用房敷设，节省消防喷淋支管约 320m。

（4）观众席空调风管由 4 行改为 2 行，再到风口部位接支管，节约镀锌风管 400m^2。

（5）观众席侧回风口改为顶回，节省镀锌风管 240m^2。

2. 工程量清单提取

总控用料，减少周转，减少看护及损坏，减去人工算量不准浪费现象。与以往工程经验估算节约造价 40 万元。

3. 可视化交底

统一标准、无返工，节约造价约 18 万元。节约工期约 30 天。按施工合同提前工期 5000 元 / 日计算，价值 15 万元，总经济效益约 33 万元。

4. BIM5D 平台应用

通过 BIM 模型集成进度、预算、资源、施工组织等关键信息，对施工过程进行模拟，及时为施工过程物资、商务、进度、生产等重要环节提供准确的界面切分、资源消耗、技术要求等核心数据，提升沟通和决策效率，从而达到节约时间和成本、提升项目管理质量的目的。针对项目功能多、交叉作业多、专业分包多，进度模拟能够调整评判不同工序的合理性，可以快速地识别调整评判，质量和安全的及时管理避免造成返工和浪费，避免事故的发生，生产会议平台能够可视化问题并快速解决问题。与以往工程经验估算节约工期约 60 天。

5. 智慧工地平台

智慧工地平台应提供可视化看板，综合展现项目 BIM 项目平台、进度管理、劳务管理、质量管理、安全管理、视频监控、环境监测、特种设备管理、工程概况、商务管理、党建管理等数据，并能够提供数据指标模板，相关数据能够进行多维度的分析和趋势分析，指标数据支持逐级下钻至原始数据，极大地提高了项目信息化管理水平，同时利用劳务管理系统身份识别功能优化劳务分包成分，用工一目了然，避免经济纠纷，保证安全文明施工，节约管理，节约 50 万元。

专家评语

姚斌　重庆大江建设工程集团有限公司总经理

综合评价：该案例为大型场馆实施案例，框架基本完整，应用效果特别明显，以数据的方式说明效果，非常有效。在场馆的专业实施方面应用深度高，制定了奖惩制度，使应用的推进更加有效。

建议：应用范围提到的内容应该有对应阐述。

刘玉涛　中天建设集团有限公司总工程师

亮点：本项目为冬奥项目，具有较大的社会影响，工程创优目标亦较高，项目建立了较为完整的BIM技术应用组织架构，形成了相对完善的制度标准，采用了多项BIM技术应用，涵盖了施工前期策划、深化设计、方案仿真、施工管理等各方面，同时采用了BIM5D、智慧工地等管理平台的应用，为实现项目精细化管理提供了助力。

结合项目实际，对管道、水力负荷，冰场区域温度场、速度场等内容进行了计算分析，通过模拟对原设计进行了深化或提出了优化的建议，对设计功能的更好实现提供了帮助。

不足：本项目各项BIM技术应用孤立来看都运用得不错，但可惜的是技术应用没有紧扣项目的重难点，在逻辑上没有事先讲清楚为什么要在这一个点上应用BIM技术，缺少事前BIM应用的需求分析，在相对复杂的项目中，前期技术需求的精准分析显得尤为必要。

综合评价或建议：本项目BIM技术应用无论是作为技术工具还是管理工具都开展了广泛和深入的应用，取得了一定的成绩。但所采用的应用点相对来说都比较普通，侧重于BIM5D以及智慧工地相关模块的应用，然而针对工程特点、难点开展的一些特色技术应用相对较少，稍显遗憾。

冯俊国　广联达新建造研究院特聘专家

本项目在机电安装的过程中应用BIM技术保障场馆能够满足使用要求，优化设计节约材料用量，通过将项目数据进行综合管控，打通各个业务单元的系统，通过BIM+智慧工地平台进行综合管控和调度，促进项目顺利实施，解决项目建设过程中的协调管理，提升项目进度，新技术的应用响应了《建筑业十项新技术》中关于信息化技术章节的要求，在有限空间开展公共建筑建造管理值得学习。

上海宝冶福欣节镍不锈钢统包项目

> 企业简介：上海宝冶工业工程有限公司（简称"工业公司"）是中冶宝钢技术服务有限公司的全资子公司，中冶宝钢技术服务有限公司目前已发展成为国内"行业规模最大、综合实力最强、专业服务最优"的冶金生产运营服务商。

一、项目概况

1. 项目简介

福欣节镍不锈钢厂统包工程（见图1），长752m，宽205m，占地面积154160m²，由节镍不锈钢厂区域和公辅区域两部分组成。节镍不锈钢厂区域主厂房为多跨框排架体系的全钢结构，分为四跨，由东往西分别为原料准备及冷轧跨、露天跨、冷带退火酸洗跨、精整及成品跨，跨距分别为36m、45m、27m、27m。厂房长620m，宽156m，总建筑面积9.6万m²，公辅区域位于不锈钢厂南面，主要由空压站、35kV变电站、水处理站组成。

图1　福欣节镍不锈钢厂统包工程效果图

2. 项目创新性

项目响应公司信息化建设要求，引入 BIM+ 智慧工地技术，通过平台结合智能硬件的方式，打造智慧化工地。帮助现场的技术、工程、劳资、质量及安全等岗位日常的管理工作，帮助其记录、反馈、沟通和汇总分析现场管理现状，并通过云端实时进行数据共享，实时查看。从而实现施工项目的智能化管理，提升项目的管理水平，并为公司梳理出一套对项目进行智能化管控的流程方法。同时打造企业的品牌影响力，从而提升企业的竞争力。

3. 项目难点

（1）地下地质条件差，基础支护形式多，工作体量大

根据地勘报告，本工程存在淤泥层并且厚度较大，给土方开挖施工带来很大的难度。深基坑施工时，都必须做降水工作和基坑支护。本工程基坑支护形式有放坡支护、钢板桩、水泥土搅拌桩、灌注排桩等。

（2）关键基础结构长，防渗抗裂是重点

工程中退火炉段和酸洗段设备基础为超长薄壁混凝土结构，基础埋深较大，容易产生裂缝造成漏水。

（3）工艺设备布置数量多，精度要求高，施工难度大

本工程布置三条工艺生产线，工艺线上的设备布置紧凑，具有单体数量多、安装精度高的特点，施工难度大。

（4）各类管线多，空间走向复杂，施工要求高

本工程能源介质管道和液压润滑系统配管工作量比较大，配管质量要求高，介质管道及电气配管配线都有交叉，施工安全隐患大。

（5）酸再生站施工交叉作业多，安全隐患大

酸再生站区域土建施工、耐酸防腐施工和机电管安装交叉进行，空间狭窄。耐酸材料易燃易爆，施工过程中消防安全管控难度大。

（6）施工场地小，施工组织难

本工程工艺布置紧凑，厂房跨度只有 27m，设计充分利用了平面所有空间，管道、设备及设备平台安装量大，安装时间集中，设备、管道等堆放场地狭小，外围集中堆放二次倒运成本高，从而给本工程设备及管道等专业安装带来了难度。

4. 应用目标

（1）创新"跳仓法"技术，确保施工质量；

（2）优化作业条件，确保施工进度；

（3）结合 BIM 技术，减少返工；

（4）加强制度管理，避免抢工；

（5）平台辅助业务，提升管理效果。

二、技术应用整体方案

1. 组织架构与分工

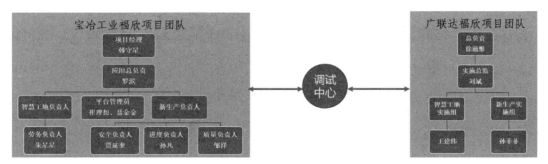

图 2　组织架构

2. 软硬件配置

软硬件配置　　　　　　　　　　　　　　　　　　　　　　　表 1

配置	名称
软件	REVIT 2016
	FUZOR 2017
	LUMION 6.0
	NAVISWORKS 2016
	3DS MAX 2018
	VIDEOSTUDIO X9
	AUTOCAD 2014
平台	广联达 BIM+ 智慧工地决策系统
	广联达 BIM5D 项目管理系统
	广联达梦龙劳务管理系统
	广联达斑马网络计划软件
	广联达梦龙施工质量管理系统
	广联达梦龙施工安全管理系统
	塔吊检测系统
	视频监控平台

续表

配置	名称
硬件	BIM 工作站
	大疆无人机
	VR 眼镜
	三维扫描仪
	360 全景

3. 标准保障

项目从确定实施前期，制定了一套三方共识的实施策划，作为项目实施的标准，规定了项目的应用范围、目标、实施计划、各方职责、保障机制等内容。确立了项目建设的走向，并规范着执行动作。实施过程中，通过对项目具体情况的更进一步了解，明确了可落地执行的管理要点，并制定了针对性的应用方案辅助项目持续实施。

三、技术应用实施过程

1. 人员技术培训

（1）2019 年 5 月 14 日完成启动会的召开，为项目实施奠定 BIM+ 智慧工地落地应用主基调。

（2）2019 年 5 月 15 ~ 17 日，陆续对项目上 78 人次进行了基础培训，应用培训和新版本培训。培训结束后，参训人员提交心得小结，查漏补缺，加深理解。管理人员参加广联达组织 BIM5D 及相关软件的培训，学习场地布置、网络计划、流水段划分、施工模拟及质安管理，为 BIM5D 深入应用创造条件。

（3）2019 年 6 月 28 日，为加强平台的可操作性，项目又集中组织了专项应用培训，为落地应用打下基础。

2. 技术应用实施过程

（1）软硬集成，全面管控

平台将现场系统和硬件设备集成，将产生的数据汇总和建模形成数据中心。通过平台项目概况页可以直观了解项目人员、进度、质量、安全等关键指标。从集团层到公司层再到项目领导层，通过关键指标的图表信息从宏观层面对项目整体进行把控。

（2）施工方案模拟

通过将 BIM 模型与时间维度结合，进行 4D 施工模拟，直观地显示施工进度，以便检查施工计划制定中的矛盾和不合理之处（见图 3）。及时纠正提高施工计划的精准性，优化调整人员、材料、机械的使用，提高施工生产效率，并将模拟方案共享至

BIM+智慧工地决策系统，交底时直接打开平台，提升方案的直观性。相关人员也可通过手机端直接查看，提升可共享、可查看性。

图3　施工方案模拟

（3）可视化交底

对设备的施工工艺节点进行大样深化和模拟，以二维码为载体整合模型基本信息包括尺寸、重要施工工艺、工艺建造动画等。作业工人通过手机扫描二维码（微信即可，无需安装APP），即可轻量化、清晰化查看相关内容。做到真正意义上的可视化交底，模型指导施工，减少以往技术交底不清、工人施工理解错误的情况。

（4）进度管理

每周项目管理人员通过新生产平台编制计划下派到相关责任人，责任人在日常工作中通过手机移动端将任务的实际进展反馈回来，管理层直接通过平台快速了解现场各区域详情，包括影像资料，生产要素等信息。生产数据全过程自动留痕，并形成积累和统计，从而一键输出汇报文件，可直接使用生产周会功能召开周例会，节省整理资料的时间，会上各方快速聚焦影响施工进度的各因素，为决策提供数据支撑。

（5）劳务管理

现场采用人脸识别的考勤方式，规范工人实名制作业，避免因刷卡等考勤方式造成的人员代刷卡考勤不真实的情况。工人进场报到时，劳务管理人员通过手持设备自动读取人员身份信息，并采集人脸信息进行授权，相关信息自动同步至系统，工人日常考勤记录自动上传系统，生产考勤，劳务管理人员打开系统直接打印考勤表上报业主。既规范了出勤，又提升了管理效率。

（6）质量安全巡检

质量员（安全员）在日常工作中，通过手机端直接拍照记录质量问题（安全隐患），系统自动推送给相关整改人。整改人对相关隐患进行整改，并将结果上传至系统。系统自动推送给检查人进行复查。检查人对现场隐患进行复查，复查合格后将复查结果拍照上传至系统，工作闭合。当复查不合格时，可再次将整改任务推送给责任人去整改（见图4）。

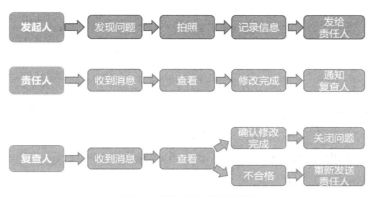

图4　质量安全巡检流程

四、技术应用总结

1. 应用效果总结

（1）生产管理

周会模式替代，利用网页端生产周会，各部门汇报更加清晰、直观、简洁；汇报资料替代，汇报材料不用再准备，精简工作；分析问题聚焦，汇报更有针对性；辅助决策分析，通过网页端汇总分析，高频发生的问题类别作为下一步工作管控重点，减少后续问题发生的概率；下周进度任务安排，直接在会上就通过任务派分，宣贯起来更加快捷明了，直接让班组会上签字确认本周任务，有异议当即沟通，不拖沓；资料云归档，过程资料分类明确，描述清晰，随时调取，实时共享。

（2）安全管理

提升了方案交底效果，使方案更易懂，打破了理解水平带来的差异性，减少了因方案理解不到位造成的安全隐患；安全问题责任到人，提升了项目人员的安全管理意识，提升了安全隐患处理的效率，防患于未然。

（3）劳务管理

登记效率提升、考勤统计效率得到提升，7月份办理登记入场的工人数量高达646人，平均每天登记21人，劳务实名制管理。工人的进出场考勤数据每月汇总上报业主，数据汇总的效率提升了数十倍。超过一定时间未进行安全教育人员，自动取消进场授权，从一定程度上督促了在场工人参加教育的"主动性"。

（4）人员培养

调试中心已基本具备平台的配置能力，项目管理层具备了信息化意识、系统的基本应用，并尝试将系统与管理结合，项目岗位层的各业务口人员已掌握系统的基本功能，尝试用信息化来提升工作效率。

五、下一步规划

1. 人员培养

第一阶段岗位人员培养：岗位技能培养，项目建设初期，由广联达作为主导来对岗位进行基础培训、应用培训，同时交付操作手册给各业务口进行查漏补缺，并定时回访；当同期项目开展集中的情况下，组织线上集中培训，人员赋能。

第二阶段内部讲师培养：以调试中心调试中心和项目骨干人员为主，进行专项培训，使之具备独立讲解独立培训的能力。

第三阶段企业自主培养：通过前期积累的内部讲师，实现企业内部自主自立的传帮带，使信息化建设持续开展。

2. 应用夯实

基于完善的数据，进行信息化建设价值的梳理，并借由本项目，验证系统中在针对该体量的项目易于出成果且项目实施难度最低的点，进行复制推广，快速出效果。

3. 方法输出

基于本项目的积累，多方协作，持续完善应用方法，选择宝冶另一业态项目，借本项目输出的方法尝试复用和纠偏，形成一套基于宝冶工业管理模式的应用方法，可复制，可推广。

4. 品牌打造

建立宝冶集团内部标杆，通过线下观摩和主流媒体宣传，打造行业标杆。

专家评语

姚斌　重庆大江建设工程集团有限公司总经理

综合评价：该项目应用框架基本完整，应用点多且详细地阐述了应用过程。根据现场实际总结出了有别于其他项目的应用总结，应用深度深。

建议：完善应用范围提到的应用点，如新生产等可以有更多的一些实践。

刘玉涛　中天建设集团有限公司总工程师

亮点：本项目 BIM 技术应用侧重于作为一种管理手段，依托广联达 BIM+ 智慧工地、新生产管、劳务、安全、质量等管理系统开展相关工作，通过管理系统的运用在一定程度上提升了项目管理层的信息化意识，项目岗位人员掌握了管理系统的基本功能，能够采用信息化技术来提升工作效率。

在实施效果方面，生产、安全、劳务都产生积累了一些基础数据，特别是生产方面利用数据分析结果辅助了决策分析，利用物联设备的自动采集也在一定程度上提高了数据的精准度，用数据说话也对管理带来了更为可靠的依据。

不足：作为 BIM 技术应用一般包括技术和管理两个层面，相对来说技术层面的应用更为成熟，本项目在重难点分析时提出"各类管线多，空间走向复杂，施工要求高"，针对这一点，开展管线综合就非常有必要。另外完全依赖市场上软件厂商提供的管理平台，其管理逻辑的设计与本单位的一些通行做法并不一定能很好契合，因此在应用过程中需要进行经验教训的总结，以便后续改进提升。

综合评价或建议：本项目的 BIM 技术在精细化管理方面进行了较为普遍的运用，但在技术方面的运用缺失，且项目在应用过程中完全依赖广联达 BIM5D 和智慧工地平台，缺少主动思考，也未对应用过程中遇到的问题进行经验总结。BIM 应用内容未对项目难点作出回应，可以进一步拓展相关应用。

冯俊国　广联达新建造研究院特聘专家

本项目为钢结构厂房，在建造过程中参与方较多，施工进度要求紧，对于总包企业来讲协同管理要求较高，利用 BIM+ 智慧工地将项目现场数据快速采集和分析，提升项目团队的协作效能，也为企业培养了利用新技术进行项目管理的骨干人才，对于企业积极探索新技术在项目一线的应用、提升管理效应提供了借鉴。

中国联通一带一路新疆数据中心项目

> **企业简介**：新疆维泰开发建设（集团）股份有限公司是新疆首家以园区开发为主业的国有新三板挂牌企业，公司获得国家级工法2项，国家级专利4项、新疆维吾尔自治区工法13项，取得著名商标1个，通过了质量管理、环境管理、职业健康安全管理"三标一体"国际认证。公司所承接的工程项目曾荣获中国市政工程最高奖——中国市政金杯示范工程9项、全国市政样板工程1项、全国优质工程2项及新疆本地多项奖项。

一、项目概况

1. 项目简介

中国联通一带一路新疆数据中心工程（见图1），总建筑面积27001.1m^2，共有5栋建筑。包含数据中心机房楼、动力中心、仓储中心、运维支撑楼和锅炉房等主体土建工程、外立面工程、室内装修工程、动力照明及防雷接地工程、消防系统工程、给水排水工程、防排烟及供暖工程、智能化系统管路预留预埋、室外工程、电梯工程、临时设施、围墙工程等。

图1 中国联通一带一路新疆数据中心工程效果图

2. 项目难点

项目难点总览　　　　　　　　　　　　　　　表1

序号	难点	特点分析
1	工程项目体量大、工期紧，施工节奏快	数据中心机房楼、动力中心和锅炉房单体工程及配套管网计划工期179天；数据中心面积约15795.96m^2，工程量较大，大面积的降板加腋、钢筋绑扎、模板安装难度大；木工、钢筋工劳务工人需求量大，工期紧迫
2	安全文明施工要求高	本工程要求达到昌吉州八个百分百、六个到位的要求标准，加强噪声、污水、扬尘等污染控制
3	施工现场实体进度相关的图纸查询及规范图集查询困难；深化图纸、设计变更多，资料收集整理繁琐复杂	汇总查询费时费力，需多个专人进行专项整理
4	亮点展示	多单体工程如何体现施工组织等工程亮点
5	质量安全控制要求高	施工组织难度大、专业众多，工序穿插衔接要求高，安全风险高，特别是数据中心机房楼，机电管线排布复杂，安装空间狭小，各专业间施工协调难度大
6	信息安全	项目人员多，部分管理人员流动性大

3. 应用目标

由于本项目为集团公司项目推广阶段的试点项目，集团公司非常重视BIM技术的应用发展情况以及对后期其他待推广项目的影响，集团公司考虑到自身未来转型之路，因此在该项目上采用BIM5D技术进行项目全过程管理控制，实现进度、质量、安全精细化管理，争创广联达BIM5D应用示范项目和观摩基地。

二、技术应用整体方案

1. 组织架构与分工

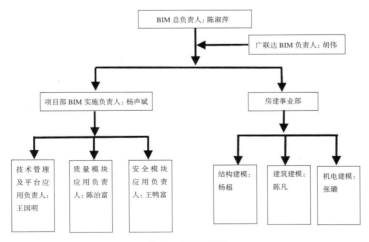

图2　组织架构

2. 标准与制度保障

根据国家住房和城乡建设部《关于推进建筑信息模型应用的指导意见》（建质函〔2015〕159号）及公司有关文件精神和实际情况，制定关于《中国—联通一带一路数据中心工程BIM5D技术推广应用管理办法（试行）》的通知。

三、技术应用实施过程

1. 人员技术培训

集团公司采用三体架构管理模式，一是集团公司BIM中心，二是房建事业部BIM小组，三是项目BIM工作站。前期由集团公司BIM中心对事业部BIM小组成员进行集中培训，后期由事业部小组成员以内部讲师培训的方式，对项目BIM工作站成员进行培训。项目BIM5D应用情况及人员培训效果由集团公司BIM中心对事业部进行相应的考核和审查。

项目级BIM技术应用培训分两个阶段进行，第一阶段为技术引入初期，2019年6月1日起，项目部核心管理人员共计20余人，在中国联通一带一路新疆数据中心项目部会议室进行了为期三天的BIM5D专题培训，基于BIM5D项目管理平台基础操作及应用以及施工现场BIM技术应用进行培训。第二阶段为应用一个月后，利用短期数据检视，房建事业部BIM小组成员和广联达公司新疆分公司胡伟同志，针对BIM5D实施一个月以来出现的疑难问题和应用反馈。

2. 技术应用过程

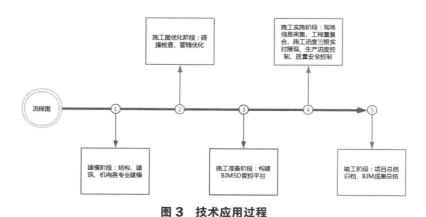

图3　技术应用过程

（1）模型创建

根据设计图纸建立建筑结构和机电各专业模型，针对项目中的复杂节点及隐蔽工程，采用三维剖面，形成细部构造模型，用于复杂节点三维交底。

(2) 碰撞检查

利用 Revit、Naviswork 进行管综部分的防碰撞检测,通过三维模型建立,碰撞检查,发现图纸矛盾问题、机电与结构碰撞问题、机电管线综合发现问题共计 70 余处。施工过程中规避问题 15 处。

(3) 进度管理

在施工准备阶段,通过工程量查询(按专业、楼层、工区、构件类别)辅助项目部进度计划的编排。BIM 小组成员根据进度计划,把每项工作所对应的模型工程量反馈给项目部,项目总工对实施进度计划进行优化。

在施工过程中,项目部根据进度情况,每天上传一次现场形象进度照片,采取细节与整体一同呈现的拍摄方式,同时进行现场进度照片和模型计划进度的对比,查看项目整体进度以及各工区细部的进展情况。

(4) 质安管理

项目管理中由于要对大量的内、外部信息、数据进行及时准确的交流、分析,沟通管理的有效性、可靠性、及时性对项目管理的成功与否起着非常重要的作用。公司建立了从项目到劳务班组的施工企业内部质安管理体系(见图 4)。完善基于 BIM5D 的全方位质安协同管理体系,目的重在落实质安责任主体,实现多方协同监督,打造创优常态化。

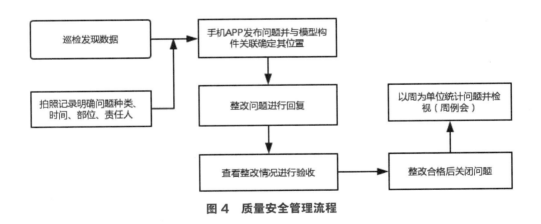

图 4　质量安全管理流程

在生产例会上,通过网页端从时间段、责任人、整改情况、问题分类、隐患级别等不同维度分析问题的分布情况,分析近期质量安全问题主要集中在哪些专业、哪些作业班组、整改情况如何等,然后对质量安全问题发生频率较高的类别进行汇总分析,并制定相应措施。在质量安全数字化应用 4 个月中,项目共处理质量问题 70 余条,安全问题 90 余条。

四、技术应用总结

1. 完成了大量的数据积累,为以后的企业大数据提供支持。

2. 应用碰撞检查功能及三维模型直观展示辅助深化设计,提高深化图纸的质量,优化设计后的机电平面布置方案已趋于合理。

3. 进度管理应用中,工期虽未得到有效缩短,但在施工现场的实际运用,提升了项目管理人员的进度管理能力。

五、下一步规划

1. 除原有模块应用点继续使用外,后续将新升级后的成本核算模块上线,用于新项目项目部及事业部预算部门做成本、经营管理指标管控,主要集中在劳动力、材料采集上,以及图纸设计变更、签证报量、成本分析报告,后续将进行流程再梳理,争取使成本模块发挥出价值。

2. 运用新升级平台 BIM+ 技术管理中的变更管理、技术交底和方案管理模块为项目精细化管理添砖加瓦,让管理更轻松更高效,进而提升工作效率和现场管理效率。

专家评语

黄如福 中国施工企业管理协会信息化专家委员会主任委员，中国建筑科学研究院教授研究员

在 BIM 建模、碰撞检查、进度管理、质安管理以及资料协同（技术交底、验收资料、图纸、图集等资料）等方面，开发了某些基本功能，积累了经验和数据。

马西锋 河南科建建设工程有限公司副总经理，高级工程师

亮点：该项目为确保应用目标的实现 BIM5D 平台良好运行，制定切实可靠的制度且人员组织分工合理，目标分阶段实施，值得借鉴。

建议：加强生产模块劳动力数据的准确采集工作，积累工效数据，为生产管理决策提供依据；加大 BIM 技术应用力度，解决项目机电管线综合难度大等问题。

冯俊国 广联达新建造研究院特聘专家

本项目充分体现了 BIM 应用在项目一线的各阶段如何落地，从组织建设、标准制定、应用点扫描、实际应用管控，在 BIM 价值落地应用上值得学习。

第十章
轨道交通类

本篇亮点
- 中建路桥集团湛江大道二标段 PPP 项目
- 中国铁建电气化局集团蒙华（浩吉）铁路四电项目
- 辽宁城乡市政工程集团浑南快速路项目
- 浙江省地矿建设公司杭州至富阳城际铁路项目

中建路桥集团湛江大道二标段 PPP 项目

> 企业简介：中建路桥集团有限公司是世界 500 强企业中国建筑股份有限公司的所属公司，成立于 1950 年，是中国建筑旗下历史最悠久的成员企业，为中国建筑最在以公路、桥梁工程为主的基础设施领域的战略发展先锋。

一、项目概况

1. 项目简介

省道 S374 线霞山百蓬至麻章田寮村段改建工程（湛江大道）PPP 项目（见图 1），位于广东省湛江市区西侧。本工程建设单位为中建湛江大道投资建设有限公司，设计单位为中铁二院工程集团有限责任公司，监理单位为广东华路交通科技有限公司，监督单位为湛江市交通工程质量监督站，施工单位为中建路桥集团有限公司，主要承担路基二标段和路面标段的施工任务。本项目是湛江市规划的"一环九射"快速路系统中"一环"的重要组成部分。湛江大道建成后，对提升湛江市城市交通能力、充分拉

图 1　湛江大道二标段 PPP 项目效果图

开城市框架、加快建设省域副中心城市等都具有十分重要的意义。

2. 项目创新性

（1）组织创新，设立项目级信息化实施小组，深入一线直击管理痛点；

（2）规模创新，实行"1+N"管理模式，利用"智慧工地平台+多种模块"来对项目生产、内业、质量、安全、成本、环保等进行全方位管理；

（3）实施创新，实事求是开展信息化应用，传统管理与信息化管理双线并行，既不发生管理危机，又能看到管理增效；

（4）培训创新，信息化小组成员每月至少开展一次项目内技术培训，与广联达公司建立紧密产品回馈机制，及时优化软件使用模式。

3. 项目难点

本项目采用的PPP模式，该模式要求以最少的资源，实现最多最好的产品或服务的供给。我公司承建的湛江大道第二标段，主体工程为湖光快线特大桥及路基工程，施工区域呈线性分布，所处施工地段地基以湛江第四系软黏土为主，十分软弱，且项目施工点分散、桥梁构件多、分项工程工艺复杂、管理过程中数据记录复杂。同时，这也是广东省首条将高速公路标准化管理模式运用到普通省道建设的道路，这些都对项目管理水平提出来了更高的要求。

4. 应用目标

为破解以上难题，助力项目建设提质增效，项目经理部应用数字信息化技术进行综合管理。主要确定了三条技术目标，两条实施目标，一条创优目标。

（1）三条技术目标

1）行政管理信息化。

2）施工（项目）管理信息化。

3）技术创新。

（2）两条实施目标：一个团队，一套方法

通过信息化管理应用实战，培养出一个可独立开展项目信息化落地实施的人才队伍，总结出一整套切实可行的项目信息化实施方法。

（3）一条创优目标

获得省级以上BIM奖项，为项目将来创奖争优打下了坚实的基础。

5. 应用内容

（1）利用BIM模型进行图纸错误检查、碰撞检查、关键技术验证及交底、形成工程量参考数据、可视化漫游；

（2）利用 BIM5D 构建追踪模块实时掌握现场进度并进行管理；

（3）利用安全、质量、环保等模块对项目进行全方位管理，避免人为因素影响；

（4）利用"协筑"促进项目部无纸化办公，提高行政管理效率；

（5）利用车辆定位等模块进行其他创新管理。

二、技术应用整体方案

1. 组织架构与分工

项目成立信息化管理小组，该小组分两个层级，一级是领导小组，组长为项目经理，各领导班子成员为副组长，主要总领实施推进工作和部门间协同工作；二级是技术小组，主要负责技术细节和后台维护。

2. 软硬件配置

软件配置　　　　　　　　　　　　　　　　　　　　表1

序号	软件名称	功能及用途
1	Revit	BIM 模型的搭建、调整、维护，数据的录入与导出
2	Navisworks	用于模型的额汇总与审查、构件碰撞检测、三维漫游、交底等
3	Civil 3D	地形、地质模型的搭建，空间坐标等数据的导出等
4	Lumion	渲染与视频制作
5	3Ds Max	用于模型细节更加细致的渲染
6	BIM5D	基于 BIM5D 的协同管理
7	智慧工地系统	基于智慧工地的联动管理平台
8	智能钢筋加工系统	钢筋场原材管理、生产管理、配送管理等精细化管理
9	协筑	线上审批流程、文件会签、文件收发、事项通知，实现项目部信息化、无纸化办公等

3. 标准保障

本项目 BIM 实施方案依据《国家建筑信息模型施工应用标准》、《国家建筑信息模型应用统一标准》、《中建路桥集团有限公司 BIM 实施指南》等标准制定了《湛江大道项目 BIM 模型应用手册》、《湛江大道项目 BIM 及智慧工地实施方案》、《湛江大道项目信息化技术大纲》。

4. 制度保障

（1）项目总工程师、BIM 负责人组织 BIM 小组成员参加每周的工程例会和设计协调会，及时了解设计和工程进展状况。

（2）BIM负责人每周一向项目总工程师汇报工作进展情况以及遇到的困难，需要联合解决的问题，及时对问题给予处理和解决。

（3）BIM工作组内部每周五开会总结本周工作情况和遇到的问题，制定下周工作计划。

三、技术应用实施过程

1. BIM模型可视化

在施工前期，建立各专业BIM模型并进行渲染，主要目的在于检查出图纸和施工中的隐蔽问题，主要应用于图纸审核、可视化设计、碰撞检查、技术方案交底和明细算量。

比如，通过三维模型对设计图纸进行二次审阅，将图纸上的难以肉眼发现的问题提前查出，并整理形成问题报告，用于图纸会审；对项目整体及桥梁各部位进行漫游和可视化项目检查，漫游视频可以用于项目讲解、宣传、备案和在运维阶段交付给业主；对桥梁下部构件内部钢筋布置中主筋和箍筋、钢筋骨架与混凝土保护层最外设计层、预应力管道与其他钢筋、现浇箱梁支座与其他钢筋等关键交叉部位，进行碰撞检查，便于预留空洞或修改图纸。

2. 生产和进度管理

（1）进度和成本控制：通过模型反馈现场整体和各区域施工情况，协力队伍人、材、机情况，为BIM三维模型加上进度和成本两个维度。为施工过程中的技术、生产、商务等环节，提供准确的形象进度、物资消耗、过程计量、成本核算等核心数据，满足管理层施工进度和成本控制的要求。

（2）生产管理：生产任务以任务包形式下发，监控、待验收工序、验收通过等工作流程，通过线上完成闭环，每道工序都有专人负责。现场技术人员通过BIM5D平台，精确定位每一个构件的状态，所属在施工工序的哪一个步骤，或者查看设计信息和施工工艺。同时，由现场技术人员记录施工数据，而这些真实的数据信息，项目部是能够同步获取到的，对项目管理来说，在一定程度上解决了时间、空间和真实性的问题。

3. 智慧工地联动管理（见图2）

（1）安全环保管理系统：涵盖安全巡检、危大工程管理、危险源管理、视频监控、环境监测，采用实时预警机制，只要现场发现隐患并拍照记录，相关人就会即时收到预警信息，督促隐患处理，形成完整的隐患处理流程。

（2）质量控制系统：主要是质量巡检的应用，利用手机现场线上执法，及时、快速的直达质量问题,相较线下繁琐的整改、回复、验收通知,能节省一半的时间,还能对质量问题智能分析,避免相同质量问题多次发生,提高工程品质。可对原来的业务场景进行描述。

(3)智慧钢筋加工系统:搭建原材管理、生产管理、配送管理,将施工现场和钢筋加工场连接,施工员不受时间和地域限制进行钢筋生产任务下达、接收,进行精细化管理,降低原材消耗。

(4)构件跟踪:对主材、构件状态实时追踪,扫描二维码显示材料规格型号、误差控制,从而辅助现场工艺、技术、安全交底工作。

(5)系统集成:将多系统整合于一个平台,形成多部门联动管理驾驶舱,整理、分析、发布所有施工信息,为管理层提供最为直接的决策依据,实现真正意义上的数字工地、智能建造。

图2 项目智慧工地平台

4. 其他应用

(1)信息提取:BIM三维模型相当于项目的线上信息存储库,在需要时,可以从中自动提取构件信息,并提取整理现场录入的信息,包括台账、施工日志、周报、宣传材料等日常需要的繁杂信息,都可以按需提取。提高了基础信息利用率,减轻资料员工作量。

(2)VR安全体验:利用VR体验设备,通过虚拟现实技术结合与现实社会类似的环境,实现安全教育交底和应急培训演练。它是最安全的"危险"教育课程,通过VR技术"亲历"可能发生的各种危险场景,并掌握相应的防范知识及应急措。

(3)车辆定位:利用北斗导航,实时定位项目混凝土罐车位置,使现场技术人员掌握混凝土运输情况，把握混凝土到场时间、合理安排调度计划，使现场用混凝土质量得到更好保障。实时监督罐车司机安全驾驶，保证整个项目安全态势。同时，可以根据罐车工作行驶时长和路径距离，套用预算定额估算油耗情况，对项目成本控制也是一项重要参考。

四、技术应用总结

（1）更新了管理理念

通过应用信息化管理，其准确性和高效性对项目管理人员传统管理模式产生巨大冲击。信息化应用于管理体现在两点：一是使用范围全面，包含安全、质量、现场管理等方面，使各部门对信息化管理零距离接触，从茫然到认识再到接受，本身是一个巨大的变化；二是使用深度提升，各部门在使用过程中，着重挖掘信息化应用潜能，突破传统管理的时间和距离藩篱，在对内管理中提升了效率和水平。信息化管理模式本身就自带厘清管理逻辑的功能，在实战中让项目管理与信息化工具有机融合，引发了项目管理者对自身管理方法的思考和提升。

（2）建立了项目信息化管理落地应用流程

通过对项目信息化管理摸索与应用，建立了从软硬件选型、应用点总结、各部门权责关系、人员培训方式、日常APP使用监督方法等全方位项目信息化管理落地应用流程，并将此编纂《湛江大道二标信息化管理落地实施方案》。

（3）提升了项目精细化管理水平

一是质量、安全管理更有效，通过质安模块，所有问题实时上传，整改单几乎同时下达，管理更迅速；现场整改留痕避免人为因素干扰；后台大数据分析，提升质安管理决策水平，如发现安全问题多集中在现场泥浆池护栏不稳固，就可对此建立专项治理措施。二是通过BIM5D构建追踪模块，实时掌握现场施工进度，甚至可以查看分部分项某构件所处哪项工艺施工中，实现对现场精准管理的可能；三是通过对其他如物资管理模块、GPS定位、协筑等信息化管理工具使用，实现精确控制成本、现场协作预协调、各部门信息实时流通等需求。由于所有信息化管理模块具有"数据和时间"，在实施一段时间信息化管理后，管理人员普遍感到"管理起来更硬气"。

（4）树立了标杆示范作用

本项目被选为中建路桥集团项目信息化建设标杆项目，受到集团其他子公司及社会各界人士关注。除集团内六公司、丝路公司、养护公司等来项目做内部交流外，广东省文明办、湛江市委市政府、湛江总工会、湛江公路局、湛江电视台等单位也来本项目观摩信息化实施效果，取得了很好地社会影响力，也为行业BIM技术宣传产生有效助力。

五、项目技术应用建议

1.领导要支持。本项目从信息化建设伊始就受到集团高管团队的关注,并在资金、技术、政策方面给予足够支持,使项目开展信息化管理不仅没受到阻碍,甚至是在"被推动"。项目级领导也非常重视信息化管理,不仅多次开会强调信息化建设重要性,更是身体力行,在BIM模块部署未成熟时就开始应用,并及时反馈使用感受,让传统管理与信息化管理提前磨合。

2.信息化实施人员要勤快。一是手勤,对软件操作迅速熟练,部署要快,决定的事情马上做,在施工单位任何事情一旦拖延势必会产生意想不到的阻碍;二是嘴勤,对领导、同事要勤于表达和宣传,让大家尽快接受信息化管理;三是脑勤,对于我们这种多部门多层次实行信息化管理的项目,实施人员一定勤于思考,提前预判传统与信息化管理的矛盾点,对使用过程中的问题想方设法进行解决,让大家觉得真的可以解决实际问题,才能用得"爽",最终达到使用目的。

3.落地过程不要"硬着陆"。目前我们所使用的信息化管理软件、理念都处于摸索阶段,不能生硬地逼迫项目管理人员使用,要以潜移默化的手段让大家接受并主动使用。比如对BIM5D使用,我们采取传统与信息化管理双线并行的方法,每天例会留出时间对BIM5D呈现数据进行通报和讲解,渐渐地让管理者了解到这个软件真的可以带来实际应用效果,并主动地通过BIM5D进行现场管理。

专家评语

姚斌　重庆大江建设工程集团有限公司总经理

综合评价：框架基本完整，技术应用总结到位，从管理理念、应用落地流程、精细化管理水平、示范标杆等方面进行总结，达到了应用目标。最难能可贵的是列出了3点技术应用建议，为其他项目的实施提供了宝贵的经验和教训。

建议：完善应用范围提到的应用点，如"质量、安全巡检"等。

刘玉涛　中天建设集团有限公司总经理

亮点：本项目在BIM技术应用初始就树立了三条技术目标，两条实施目标，一条创优目标，目标的设定与项目实际情况匹配，后续介绍的应用内容基本符合当初设定的应用目标，通过模型可视化的运用，实现了碰撞的消除和孔洞精确定位，通过BIM5D、智慧工地等管理平台的运用，提高了管理效率和信息化管理水平，通过实战培养了一个信息化应用团队，提升了各层面对信息化管理的认识，也在企业内部树立了一个信息化建设的标杆项目。

不足：本项目所采用的各项应用相对常见，且应用侧重在管理方面，主要依托广联达平台开展信息化管理工作，虽然取得了一些成绩，但不可否认肯定存在一些问题，这一点在论文的建议中也有描述，因此，有必要对这些面临的问题进行深入剖析，并提出自身的认识甚至解决方案，以供后续实施者借鉴。

综合评价或建议：项目BIM技术的应用无论对于企业自身的人员培养还是管理理念的提升都带来了较大的好处，从示范引领的角度来说，BIM技术应用是成功的。具体到各项应用，对现有软件工具的依赖较大，未能在应用过程中充分结合自身的专业技术来主导各项应用的开展，对各项应用过程及结果的描述比较抽象，缺少信服力。

付卫国　广联达新建造研究院特聘专家

亮点：BIM+智慧工地应用全面，在二维码构件跟踪、智能钢筋加工方面也有较新的尝试和突破，标杆示范作用明显。

建议：挖掘数据间的关联关系，让全面的应用发挥更大价值。

中国铁建电气化局集团蒙华（浩吉）铁路四电项目

> 企业简介：中国铁建电气化局集团有限公司，作为中国铁路"四电"系统集成领军企业，隶属于世界500强——中国铁建股份有限公司，在高速铁路、高原铁路、高速公路、城市轨道交通等"四电"工程施工领域具有强劲竞争优势，站在行业主导地位。集团公司先后荣获"全国五一劳动奖状"、"全国优秀施工企业"、"中央企业先进集体"等殊荣，多次问鼎中国建筑行业工程质量最高荣誉奖——鲁班奖、全国市政金杯示范工程奖、"国家优质工程奖"。

一、项目概况

1. 项目简介

新建蒙西至华中地区的蒙华铁路（见图1），连接着蒙陕甘宁能源"金三角"地区与鄂湘赣等华中地区，是新的国家战略"北煤南运"的运输通道，也是国内最长的一条重载货运铁路。中国铁建电气化局集团有限公司，于2018年8月6日中标浩吉铁路（原蒙华铁路），承建浩吉铁路晋陕交界[韩城北（不含）]至江陵（不含）一线全长735.76km，横跨晋、豫、鄂三省，实际有效工期9个月，总金额64.7亿。管段内含大型站所38座，长度大于15km的隧道4条，大型、特大型桥梁5座。

2. 项目创新性

本项目定制型开发智慧工地一体化管理平台，从项目难点和应用目标出发，积极

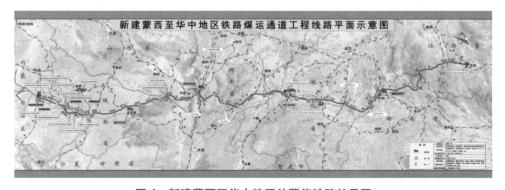

图1 新建蒙西至华中地区的蒙华铁路效果图

尝试更符合项目需求和公司未来发展的数字化技术，并在短期内快速、大量实践，以智慧工地一体化管理平台为载体，实现工地的数字化、智能化探索，为项目积累了具有自身特色的实践经验和技术人才。

3. 项目难点

（1）线路长，施工难度大：管段735.76km，桥隧占比59.15%，地质条件复杂、点多线长。

（2）工期紧，任务重：中国铁建电气化局集团进入"浩吉铁路"施工较晚，业主限定工期为13个月，而实际有效工期仅为9个月，工期进度受土建施工进度制约严重，具备施工条件后，各专业的交叉、协同施工以及进度管理较难掌控。

（3）参建单位多，管理难度大：为确保工期，集团公司7家工程公司中，6家参建，全线设九个工区，负责一线施工生产任务。

（4）设备材料品种多，管控难：材料计划的提报以及后续的物资管理一直处于薄弱的环节，因材料计划漏报、超量引起的成本增加时有发生。

4. 应用目标

（1）项目的履约目标

通过运用铁路四电一体化平台管理系统，综合应用物联网、云计算、大数据、移动和智能设备等软硬件信息化技术，实现工地的数字化、精细化、智慧化管理，切实解决项目建设过程中的管理难题和施工难题，保障项目的质量目标、安全目标、进度目标、成本目标的顺利实现，最终达到如期、保质、保量的履约目标。

（2）创优及科研目标

为解决施工过程中不断涌现的技术难题，项目部需要成立科技创新工作小组，并确定科研课题19个，和相关的设计院进行联合科技技术创新，目标是通过管理创新和技术创新，实现打造蒙华铁路中国货运示范线的总体目标，具体包含但不仅限于：①实用新型专利4~6项；②省级优秀QC成果5~10项；③优秀技术论文10~20篇；④申请软件著作权1项；⑤争创科技创新技术奖。

（3）人才培养目标

加快企业信息化推进，合理地挖掘、开发、培养企业战略后备人才队伍，建立企业的人才梯队，为企业的可持续发展提供智力资本支持，为企业的可持续发展提供支持，为集团信息化转型储备后续力量。

5. 应用内容

（1）管理系统总体架构

"智慧工地一体化管理平台"（见图2）是围绕施工现场作业管理，实现对"人机料法环"各生产要素数据的有效采集，在数据采集的同时，解决一线作业层工作需求，打破传统管理系统通过填报实现管理要求，导致一线人员大量重复劳动，提升数据采集真实性，通过碎片化业务系统的应用，产生作业数据，利用底层数据库和智慧工地平台实现业务数据之间的有效互联互通，深度挖掘数据价值，进而推进集团项目管理智慧化、数据化。形成一个以项目为载体、以成本为核心、以进度为主线，实现质量安全目标前提下的生产经营智慧工地平台。

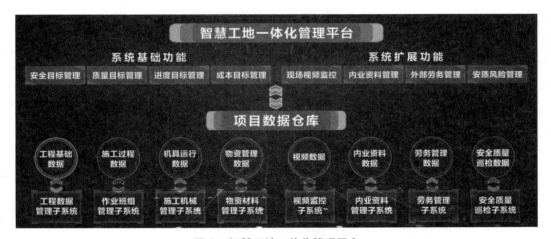

图2 智慧工地一体化管理平台

（2）铁路四电工程一体化管理系统基础业务

1）智慧工地一体化平台应用；

2）劳务现场管理系统应用；

3）安全管理系统应用；

4）工程数据管理系统应用；

5）物资追踪管理系统应用；

6）作业班组管理系统应用；

7）项目数据仓库（数据管理平台）。

二、铁路四电工程一体化管理系统应用整体方案

1. 组织机构与分工

组织机构与分工　　　　　　　表1

序号	姓名	项目职位	角色定位	职责描述
			中国铁建电气化局蒙华（浩吉）铁路项目	
1	毕江海	项目经理	项目负责人	推动智慧工地项目，负责落实项目部智慧建造标准的执行情况，控制智慧建造项目进度、质量情况
2	简浩	信息化负责人	智慧工地总负责	负责智慧工地一体化系统的实施、组织、检视工作，保证项目智慧工地系统的应用目标
3	陈鹏	计划管理部	劳务负责人	负责劳务实名制系统的应用目标检视、系统应用的人员安排等
4	王振铎	质量部长	质量负责人	负责质量巡检系统的应用检视、系统应用的人员安排等
5	卢志高	安全部长	安全负责人	负责安全巡检系统的应用检视、系统应用的人员安排等
6	郭柱	工程部长	工程数据负责人	负责工程数据系统的应用检视、系统应用的人员安排等，各专业人员的培训、录数据安排
7	吕京京	物资部长	物料跟踪负责人	负责物料跟踪系统的应用检视、系统应用的人员安排等
8	倪阳	班组长	作业班组负责人	负责作业班组系统的应用检视、系统应用的人员安排等

2. 培训计划

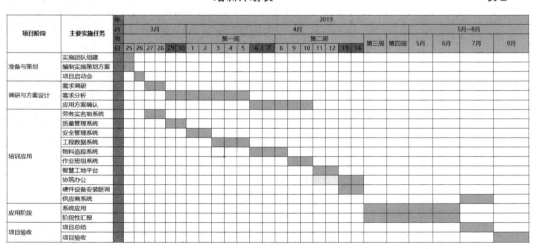

培训计划表　　　　　　　表2

三、技术应用实施过程

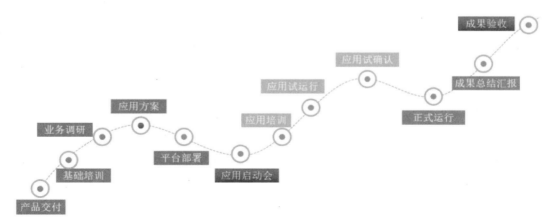

图 3　技术应用实施过程

1. 智慧工地平台

智慧工地管理平台包含 3 个部分（见图 4）：

（1）轻量化图形引擎。实现 BIM 模型的专业化、流畅化和无压力展示。在蒙华项目线路地图上查看站点、区间、变电所等的 BIM 模型，结合实际完成情况"监控"现场施工进度。

（2）通过人脸识别摄像头、智能安全帽、执法记录仪、手持单兵、轨道车定位追踪装置等智能硬件实时采集工地现场数据，实现对工地进行智能可视化管理。

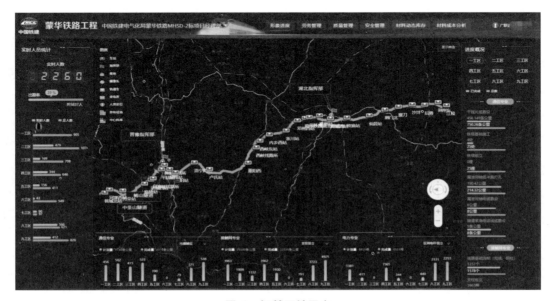

图 4　智慧工地平台

（3）通过各子系统收集项目各类数据，建立项目数据仓库，并将各项目的进度、质量、安全、劳务用工、物资收发、劳务工效等指标，形象直观呈现在平台上，提供了真实可靠的管理依据。能有效弥补传统管理方式和监管技术的缺陷，实现对人员、机械、材料、环境的全方位实时监控，变被动"监督"为主动"监控"。

2. 劳务现场管理系统

铁路四电工程线路长、管理乏力、人力成本居高不下，在蒙华项目这些问题尤其突出。如何降低管理成本、提升管理效率是目前劳务管理亟待解决的问题。蒙华项目全线 735.76 公里共分为九个工区，线路长且施工区域不封闭。各工区分别管理本工区的劳务施工队伍，抢工期间全线超过 5000 人，管理难度非常大，所以各个工区在施工阶段都应用劳务现场管理系统的人脸考勤功能进行移动打卡，从而实时自动采集劳务出勤情况、人员流动情况等。

劳务现场管理系统能够实现实名制管理、人员考勤管理、安全教育管理、工资监管、后勤管理以及基于业务的各类统计分析等，提高项目现场劳务用工管理能力，分析用工效率，为集团挑选出更为优秀的劳务公司，协助政府对劳务用工的监管，保证了劳务工人与企业利益。

3. 工程数据管理系统

通过工程数据管理系统的应用，极大地减轻了工程技术人员的工作量，技术人员只需输入各工序施工的安装图号数量即可得出各类零部件的数量，进而得出整个工程的详细工程量。工程数据管理系统中还设置了各类数据查询和调用功能，为物资订货及仓储管理、施工形象进度展示、安全质量管理、成本管理提供了强有力的数据支撑。

4. 物料追踪管理系统

铁路四电工程涉及的设备、材料品种较多，材料计划的提报以及后续的物资管理一直处于薄弱的环节。通过物料追踪管理系统的应用，以物料二维码作为重要信息载体，通过移动 APP 实现施工现场从订单下达、发货、验收、入库、出库、库房盘点环节的业务替代，与手工录入，在提升现场效率的同时让业务数据更加准确，随时可以在平台上查看相应的材料情况，从而实现与供应商对账环节的管控和现场库房的盈亏管控。并且借助二维码这一物料"身份证"，实现每个环节的追溯，当出现问题，可以快速追踪对应材料使用部位、作业人员、安装信息等，减少了成本的损失。

5. 作业班组管理系统

参建单位多、沟通不及时、施工难度大、作业现场信息无法及时采集等现象，造成进度延误、质量无法追溯等问题。使用作业班组管理系统，通过 APP 终端自动采集材料安装等数据，并将数据直接呈现在智慧工地平台看板上，形成直观的形象进度数据，为项目工程建设质量全过程管理提供了作业人员、材料设备及施工安装过程均可系统追溯的数据基础。

6. 安全管理系统

蒙华项目通过应用安全管理软件，使得安全责任落地：通过移动端（检查 - 整改 - 复查等流程）进行安全检查，每个环节明确对应的责任人，避免发现问题时出现扯皮现象；通过表单自动生成替代传统手工制表，减少个人工作量；移动端提供海量的隐患清单、危险源清单，大量的学习资料，增强安全意识；在施工关键的重要部位安装智能摄像头，根据现场工作人员佩戴的智能终端定位位置，确保人车安全距离，达到预警防护的目的。

7. 质量管理系统

施工质量检查，是考核各分包队伍施工质量，改进提高工程质量的主要措施，也是保证工程质量目标的重要手段。质检员利用手机 APP 内的质量巡检系统快速记录现场问题，软件自动将信息推送至责任人进行整改，责任人给出回复意见形成问题闭环。后期随时可以进行问题查看，数据自动汇总，一键生成整改单提升效率。质量检查过程中留存的影像自动存储于数据仓库，将为集团积累数据资产。

蒙华铁路项目还将质量巡检软件和蒙华业主的三检制度进行无缝对接，内置多个专业的质量检验标准，让质检员对工程质量进行了更加严格的把控。

四、技术应用总结

工程数据管理系统提升了工程量的计算效率和准确率，作业班组管理系统使管理者实时掌握作业班组安装的详细信息，对项目整体安装工作进度了如指掌。劳务人员管理系统自动采集劳务人员信息，记录考勤、安全预警、黑名单管理等，有效防止劳务纠纷风险。同时项目部采用 BIM 模型指导施工，使用 BIM 技术的碰撞检查、施工模拟及工程量统计等功能，指导现场施工，达到提质增效的目的。

智慧工地一体化管理系统，首先，打通了现场管理和企业管理之间的通道，改变了以往两张皮的现象，实现了数据的高效采集。其次，贯穿了企业生产安全质量管理等各个环节，企业生产与管理逐步高度融合，实现全方位、全过程、全生命周期的精细管理。再次，打通了材料供应商施工方和建设方的信息沟通督导，实现从施工阶段到运维阶段的数字化的移交，便于业主单位后期铁路系统运维的质量追溯。最后，为行业提供了大数据支持，促进了铁路四电行业的工艺安全质量工效等方面的发展。

在蒙华铁路的智慧工地建设过程中，中国铁建电气化局集团积极推进企业大数据库的完善。在施工现场通过应用人脸识别摄像头、智能安全帽、执法记录仪、手持单兵、手机APP、轨道车定位追踪等物联网智能终端，实时采集工地现场数据，经数据仓库处理分析，将项目的进度、质量、安全、劳务用工、物资收发、劳务工效等指标数据结合BIM模型，形象直观地呈现在智慧工地平台上。为项目和企业的管理层提供了决策依据，真正使项目管理实现数字化、在线化、智能化。

五、下一步规划

1. 智慧工地和BIM技术紧密结合

未来，我们会将智慧工地和BIM技术更加紧密结合，通过现场的自动数据采集驱动完善BIM模型。智能化加工，探索结合BIM技术和四电施工的特点，运用BIM技术指导铁路四电智能化施工。数字化加工，探索基于BIM技术的铁路四电数字化加工集成应用和虚拟调试技术，深度挖掘BIM应用内容。工艺优化，通过施工深化模型、进行施工方案模拟，消除现场冲突，优化施工工艺，减少返工和设计变更。

2. 建立企业大数据服务平台

未来，将建立项目和企业的大数据服务平台，积累企业的数据资产。通过对大数据算法分析的深入探索，让我们的项目管理更加智能，为管理者决策和分析提供依据，打造数字时代新型的项目管理和企业经营模式。在建一体化管理系统的过程中发现，对于软件的依赖性太大，所以需要转变观念，不以软件为核心，以数据为核心，所以我们要建立数据仓库，软件不好用就更换软件，数据仍是作为资产存在，随时可用，这是我们建立数据仓库的一个重要思想。

我们通过建设大数据中心，才能抓住历史的机遇，抓住一带一路的机遇，抓住中国铁建股份公司关于海外（一系列）机遇，发挥我们中国铁建电气化局行业排头兵的精神，创造出从未有过的新高度，这是我们国企央企的历史使命。

专家评语

姚斌　重庆大江建设工程集团有限公司总经理

综合评价：该案例框架内容完善，图文并茂，特别是对技术应用过程的描述，描述得当，使人一目了然；在体系保障中，详细地描述了组织分工、人员职责、培训保障等，使案例的内容相当完整，值得推广学习。

建议：可以更有针对性地归纳项目难点，做到前呼后应。

刘玉涛　中天建设集团有限公司总工程师

亮点：本项目从项目难点和应用目标出发，积极尝试符合项目需求和公司未来发展的数字化技术，与广联达公司合作定制开发智慧工地一体化管理平台，以智慧工地一体化管理平台为载体，开展智慧工地、劳务现场管理、工程数据管理等7个系统的应用，解决了工程线路长、工期紧、参建单位多、材料品种多等诸多难题，提升了项目管理效率，同时也积累了具有自身特色的信息化实践经验和技术人才。各应用模块与实际需求结合紧密，体现了专业技术与信息化技术的融合。

不足：实现项目的精细化管理，BIM在技术和管理两方面均可以发挥其价值，本项目的BIM应用全部聚焦在管理方面的运用，而对基于BIM的深化设计、方案模拟等技术方面的运用未有涉及，希望在后续予以补强。

综合评价或建议：本项目BIM技术应用在立足解决本项目问题的同时考虑到了后续企业信息化建设问题，起步和立意较高，结合自身需求和发展方向，充分利用广联达公司强大的信息技术来开发更加贴合自己的管理平台值得称赞，相对于套用已有的广联达成熟产品，这种具有自身特色的管理系统在推行过程中更能被接受和更有效。持续不断的实践和探索，相信一定能够为企业的精细化管理提供支撑。

付卫国　广联达新建造研究院特聘专家

亮点：一体化平台打通各应用，实现了数据互联互通；二维码打通物资全过程，实现了全生命周期管理；智能终端全面应用，打造了数字化的"战地指挥中心"，在铁路四电工程上有很好的推广价值。

建议：加强BIM技术的应用，构建更完善的"战地指挥中心"和"数据仓库"。

辽宁城乡市政工程集团浑南快速路项目

> 企业简介：辽宁省城乡市政工程集团有限责任公司成立于 2001 年 10 月，拥有公路工程施工总承包一级、市政公用工程总承包一级、建筑工程总承包一级等施工资质，同时在基础设施建设领域内具有很好的品牌效应和较强的工程管理水平的国有企业。

一、项目概况

1. 项目简介

　　建设单位：沈阳快速路建设投资有限公司

　　设计单位：沈阳市市政工程设计研究院有限公司

　　监理单位：沈阳市建设工程项目管理中心

　　施工单位：辽宁省城乡市政工程集团有限责任公司

南部快速路项目（浑南快速路工程）由沈阳快速路建设投资有限公司投资建设的南二环南移工程，新建快速路在原浑南大道现状路上进行改扩建，是沈阳市重点工程项目（见图 1）。工程总造价 1.98 亿元，路线全长 1600m。跨线桥总长为 640m，主桥

图 1　南部快速路项目（浑南快速路工程）效果图

长 359.2m，引桥长 280.8m，其中主桥由 56m（2 跨混凝土连续箱梁）+209.2m（4 跨连续钢箱梁）+94m（3 跨混凝土连续箱梁）组成。

2. 项目创新性

本项目采用智慧工地平台管理系统，将 BIM 应用与现场业务进行深入结合，通过智慧工地平台和移动智能终端应用，借助智慧工地平台可视化管理，对现场各个硬件设备进行监控预警，数据收集呈现实时在线、及时、准确、全面，生产目标下达清晰、风险预警及时、纠偏措施得当，提升了现场一线岗位作业人员工作效率，有效地支撑安全、质量管理，履职履责，保证了安全、质量目标的顺利实现。

3. 项目难点

（1）南部快速路项目与地铁九号线平行，位于已开通运行的地铁九号线上方，桩基础与地铁最近距离达 2m，地铁变形要求高，不可受扰动，项目桩基施工质量把控难。

（2）主桥整体为钢结构吊装工程、吊重大、提量多、风险高、安全教育及安全管理难、安全问题追溯难。

（3）项目质量目标为鲁班奖，整体管理水平要求更高，施工难度大。

4. 应用目标

（1）借助智慧工地，加强品牌建设，打造辽宁省标杆工地。

（2）提高安全、质量、劳务等整体管理水平，助力项目创优。

（3）提高工作效率，不增加工作量。

（4）培养一支信息化管理团队，积累项目经验。

5. 应用内容

（1）平台配置阶段：综合考虑项目类型，项目位置及工程重要性，选择配置监控系统、劳务管理系统、质安管理系统、斑马进度计划、环境监测、智能控电系统等产品进行平台集成，对现场管理数据进行实时收集。

（2）管理应用阶段：根据项目难点重点，使用安全、质量巡检模块，辅助项目提高安全质量管理水平。采用斑马网络计划、环境监测、视频监控、三维场布等软硬件对生产要素进行系统管理，保证工期等指标完成。采用劳务管理系统，结合工地宝、智能安全帽对现场劳务人员进行系统管理，分析、统计劳务人员考勤信息，保障农民工合法权益，杜绝讨薪的恶性事件发生。

（3）改进提升阶段：对安全质量问题进行分析总结，劳务用工数据大数据统计，对分包进行系统评价。

二、技术应用整体方案

1. 组织架构与分工

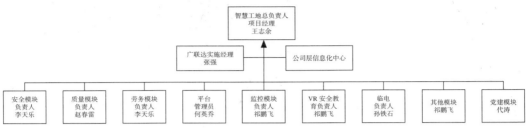

图 2　组织架构图

2. 软硬件配置

软硬件配置　　　　　　　　　　　　　　　　　　　　　　　表 1

序号	软件	用途	序号	硬件	用途
1	智慧工地平台	数据集成	1	监控系统	视频数据采集
2	安全巡检系统	安全管理	2	环境监测	环境数据记录
3	质量巡检系统	质量管理	3	临时用电智能管理系统	安全用电管理
4	劳务管理信息系统	劳务管理	4	自动喷淋控制系统	喷淋系统联动
5	BIMVR 平台	安全教育	5	工地宝	劳务管理
6	斑马网络计划	进度管理	6	智能安全帽	
7	施工现场布置软件	生产管理	7	门禁系统	

3. 标准保障

参考《智慧工地建设方案》、河北省智慧工地建设标准。

4. 制度保障

公司颁发了《辽宁省城乡市政工程集团有限责任公司智慧工地管理制度》1.0 版本。

三、技术应用实施过程

1. 技术人员培训

内部培训：多次组织公司内部进行 BIM 软件知识及操作培训、信息化制度及操作培训、标准化项目观摩等。

外部培训：通过广联达组织斑马网络计划培训、智慧工地基础培训、智慧工地应用培训、信息化管理培训等，组织项目管理人员参加建协、建委等协会主办 BIM+ 智慧工地讲座，丰富理论知识、扎实操作技能。

2. 技术应用过程

（1）劳务实名制管理

项目引进劳务管理系统，通过手持 PAD 直接扫描身份证信息，与公安部直接联网，快速实现人员入场登记。通过安全帽和工地宝，对场地内工人进行定位管理，不同作业面实现人员在线管理，绘制出人员行走轨迹，避免了串工情况发生。通过门禁系统配合智能安全帽考勤，自动输出花名册、考勤表、工日表等，将自动考勤与人工考勤结合对比，完善考勤数据准确性，减少考勤表格统计工作量，相应工资表自动输出，以备工资发放及备查所用。

（2）BIM 施工模拟与方案交底

通过引用 BIM 技术，对地铁结构和桩基础结构进行三维模型呈现，处理了很多细节问题，对施工过程进行了施工模拟，详细修改了施工方案。利用三维临建布置软件，对现场临建布置进行交底展示，促进了生产布局及合理施工组织安排。桩基施工方案最终在短时间内通过了专家论证，为桩基础顺利施工打下良好基础。BIM 应用得到业主及参建各方的一致认可，多次组织观摩，为企业品牌提升打下良好基础。

（3）质安管理

采用安全、质量巡检系统，对施工过程中的安全质量问题，以手机发送通知形式进行流程传递，提高了传递效率，并重新梳理了责任分工，有专人负责问题发起，专人负责问题整改，整改问题按面积区域负责，避免了按结构部位调整的麻烦，且分工清洗明确，责任到人（见图3）。通过采用 BIMVR 安全教育，将危险源布置在虚拟施工现场模型中，利用 VR 仿真模拟软件及设备，身临其境地进行实体化、体验式安全教育培训，同时感受触电、高空坠落、电锯切割等作业中常见的施工操作不规范问题可能造成的后果、伤害及正确做法进行模拟试验。

（4）生产及工期管理

通过采用斑马网络计划软件编制双代号网络计划，对现场计划进行跟踪管控，通过前锋线功能进行计划纠偏，快速、合理调整计划，对于突发情况、工期滞后等原因

图3　质量安全管理流程

合理安排后续抢工措施，避免工期滞后造成经济损失。公司层对项目实施进程实行统一监控，及时、准确地反映项目计划进度执行情况，监督并配合项目做好工期管理工作。项目顺利完成第一阶段工期任务，完成业主规定相关产值工作，对后续工程施工及道路通车打下坚实基础。

（5）数字工地

全场布设球机监控器，实时对施工现场各处情况进行监控、了解现场进度，同时对视频进行录制、上传云端，以便进行问题监测，责任落实。通过使用智慧工地平台数字工地功能（见图4），将现场硬件管理进行统一集成，实现了管理人员在任何地点都能查看现场监控信息，现场实时生产状态。通过在一级箱、二级箱内布置智能电箱管理系统，实时掌控现场临电线路上各关键节点实时信息和关键数据，从传统作业下的被动式管理变为主动式管理，提高现场用电管理效率，进而也解决了施工现场电工不足，维护困难的问题。通过在平台内将环境监测设备与喷淋系统进行联动，当空气质量超标后自动开启喷淋系统，进行自动降尘处理并自动记录相关数据信息以备随时调用。

图4 数字工地平台

四、技术应用总结

1. 应用效果总结

（1）企业管理方面

1）提高了管理决策的正确性、缩短了决策周期

信息化工程的实施为辽建集团的管理决策提供了所需工具和手段。首先，利用网络云整合数据，使过程准确性大大提高，同时通过快速的信息处理，使数据的及时性，工作的快捷性得到了保证。其次，信息化工程集成的网络环境和先进的通信手段，方便了决策者对公司经营状况的整体把握。

2）促进了管理的科学化

信息化工程的实施为公司管理的科学化提供了极好的时机。随着信息化工程实施工作的深入，公司原来业务与管理流程中存在的许多问题逐渐暴露了出来，使原来隐藏在业务工作中的各种隐患得以暴露并逐步得到解决，形成了信息化工程实施与管理科学化相互促进的良性循环。

3）促进了企业业务流程的重组管理结构优化

信息化工程提供了集成的网络化工作环境，通过业务流、信息流的重组，解决了部门间业务相互脱节的现象，实现了各部门业务间的无缝对接，使资源得到了合理配置。同时也规范了各部门间、各岗位间的工作流程。

（2）节约成本、提高质量方面

1）减员增效

信息化实施过程中，信息实现共享化、透明化，避免了信息的重复维护与统计。根据实施流程的要求各岗位工作内容及强度有了不同程度的变更，对各岗位设置形成冲击，使公司在岗位设置方面有极大的挖掘潜力。

2）降低生产成本

系统大数据管理可以及时发现成本变化的原因，细化生产中费用消耗品类，实时将每一笔消耗动态传入系统，从而为降低消耗、杜绝生产浪费、降低生产成本提供了科学的根据。

（3）工作效率方面

1）实施克服了传统业务处理方式不能满足信息随时传递的弊端，相关表单及管理记录自动汇总存储，方便随时随地办理业务，随时随地对文件进行追溯。

2）信息一体化的实施，使数据源唯一，杜绝了数据重复录入和对账的现象，减少了数据录入的错误率。取消了部分报表工作，大大节约了人力资源，优化了岗位职能。

（4）项目履约方面

顺利完成业主合同规定施工内容，未出现安全质量事故，得到业主及政府领导的一致认可，多次组织其他施工单位来项目观摩学习，树立了企业品牌形象，打造了业内标杆效应。

（5）人员培养方面

培养了一批懂信息化、会用信息化的管理人才，为企业长远发展打下坚实基础。公司整体素质的提高。

2. 应用方法总结

（1）形成集团内部智慧工地实施流程（图5），对下一个项目进行深入实践推广。

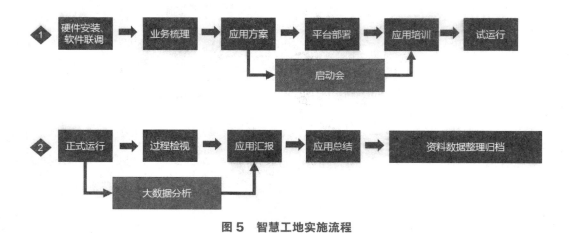

图 5 智慧工地实施流程

（2）完善智慧工地应用制度，为后续多项目管理，多项目应用打下基础。

五、下一步规划

南部快速路项目作为辽宁省城乡市政工程集团第一个智慧工地项目应用试点，取得了良好的结果，"罗马不是一天建成的"，辽宁省城乡市政工程集团在企业信息化建设的道路上虽然已经迈出了坚实的一步，但后续还有很长的路要坚实地走下去，拟在后续项目继续对智慧工地管理系统的应用进行研讨，深入挖掘智慧工地价值，给企业带来更大效益。

专家评语

黄如福　中国施工企业管理协会信息化专家委员会主任委员，中国建筑科学研究院教授研究员

（1）系统具有 BIM 施工模拟与方案交底，质量安全巡检与管理，生产及工期管理，现场视频监控等基本功能。

（2）劳务管理系统，功能比较完善，规范了劳务入场登记程序，起到了防范用工风险、提高劳务管理效率的作用。

该项目培养了人才，积累了经验。建议结合公司现状和需求，进行全面系统的总结，形成公司智慧工地研发、推广应用知识。

马西锋　河南科建建设工程有限公司副总经理　高级工程师

亮点：本案例组织架构健全，分工明确。标准制度完善，为平台良好运行打下了基础，值得借鉴；平台应用效果显著，为项目标准化管理水平的提高提供平台和数据支撑。

建议：加强 BIM 技术在主桥整体钢结构吊装方案策划模拟等方面的应用，结合平台安全管理模块应用解决施工现场的安全管理难题；加大 BIM 技术在质量创优策划及实施过程中的应用，为实现工程创优目标——鲁班奖助力。

付卫国　广联达新建造研究院特聘专家

亮点：智慧工地应用全面，落地保障系统化，对企业开展项目试点工作有借鉴意义。

建议：根据细分的工程类型和规模，形成更加详细的智慧工地的建设标准。

浙江省地矿建设公司杭州至富阳城际铁路项目

> 企业简介：浙江省地矿建设有限公司成立于1985年，是浙江省地质勘查局下属的国有独资公司，原名浙江省地质矿产工程公司，是省内首家由建设部核定的地基与基础工程施工一级企业。公司在地下工程领域耕耘数十年。

一、项目概况

1. 项目简介

杭州至富阳城际铁路 SGHF-8 标段工程地点位于富闲路/G320 国道交界处，项目面积约 10559.90m²。于 2013 年 6 月获国家发改委批复，属于杭州地铁二期建设规划（2013～2019 年），和杭临城际铁路一起作为省城际轨道交通项目纳入地铁网络。其具有杭州都市圈经济发展"旅游西进"战略构架、"杭州至富阳 1 小时交通圈"、进一步加快沿线城镇化进程、进一步发挥杭州在长三角地区重要中心城市的辐射带动作用等重要战略意义（见图 1）。

图 1　杭州至富阳城际铁路 SGHF-8 标段工程效果图

2. 项目难点

（1）一难：本标城际铁路工程及配套工程五号隧道均为地下工程，围护结构施工、盾构施工均需在硬岩段中施工，硬质岩层的施工相应增加了各工序的施工难度，特别是盾构区间施工，普遍在上软下硬段掘进，对盾构的掘进和姿态调整增加了施工难度；根据相邻标段的地质资料显示，基底下存在溶洞及空洞，在施工前需提前进行详勘，避免对工程施工造成影响。

（2）二高：1）安全风险高，线性工程施工稳定性差；地下部分环境湿度大地质情况比较复杂，影响施工安全及运行后设备平稳、寿命，运输通道狭窄。2）工期风险高，各专业工作环境密集，把控不好会造成工期与资金浪费。

（3）三多：1）下穿渠桥多。项目附属配套工程含大量桥梁新建及改造，施工影响交通要时刻考虑在内。2）模型多模型为不规则高程曲弧线形状，建模定位散乱且复杂，建模效率低；盾构管片 LOD 精度高，建立局部构件耗时耗力；常规建模软件难以支持快速建模，学习周期长。3）不稳定因素多。

3. 应用目标

依托杭州至富阳城际铁路工程土建施工 SGHF-8 标项目，融合 BIM 技术对工程项目进行场景设计和施工模拟，形成综合型的软件平台，呈现"透明地下"和"智慧工程"，通过 BIM 技术、MapGIS 三维平台、三维倾斜测量技术等建立包含工程实体、地质条件、周边环境、场地布置为一体的数字化信息模型，提升地下工程项目信息化、科学化管理水平。

二、技术应用整体方案

1. 组织架构

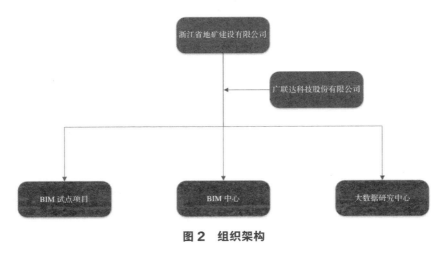

图 2　组织架构

2. 软件配置

软件配置　　　　　　　　　　　　　　　　　表1

软件名称	软件图标	应用环境
Autodesk Revit 2018		建筑、结构、机电模型搭建
Navisworks Manage 2016		模型整合、碰撞报告
Magi CAD		管线排布、支吊架布置
Fuzor 2018		实时漫游、工程进度
Lumion 8.0		场景漫游
Auto CAD 2014		二维图纸编辑
Adobe Premiere		视频编辑
橄榄山		管线调整
720云		全景场景制作

3. 制度标准保障

依据2018年5月，我国住房和城乡建设部针对于轨道交通的BIM应用发文《城市轨道交通工程BIM应用指南》从中学习总结形成企业的BIM实施指南，制定BIM标准和规范企业BIM技术的应用,此制度对推动企业BIM技术发展有指导和引导意义。同时还进行了项目应用实施策划方案的编制，将BIM整体目标进行了确定，结合目标开展各个业务板块的技术应用。过程中不断把实施方法进行总结，结合现场应用不断完善形成《桩基BIM应用工法体系》，在后续的桩基工程中直接进行复制使用，更加的降本增效，达到工程信息化的目的。

三、技术应用实施过程

1. 人员技术培训

浙江地矿于2018年6月成立BIM中心，公司层共4名专职成员，项目层3名兼职成员，以"杭州至富阳城际铁路土建施工SGHF-8标段"为BIM试点展开推动应用。过程分别参与了Revit、BIM5D、数字项目管理平台等培训。期间于2019年5月，与广联达公司共同开展BIM建筑信息化联合推动发展，依据《浙江地矿建设有限公司BIM应用推进方案》，共同梳理总结应用实施方法、流程和价值，为后续企业全面推广BIM应用起示范作用。

2. 技术应用过程

（1）模型技术交底

建立全专业三维模型，按照实际图纸进行桩基及维护结构模型的建立，通过过滤器进行相对应颜色的区分。同时现状工程太婆桥桥宽50m，为1孔10m空心板桥。由于后期规划，道路路宽调整为64m，原太婆桥不能满足，因此需对太婆桥进行原位拆复建，借助BIM三维模型生成技术方案。太婆桥围护方案的基本理念是，具备放坡条件的，以1:1.25放坡开+$\phi 8@150\times 150$钢筋网+100mm厚C20喷射混凝土+全粘结锚杆菱形排列的形式开挖基坑。桥台后土方，不具备放坡条件，以双排拉森钢板桩或PC工法桩作为围护结构，结合挂$\phi 8@300\times 300$钢筋网+100mm厚C20喷射混凝土+8m42×4小导管支护。北侧受管线影响，不具备放坡条件，以双排拉森钢板桩或PC工法桩作为围护结构，中间用609钢支撑与桥台后的围护结构形成对撑，确保安全。临水面以拉森钢板桩作为围堰。我们通过原有的CAD图纸，按照每个最细颗粒度的构件，进行了模型的复原，达到1:1构件的精细程度，通过模型反映原有状态，共4车道，中间两条为主车道，旁边两条是辅车道，第一阶段，要拆除两边的辅道，留下中的主车道，第二阶段是两侧通行，然后将中间的区域进行拆除；第一阶段建成通车，我们开始做中间两车道的拆复建（见图3）。

图3 模型技术交底

（2）地质大数据模型

通过勘探点不同土层进行建模，分别建立了6层地下土的还原，同时与桩基模型合并，进行有效判断桩基所穿透土层及是否达到持力层，有效地预防了项目难点中的"二高"。将地下部分环境湿度大、比较复杂的地质情况，按照实际情况进行还原。随后，进行倾斜摄影，和BIM模型进行结合，直接反映了项目所需的现状与数据情况。从施工构件到现场环境再到地下情况，查询施工现场任意部位地层信息情况，为开挖、勘测、盾构等施工提供地下数据决策依据，也形成了项目数据中心组成的重要部分。

（3）质量预控管理

线性工程项目施工条件复杂，管控质量是非常核心的一部分，在系统中，设置4个阶段，每个阶段分为3个检查验收项，并且每个阶段设定相对应的管控点与负责人。例如在"冠梁及混凝土支撑质量管控"中，共设定37个管控要点，现场各个工序都会收到关于"冠梁及混凝土支撑验收"的检查事项。每个工序对应的负责人收到推送后，不改变原有拍照的记录模式，通过手机端将管控数据和照片一起提交。管理层通过WEB网页可查该施工过程中各个工序的质量验收情况，若通过质量验收，则显示绿色的对号，若不显示则表示质量验收暂未通过。

该应用使用后效果明显，对管理起到了很大的提升，成功地将流程复制到了钢支撑质量管控应用中，通用共设置4个工序阶段（见图4），每个工序阶段分为3个检查验收项，共计31个管控点，完成了1800多个构件的质量管控与验收，也为项目保留了1700多张珍贵的映像资料，为施工大数据做了基础应用层的铺垫。

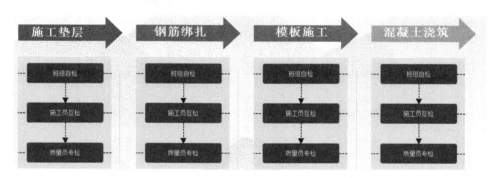

图4　钢支撑质量管控应用流程

（4）安全管理

现场管理人员通过手机端"安全问题"对现场问题进行拍照上传，利用责任指定的方式推送给相关问题负责人。相关责任人进行整改后上传照片，管理人员确认整改无误后关闭问题，使质量安全管理有据可查。责任人明确，安全管理有据可查，并形成PDCA的循环闭合流程。现场进行了各种危险源及安全重大巡视部位进行了巡视点二维码的设定。现场负责人通过手机端进行扫码拍照，落实巡视情况，若发现问题立即发起推送责任人,流程明了清晰。

项目使用安全管理到现在,共完成了 2000 多次的安全巡视检查,每次检查有依有据,留下了 1313 张宝贵的照片资料,巡视率高达 99%。

(5)生产精细化管理

地铁在施工过程中受到的管线、交改等影响因素比较多,进度变化比较大,项目上采用了双代号网络图,使得工序穿插、工序交接逻辑变得清晰,对于关键任务、每道工序影响范围一目了然。同时,生产负责人通过网页端综合管理平台,将计划进行排布,可落实到相关责任人和参与人,分工明确。过程中自动生产计划时间和实际时间,形成偏差天数对比,及时协助管理层进行进度的延期分析。最后导出横道图,下发给现场工人班组进行查看;黄色实线表示已经完成,黄色虚线表示正在进行。

有了之前的数据基础,现在开会方式直接打开浏览器,将大家反馈的数据通过汇总分析后进行结论的复盘,相对比原有的方式更加高效省时,避免了不必要的扯皮,将信息化平台快速融入项目管理中。

四、技术应用总结

在尝试的进行了 BIM 试点的应用后,过程应用提高了 BIM 应用水平:公司技术人员对 BIM 技术有了更深刻的理解,理清了 BIM 技术在线性工程应用方面的流程;增强了团队协作能力:在建模、应用的过程就是互相协作的过程,既有分工又有协同,团队配合更加默契,与各方沟通效率得到加强;在与设计院、施工团队等参建方的交流中汲取了许多经验,沟通效率有了很大的提高。

五、下一步规划

下一步计划会加强对项目部技术层面的 BIM 相关培训,夯实基础、人才培养,努力使项目部技术人员的工作模式由传统转变成新型管理模式,有效提高 BIM 技术的应用人员及范围。稳步推进、提升应用、资源整合、不断学习,让 BIM 技术再发挥更大更多的价值。

专家评语

黄如福 中国施工企业管理协会信息化专家委员会主任委员，中国建筑科学研究院教授研究员

应用 BIM 技术，在线性工程中，对三维平面场地布置、模型技术交底、工程设备模型应用、地质大数据模型应用、质量预控管理、安全管理以及生产精细化管理（进度管理）等方面，进行了试点研发和应用，达到了预期效果。

建议总结、理清线性工程信息化建设的特点和项目管理的真实需求，进一步完善 BIM 应用系统。

马西锋 河南科建建设工程有限公司副总经理，高级工程师

亮点：本项目 BIM 技术在场地平面布置及可视化技术方面的应用较好。深基坑放坡开挖，钢板桩或 PC 工法桩围护结构、钢内支撑以及原太婆桥的拆除原位复建、地质大数据模型等方面的 BIM 技术策划值得学习和借鉴；平台在质量、安全、生产精细化管理方面的深度应用得益于标准和制度的健全，应用效果明显；

建议：后续类似工程可以采用 BIM+ 智慧工地平台的应用，结合物联网设备、平台与 BIM 技术的优势，在深基坑变形实时检测、自动安全预警方面深度应用，提高项目安全管理效率。

付卫国 广联达新建造研究院特聘专家

亮点：BIM、GIS、倾斜测量技术的结合，在方案模拟方面效果明显，价值突出，对线性工程有很强的借鉴意义。

建议：加强现场端智能终端的应用，构建项目的"数字孪生"，让模型发挥更大的价值。

联合推动方案

一、什么是联合推动？

广联达联合企业方、项目方，就 BIM、智慧工地试点成功落地，提供一套三方推进的方案，一起助推项目应用成功。

二、对企业的价值？

图1 项目应用落地流程分析

企业主要问题：

问题一：在项目选择上什么项目条件的项目更适合快速推进新技术？

问题二：项目在推动过程中应该设定怎么样的应用目标，如果定制合理的应用方案？

问题三：过程中我们企业发挥怎样的角色辅助项的推动，试点项目结束后应该总结整理哪些内容？

这些问题都可以借助广联达联合推动方案来帮大家解决。

价值一：项目指明应用落地的方向和标准。

价值二：为公司和项目架起了互通的桥梁。

价值三：为公司推广应用总结了可复制可实施的方法和流程。

三、联合推动行动步骤

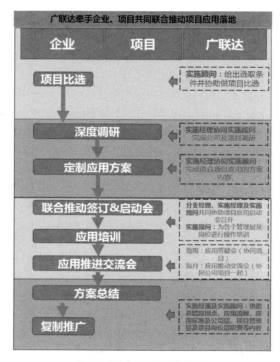

图2 联合推动行动步骤

四、联合推动当前成效

2019年广联达先后与100余家企业的120个项目达成联合推动方案，覆盖全国26个省市；在这一年中我们共计派出80余名实施骨干参与到120个项目的BIM及信息化应用过程中；与各个企业一起汇报推行交流近300余次，树立全国示范性应用项目近50家，帮助企业梳理应用方法近90套。